दिल्ली में नींद

[कहानी-संग्रह]

दिल्ली में नींद

उमा शंकर चौधरी

राजकमल प्रकाशन

ISBN : 978-93-89577-98-3

मूल्य : ₹395

पहला संस्करण : 2020

प्रकाशक : राजकमल प्रकाशन प्रा. लि.
1-बी, नेताजी सुभाष मार्ग, दरियागंज
नई दिल्ली-110 002
शाखाएँ : अशोक राजपथ, साइंस कॉलेज के सामने, पटना-800 006
पहली मंजिल, दरबारी बिल्डिंग, महात्मा गांधी मार्ग, इलाहाबाद-211 001
36 ए, शेक्सपियर सरणी, कोलकाता-700 017
वेबसाइट : www.rajkamalprakashan.com
ई-मेल : info@rajkamalprakashan.com

मुद्रक : बी.के. ऑफसेट
नवीन शाहदरा, दिल्ली-110 032

DILLI MEIN NEEND
Stories by Uma Shankar Choudhary

कावेरी और राघव के लिए

क्रम

कहीं कुछ हुआ है, इसकी ख़बर किसी को न थी

वासुकी बाबू ने पदोन्नति की लिस्ट में अपना नाम देखा तो उनकी बाँछें खिल गईं। नौ वर्ष से सरकार पर उधार था अब जाकर चुकता हुआ है। यहाँ एक छोटे से ब्लॉक में छोटे बाबू हैं। अब वे होंगे बड़े बाबू। लोग इज़्ज़त से नाम लेंगे। उन्होंने लिस्ट को हाथ में थामे ही अपने मन में बुदबुदाया 'बड़े बाबू' और झेंप से गए। मन किया किसी अपने से बता दूँ। लेकिन इस ऑफिस में कौन अपना? फिर लगा अरे कैसे से तो हो गए हैं। जीवन में अपना भी कहीं ढूँढ़ना पड़ता है। परिवार से ज़्यादा अपना कौन होगा। ऑफिस में रखे एकमात्र टेलिफोन की तरफ दौड़े, फिर लगा वे इस उत्तेजक क्षण में यूँ सार्वजनिक टेलिफोन पर अपनी पत्नी से बात नहीं कर पाएँगे। उन्हें उस ऑफिस में अचानक से बहुत अधिक कोलाहल और घुटन महसूस हुई। वे अपने टेबुल पर खुले रजिस्टर को झपटकर बन्द कर ऑफिस से बाहर निकल आए। मोबाइल उनकी शर्ट की जेब में था। मोबाइल में लटकी लुत्ती उनकी जेब से बाहर निकल रही थी। उन्होंने उसी लुत्ती को चुटकी से पकड़ा और मोबाइल को जेब से खींच निकाला।

लेकिन इसे कहानी का रोमांच कहिए या यथार्थ, घर के फोन की घंटी टुनटुनाती रही और किसी ने उठाया नहीं। उनके दिमाग ने मिनट के सौवें क्षण में सोचा बड़ी बेटी कॉलेज गई होगी और छोटी बेटी स्कूल। पत्नी के लिए उनके मन में अचानक यह पंक्ति अंकित हुई 'औरतें जरूरत से ज़्यादा गप्पबाज होती हैं।'

लेकिन उत्साह अधिक था इसलिए उन्होंने दूसरी बार, तीसरी बार लगातार घंटी बजा दी। तीसरी बार भी जब घंटी बजकर खत्म होनेवाली थी तब उधर से उनकी पत्नी की हाँफती सी आवाज़ आई। हाँफती सी आवाज़ में शब्द बिलकुल

भी स्पष्ट नहीं थे। कोई और होता तो शायद समझ नहीं पाता परन्तु वासुकी बाबू ने उन शब्दों को सही जगह पर बैठाकर समझ लिया। आखिर चौबीस वर्षों का साथ जो है।

"अरे बाहर खाट पर चिप्स पसार रही थी। सुनाई ही नहीं पड़ा।"

"तीन बार घंटी बजी है। तुमको सुनाई पड़ती कब है। बाहर गप्प मार रही होगी। कहती हो चिप्स सुखा रही थी।"

"नहीं-नहीं सच में बाहर ही थी।" पत्नी ने अपनी बात पर बल दिया तो इस बार उनकी साँसें स्थिर हो चुकी थीं।

"हाँ तुम्हारा सच तो ख़ैर कितना सच होता है, मैं ही जानता हूँ।" वासुकी बाबू चिढ़ से गए।

फिर अचानक वासुकी बाबू को लगा किस चक्कर में फँस गए, कहाँ तो व्यग्र हुए जा रहे थे और कहाँ शिकायतों का पिटारा खुल गया।

पत्नी कुछ कह रही थी, अचानक उसको काटकर कहा "अरे छोड़ो उसको। ख़ुशख़बरी यह है कि आपके तो दिन ही फिर गए। अब आप बड़े बाबू की पत्नी कहलाएँगी। एकदम अफसरानी।" वासुकी बाबू ने चुहल की।

"झूठ कह रहे हैं आप।" पत्नी आनन्दी को अपने पति से ज़्यादा सरकार पर भरोसा था शायद, इसलिए पति की बात पर विश्वास नहीं हो पा रहा था।

"अरे भाई कुछ बातों पर सीधे भी विश्वास कर लिया करो। प्रमोशन की लिस्ट आज आ गई है। मेरे हाथ में है अभी। देखो।" वासुकी बाबू ने उत्साह में अपने हाथ में पकड़ी हुई लिस्ट को दिखाने के अन्दाज में ऊपर को उठाया और फिर खुद ही झेंपकर हाथ नीचे कर लिया।

"देखो भगवान ने मेरी सुन ली न। अब जब आरती की शादी का टाइम आया तो देखो भगवान ने ख़ुशख़बरी दे दी।"

वासुकी बाबू की पत्नी ने औचक ही आरती का नाम लेकर मन में पाठकों के दिमाग पर इतना भरोसा दिखाया कि बग़ैर बताए भी पाठक बूझ लेंगे कि आरती सहाय वासुकी नाथ सहाय की बड़ी बेटी है। बड़ी बेटी जो अभी कॉलेज में है और वहाँ ग्रेजुएशन के दूसरे वर्ष में पढ़ाई कर रही है।

"सब तुम्हारे पूजा-पाठ का ही फल है।" वासुकी बाबू के मन में पत्नी के लिए सहसा एक आदर भाव उत्पन्न हो गया।

"प्रमोशन पीछे से ड्यू है तो एरियर भी मिलेगा। बस यही समझो कि आरती की शादी में बड़ा सहारा हो जाएगा। सब भगवान की कृपा है।" उन्होंने ऐसा कहते

हुए फोन लगाए हुए अपने कान सहित गर्दन को ऊपर आसमान की ओर उठा लिया और मन में ही भगवान को कहा 'धन्यवाद'।

"लेकिन एक बात बताइए प्रमोशन हुआ है तो तबादला भी तो हुआ होगा।" पत्नी ने बहुत ही गम्भीर प्रश्न पर उँगली रख दी थी। वासुकी बाबू एकदम से झनझना गए। एकदम से उनके दिमाग में शादी के शुरुआती दिनों में उनके पिता के द्वारा कहा जानेवाला एक वाक्य अंकित हो गया 'तुमसे ज़्यादा होशियार तो दुल्हन है।'

"अरे यह तो देखा ही नहीं।" यह कहते हुए वासुकी बाबू ने अपनी गर्दन को झुका कर और कन्धे का सहारा लेकर मोबाइल को उसमें दबा लिया। दूसरे हाथ को भी फ्री करते हुए अपने हाथ में पकड़ी हुई लिस्ट में अपने नाम के सामने देखा और चौंक गए। लिखा था—'कार्यालय मुख्य विकास अधिकारी, कानपुर नगर'।

एक छोटे से गाँव के छोटे से ब्लॉक में छोटे बाबू के पद से बड़े शहर के जिला मुख्यालय में 'हेड क्लर्क' पर पदोन्नति होने पर वासुकी बाबू ख़ुश हों या दुखी, एकबारगी वे सोच में पड़ गए। जब तक सिर्फ पदोन्नति की ख़बर थी वासुकी बाबू का ख़ुशी का ठिकाना नहीं था। लेकिन इन छह शब्दों—'कार्यालय, मुख्य विकास अधिकारी, कानपुर नगर' ने वासुकी बाबू की ख़ुशी और उत्साह को एकदम थाम सा दिया था।

वासुकी बाबू ने पत्नी को फोन पर इतना तो बता ही दिया था कि यह तबादला कहाँ के लिए है। परन्तु इस एक वाकये से अचानक दोनों गुम भी हो गए थे। दोनों ने तुरन्त कोई प्रतिक्रिया नहीं दी और इस तरह संवाद खत्म हुआ था।

वासुकी नाथ सहाय की उम्र पैंतालिस और पचास के बीच कहीं थी। अभी तंदरुस्त थे इसलिए उम्र का अभी बहुत पता नहीं चलता था। शर्ट-पैंट पहनते थे, शर्ट को पैंट के भीतर कभी खोंसते नहीं थे। उनका शर्ट-पैंट पहनना उनके कम उम्र के लगने में मदद ही देता था। चेहरे पर मूँछ थी और मूँछ के बाल अभी पूरी तरह सफेद नहीं हुए थे बल्कि अभी खिचड़ी ही थे। सर के बाल अभी भी घने थे। हाँ, कमीज आधी बाजू की पहनते थे।

वासुकी बाबू अभी जिस गाँव में हैं यह एकदम निरा देहात तो नहीं है परन्तु है एक गाँव ही। ब्लॉक स्तर का गाँव। वासुकी बाबू का पैतृक गाँव यह नहीं है परन्तु वे यहाँ नौकरी के बाद यानी बीस वर्षों से भी अधिक समय से यहीं हैं। ऐसा नहीं है कि वासुकी बाबू जिस नौकरी में हैं उसमें तबादला होता ही नहीं है परन्तु इस छोटे से ब्लॉक में कौन आना चाहता है। किसी की नजर थी नहीं तो वासुकी बाबू आराम से यहाँ पड़े हुए थे। हाँ यह अलग बात है कि जिस छोटे से गाँव-ब्लॉक में

कोई आना नहीं चाहता था उसी गाँव-ब्लॉक में वासुकी बाबू की आत्मा धँस सी गई थी। उनके लिए एकदम अपना सा हो गया था यह गाँव। अब बीस वर्ष कोई कम समय भी तो नहीं होता।

वासुकी बाबू का परिवार जिस घर में रहता है वह घर खपरैल का है, आगे अहाता है और पीछे आँगन। आगे के अहाते में बाँस की फट्टी से घेरा बनाया गया है और बाँस की फट्टी से ही एक दरवाजा भी। उस अहाते में दो नींबू के पेड़ हैं, एक अमरूद का और एक अनार का। बाँस की खींमचे से बन्द दरवाजे से एक एकपरिया पतला रास्ता घर से दरवाजे तक जाता है जिसमें ईंट बैठाकर उसे बरसात के लिए वॉटरप्रूफ बना दिया गया है। उस एकपरिया रास्ते के दोनों ओर लगभग बराबर ही बागबानी है जिसमें वासुकी बाबू काम भर की सब्जी उगा लेते हैं। बैंगन, फूलगोभी, बथुआ का साग आदि। एकदम दरवाजे से सटकर एक छोटी सी क्यारी है जिसमें पुदीना और धनिया के हरे-हरे कोमल पत्ते।

वासुकी बाबू जिस घर में रहते हैं उस घर में रहते हैं सिर्फ इन मीन तीन जन, ऐसा नहीं है। दो प्यारी बेटियों के अलावा इस घर में रहते हैं खुद वे और उनकी पत्नी आनन्दी सहाय। वैसे इतने जनों का तो कहानी में अन्दाजा पहले भी लगाया जा सकता है, रोमांचक बात यह है कि इस घर में इन चारों के अलावा रहती है सुनहरी। सुनहरी यानी एक प्यारी सी गिलहरी। पहले उनके पास एक बिल्ली थी लेकिन उस बिल्ली की मृत्यु के बाद घर एकदम सूना हो गया। वह बिल्ली क्या गई दोनों बेटियों ने लगभग खाना-पीना छोड़ दिया। छोड़ दिया हँसना और मुस्कराना भी। लेकिन तभी इसे महज संयोग कहिये कि उनके अमरूद के पेड़ पर एक दिन दिखी यह गिलहरी और फिर दूसरे दिन भी और फिर तीसरे दिन भी। और फिर उस गिलहरी को इस घर से, इस घर के लोगों से प्रेम हो गया। इस घर के लोगों को तो उस गिलहरी से बेइन्तहां मोहब्बत हो ही गई थी। और इसी मोहब्बत का नतीजा है कि उसका नाम रखा गया सुनहरी। दोनों बेटियों की पसन्दीदा फिल्म धूम-2 में ऐश्वर्या राय का नाम सुनहरी ही तो था। यह सुनहरी भी उस सुनहरी की तरह एकदम बिल्लौरी आँखों वाली थी।

इस गाँव का नाम क्या है उससे हमें या फिर आपको क्या लेना-देना। लेकिन नाम कुछ अजीब है इसलिए बता ही देता हूँ। इस गाँव का नाम ही है—भीतरगाँव। इसमें कोई शक नही है कि कभी जब इस गाँव का नाम यह रखा गया होगा तो इसमें यह कारण अवश्य प्रमुख रहा होगा कि यह मुख्य सड़क से कितना कटा हुआ है।

यह गाँव मुख्य सड़क से लगभग चार किलोमीटर दूर है। शहर यानी अपने जिला मुख्यालय के लिए पहले दो से तीन किलोमीटर की पैदल तफरीह। इधर कौन रिक्शे पर रुपये खर्च करता है। रिक्शे पर या तो बीमार चढ़ते हैं, दामाद चढ़ते हैं या फिर इस गाँव में आनेवाले नये मुसाफिर। इस चार किलोमीटर के रास्ते को तय करने के बाद लगभग 32-33 किलोमीटर के बस के सफर के बाद जो शहर आता है, इस गाँव का जिला भी है। यानी कहने का मतलब सिर्फ यह है कि शहर की हवा को इस गाँव तक आने में लगभग 35-36 किलोमीटर का सफर तय करना पड़ता। वह भी 32-33 किलोमीटर खटारा बस में और चार किलोमीटर अगर जेब में पैसे रहे तो रिक्शा में नहीं तो पाँव-पैदल।

वासुकी बाबू नीम अँधेरे टहलने निकलते तो उधर से रोज नीम का ताज़ा दातुन तोड़ लाते। एकदम नीम की हरी पत्तियों के साथ। फिर सूरज की उगती रोशनी में पलट की दुकान पर अपने ढेर सारे संगी-साथियों के साथ चाय की चुस्की। पलट की दुकान नियमित रूप से साढ़े-छह बजे खुलती, चाहे कड़ाके की ठंड हो या फिर गर्मी की उमस भरी सुबह। पलट के रेडियो पर तब भक्ति के गाने बजते और पलट अपनी भट्टी को धीरे-धीरे सुलगा रहा होता।

चाय धीरे-धीरे पकती और धीरे-धीरे महफिल भी गरम होती।

घर पहुँचते तो वासुकी बाबू बाल्टी लेकर चापाकल की तरफ बढ़ जाते। चापाकल से पानी की मोटी धार गिरती और वासुकी बाबू जोर-जोर से हनुमान चालीसा के साथ लोटे से पानी उड़ेल रहे होते। नहाना होता तो लुंगी का ढेका पीछे बांध लोटे भर पानी का अर्घ्य सूर्य को देते और फिर जनेऊ पर उँगलियाँ फिरा कर उसका पानी निचोड़ कर उसे तेज झटके के साथ झटक देते। उसी जनेऊ में उनकी अलमारी की चाबी होती जहाँ आकर उनकी उँगलियों की रफ्तार थोड़ी धीमी पड़ जाती। सब नियमित था—नहाने के बाद पत्नी खाने पर इन्तज़ार करती। वासुकी बाबू एक चौड़े पीढ़े पर पालथी मार कर बैठ जाते। और फिर गिलास से चुल्लू में पानी लेकर उसे गायत्री मंत्र के साथ-साथ बुदबुदा कर थाली के चारों ओर छींट देते। पत्नी आनन्दी साए की तरह उनकी थाली पर नजर रखती कि कहीं कुछ कम तो नहीं हो गया।

उस गाँव में हाट दो दिन लगता जिसे उस इलाके में बाज़ार ही कहा जाता। दो दिन बाज़ार लगता इसलिए इन दो दिनों में ही सब्ज़ी-मसाले आदि खरीदे जाते। लेकिन वासुकी बाबू की पत्नी को दिक्कत नहीं होती क्योंकि अपने बगीचे में इतनी सब्जियाँ हो जातीं कि काम चल जाता था।

दिल्ली में नींद

शाम को ऑफिस से लौटने के बाद वासुकी बाबू अपनी बेटियों को घर में चहकता हुआ देखकर ख़ुश होते। शाम को घंटों वे अपने बगीचे में अपनी खुरपी के साथ होते। चापाकल से सीधी नाली उस बगीचे तक बनी हुई थी। वे कभी खुद और कभी बेटियों को कहते चापाकल चलाने। जब बेटी चापाकल चलाती तब वे अपनी खुरपी से उस पानी को रास्ता दे रहे होते। पानी बगीचे के कोने-कोने तक पहुँच जाए इसके लिए वे काफी मशक्कत करते।

वासुकी बाबू इस बगीचे को बहुत प्यार करते थे। वे बाँस की फरट्टी और सीकचों से मचान तैयार करते और सेम की लत्ती को उस पर चढ़ाते। जब सेम खूब फलती तो तोड़कर खुद भी खाते और दोस्तों को भी बाँटते। अमरूद का बहुत बड़ा पेड़ था। जब अमरूद का समय होता तो बाल्टी भर अमरूद तोड़ते। वासुकी बाबू खुद पेड़ पर चढ़ जाते और नीचे उनके बच्चे अमरूद को सहेज कर बाल्टी में रख रहे होते। वासुकी बाबू के मित्र मंडली के सभी सदस्य इन अमरूदों के दीवाने थे। वासुकी बाबू अपने दोस्तों से कहते, "हम तो ऑफिस में रहते हैं, तब भी ध्यान इस बगीचे पर ही होता है।" वाकई वे इस बगीचे पर एक खरोंच भी बर्दाश्त नहीं कर पाते थे।

बड़ी बेटी का कॉलेज दूर था। वही रास्ता समझिए रिक्शा वाला और फिर बस से चार-पाँच किलोमीटर। गाँव की कई लड़कियाँ साथ थीं तो बहनापा भी हुआ। और इस बहनापे ने रिक्शे की जरूरत को खत्म कर दिया। वे आपस में बतियातीं और रास्ता कट जाता। छोटी बेटी का स्कूल पास में ही था। पास यानी लगभग एक-डेढ़ किलोमीटर। बेटी नवीं में पढ़ती थी और पैदल जाती थी। घर से कुछ ही दूरी पर हाट की जगह थी जहाँ सप्ताह में दो दिन सब्ज़ी खरीदने वासुकी बाबू जाते। उन दो दिनों को छोड़कर वह बच्चों का क्रिकेट मैदान होता, जहाँ गाँव भर के बच्चे क्रिकेट खेलते और अपने हर स्ट्राइक पर धोनी और सहवाग बनने का सपना अपने मन में पालते।

गाँव में बिजली तो थी लेकिन रहती कम ही थी। पंखे लगे थे लेकिन चल कम ही पाते थे। गर्मी के मौसम में लोग बाहर घूमते या फिर बाहर खाट पर बैठ कर हाथ से पंखे झलते। लेकिन टेलीविजन और केबल का कनेक्शन लगभग सारे घरों में आ गया था। जितनी देर बिजली होती लोग अपने काम कम निपटाते न्यूज चैनल पर देश-दुनिया की ख़बरें ज़्यादा लेते। वासुकी बाबू शाम को घर पर होते और बिजली होती तो एनडीटीवी पर रवीश कुमार और अभिज्ञान प्रकाश से जरूर मुख़ातिब होते।

लेकिन बेटियों को जूम और चैनल वी बहुत पसन्द था। फिल्मों और नये-नये गानों का बेटियाँ अपने टेलीविजन सेट पर मज़ा लेतीं। बेटियाँ करीना कपूर और कैटरीना कैफ को उस छोटे से टेलीविजन सेट पर देखतीं और ये नायिकाएँ उनका आदर्श बनती जातीं। वे अपनी-अपनी सहेलियों से इन नायिकाओं के आदर्श बनते चले जाने का किस्सा बहुत चाव और उत्साह से करतीं। अक्सर नई फिल्में चैनलों पर आतीं, बच्चे उनके समय का इन्तज़ार करते। हालांकि ऐसा कम ही हो पाता कि बिजली उनका पूरा-पूरा साथ दे पाए। बाद के दिनों में दोनों बेटियों ने पिता से ज़िद करके सीडी प्लेयर खरीदवाया और सीडी की व्यवस्था उन्होंने अपनी सहेलियों से की।

कौन सी फिल्में कहाँ चल रही हैं अखबार में इसकी ख़बर आती और बच्चे इसे बहुत उत्सुकता से देखते। इन छोटे-छोटे पोस्टरों को देखकर इन बच्चों के मन में रोमांच जगता और ढेर सारे ख़्वाब पलते। बड़े-बड़े सिनेमाहॉल, बड़े-बड़े मल्टीप्लैक्स में फिल्में चल रहीं होतीं और इस छोटे से गाँव में इन लड़कियों के दिल की धड़कनें तेज हो जातीं। 'बीड़ी जलैले जिगर से पिया, जिगर मा बड़ी आग है' जैसे गानों पर मल्टीप्लैक्स में पॉपकॉर्न खाते हुए दर्शकों ने जितनी आहें नहीं भरी होंगी उससे ज़्यादा गाँव की इन जवान हो रही लड़कियों ने उन गानों को यहाँ देखकर आहें भरी होंगी।

इस घर में सबसे प्यारी चीज थी सुनहरी। सुनहरी पिछले छह-सात महीने से साथ थी लेकिन इन छह-सात महीनों में ही वह इस घर की एक अहम सदस्य बन गई थी। वासुकी बाबू ऑफिस से घर आते तो वह दरवाजे पर उनका इन्तज़ार करती। वासुकी बाबू जितनी देर अपने बगीचे में होते सुनहरी उनके साथ इस बगीचे में लगी रहती। चापाकल आँगन में था और बगीचा बाहर। वहाँ से नाली के सहारे पानी को यहाँ तक लाया जाता। पानी कब चलाना है और कब बन्द करना है इसकी ख़बर बार-बार सुनहरी फुदक-फुदक कर दे आती। वासुकी बाबू यहाँ बगीचे में कहते कि अब नाली का मुँह मोड़ना होगा पानी बन्द करवा दो और सुनहरी आँगन की तरफ दौड़ जाती और फिर अपनी चीं-चीं की आवाज़ के साथ इशारा कर देती कि अब चापाकल बन्द कर दो।

दरवाजे पर कोई आता तो सबसे पहले सुनहरी ही घर के भीतर ख़बर देने के लिए दौड़ती।

ख़ैर यह तो हुई वासुकी बाबू की उस गाँव में रहने की दिनचर्या। अब फिर से कहानी में उस दिन पर लौटता हूँ जब वासुकी बाबू की पदोन्नति हुई और पदोन्नति के कारण उनका स्थानान्तरण भी कर दिया गया था।

दिल्ली में नींद

शाम को जब ऑफिस से वासुकी बाबू घर की तरफ लौटे तो उनके पाँव भारी थे और उनके मन पर एक बोझ था। ऑफिस में प्रमोशन की ख़बर फैल गई थी, लोग बधाई देते परन्तु वासुकी बाबू चुप रहते। लोग आश्चर्य में थे कि जिस प्रमोशन के लिए वे वर्षों से इन्तज़ार कर रहे थे, उस प्रमोशन को पाकर आखिर वासुकी बाबू इतने चुप क्यों हैं?

ब्लॉक से लौटते हुए रास्ते में कई लोगों ने वासुकी बाबू को नमस्कार-प्रणाम किया परन्तु वे आज उदास थे। लोग उनको नमस्कार-प्रणाम करते और उन्हें उदास देखकर उनके पास आकर उनके उदास होने का कारण पूछते और वासुकी बाबू और ज़्यादा उदास हो जाते।

ब्लॉक से लौटने में आज वासुकी बाबू को नियत समय से ज़्यादा समय लगा। वे कुछ सोचते हुए चल रहे थे, उलझन उनके दिमाग में तारी हो रही थी। उन्होंने ईंट के खड़ंजे वाली सड़क पर चलते हुए अगल-बगल के पेड़-पौधों को देखा और मन उदास सा हो गया। वे उस पोखर के बगल से आज भी गुजरे जहाँ रोज उसमें तैरनेवाली बतखों को देखकर ख़ुश होते थे, आज उन्हें सारी बतखें शान्त लगीं। वासुकी बाबू ने सोचा शहर में ये बतखें, ये पोखर, यह हरियाली कहाँ मिलेगी? उनके मन में तुरन्त यह अंकित हुआ कि 'शहर में तो अब पक्षी के नाम पर एक कौआ तक भी नहीं दिखता।'

जहाँ 20-22 साल गुजारे, उस जगह के छूटने का दुख वासुकी बाबू को बहुत था क्योंकि उनकी पूरी जवानी, बच्चों का पूरा बचपन यहीं गुजरा था। परन्तु वासुकी बाबू को इस दुख के साथ-साथ शहर के जीवन और वहाँ की अजनबीयत से भी बहुत घबराहट हो रही थी। वे ठस्स गाँव के आदमी थे और अपने जीवन में वे कभी भी शहर में बहुत दिनों तक रहे तक नहीं थे और रहना तो क्या बहुत ठीक से शहर को देखा तक नहीं था। अब जवान हो रहे बच्चों के साथ किसी साधारण से शहर नहीं, सीधे कानपुर जैसे महानगर में रहना उनके लिए घोर चिन्ता का विषय था।

प्रमोशन लिस्ट में अपना नाम देखने के बाद पत्नी से जो बात हुई थी और जिसके बाद दोनों अनमने से हो गए थे उसके बाद उनके बीच या घर के किसी सदस्य से कोई बात नहीं हुई थी। आज घर पहुँचने में अपने नियत समय से देर हो रही थी तो उनके दिमाग में यह अंकित हो रहा था कि पत्नी बाँस की फरट्टी के दरवाजे को खोलकर उनका इन्तज़ार कर रही होगी और सुनहरी! सुनहरी कूद रही होगी उस बगीचे में। लेकिन घर के अन्य सदस्य यानी बच्चियाँ उनके इस

गाँव से शहर के स्थानान्तरण पर क्या महसूस कर रही होंगी, यह वासुकी बाबू के लिए भी एक सवाल था।

जब वासुकी बाबू घर पहुँचे तो थक से गए थे। पत्नी सही में दरवाजे पर इन्तज़ार कर रही थी और सुनहरी वाकई यहाँ से वहाँ फुदक रही थी। वासुकी बाबू ने अपने कन्धे पर लटकाए बैग को पत्नी को पकड़ाया जिसमें उनके खाने का बॉक्स भी था और जिसमें आज उन्होंने पत्नी का दिया हुआ खाना आधा छोड़ दिया था। पत्नी ने देखा पति आज अनमने से हैं। वासुकी बाबू ने घर में घुसते हुए अपने बगीचे पर नजर डाली। सारे पौधे सुस्त और निराश थे। पुदीने के पत्तों की खुशबू खत्म सी हो गई थी।

लेकिन बच्चियाँ काफी ख़ुश थीं। वासुकी बाबू ने दरवाजे पर अभी पाँव ही रखा था कि भीतर से बच्चियों के चिल्लपों की आवाज़ बाहर आई। बड़ी बेटी बड़ी हो गई थी इसलिए वह थोड़ी शर्मीली हो गई थी परन्तु छोटी बेटी ने पिता के अन्दर प्रवेश पर उनका स्वागत अपनी चिल्लाहट से किया।

पत्नी चुप थी क्योंकि वासुकी बाबू चुप थे, लेकिन बच्चे ख़ुश थे क्योंकि बच्चों को यह एक रोमांचक बदलाव लग रहा था। वे गाँव में रह-रहकर ऊब चुके थे। उन्होंने शहर को सिर्फ अपने टेलीविजन सेट पर ही देखा था। अब वे शहर में रहेंगे और शहर की जिन्दगी में रंग जाएँगे। यह उनके जीवन में एक बहुत बड़ा बदलाव होनेवाला था।

वासुकी बाबू ने जब घर में प्रवेश किया तो उनके मन में तनाव था परन्तु उन्होंने यहाँ देखा बच्चियों के बीच जश्न जैसा माहौल था। छोटी बेटी प्रीति ने बड़ी बहन से परोक्ष रूप से सहयोग लेकर एक छोटी सी पार्टी जैसा इन्तज़ाम कर रखा था। वासुकी बाबू ने देखा अपने बगीचे से तोड़े गए फूलों से घर को थोड़ा-बहुत सजाने की कोशिश की गई थी। मन्दिर के सामने दीप जल रहा था और थोड़े से फूल वहाँ भी रखे थे। वासुकी बाबू कुछ सोच पाते इससे पहले प्रीति एक ट्रे में कोल्ड ड्रिंक्स के ग्लास ले आई। प्रीति ने पापा के सामने ट्रे को आगे बढ़ाते हुए पापा को देखा कि पापा उदास हैं।

"अब तो हँस दो पापा। नहीं, पापा नहीं, बड़े बाबू। अब तो हँस दो बड़े बाबू।" प्रीति ने एकदम लाड़ में कहा।

वासुकी बाबू के चेहरे पर हँसी की एक हलकी सी रेखा तो खिंच ही आई।

कोल्ड ड्रिंक के बाद जो प्लेट प्रीति ने सज़ा रखी थी उसमें हलुवा और चिप्स थे। और साथ में एक-एक टॉफी। पूरा परिवार इस पार्टी में शरीक था परन्तु

वासुकी बाबू की पत्नी चूँकि वासुकी बाबू के डर को जानती थीं इसलिए उनके दुख को भी जानती थी। चूँकि वह इस दुख को जानती थीं इसलिए यह अजीब भी लग रहा था कि उन्हें यह बुरा न लग रहा हो। परन्तु पता नहीं ऐसा क्या था कि बच्चों के इस उत्साह को देखकर वासुकी बाबू का सारा डर, सारा सन्देह हवा हो गया। दो बातें अब वासुकी बाबू को लगने ही लगी थीं, पहली यह कि बेकार ही इस डर में उन्होंने अपने इस बहुप्रतीक्षित प्रमोशन की ख़ुशी को भुला सा दिया है। और दूसरी यह कि अगर बच्चे ख़ुश हैं तो बच्चों की ख़ुशी में ही तो अपनी भी ख़ुशी है।

वासुकी बाबू तब उठकर खड़े हो गए और अपने बच्चों से कहा कि वे अभी कुछ मिठाइयाँ खरीदकर लाने जा रहे हैं।

वासुकी बाबू को कानपुर नगर के विकास भवन में ज्वाइन तो एक-दो दिन में ही करना पड़ा परन्तु वे अपने परिवार को कम से कम एक महीने बाद ही वहाँ ले जा पाए। इस बीच उन्होंने अपने लिए घर ढूँढने में खूब मेहनत-मशक्कत की।

घर ढूँने में वासुकी बाबू ने अच्छा-खासा वक्त लिया। चूँकि उनकी बच्चियाँ बड़ी हो रही थीं, इसलिए वे चाहते थे कि किसी ऐसी जगह घर लिया जाए जो कम से कम रहने लायक हो। लेकिन इस शहर में ऐसी जगह घर लेना जहाँ चैन से रहा जाए उनके वश में था कहाँ। वासुकी बाबू ने थोड़ा सा नीचे उतरकर वहाँ घर देखना शुरू किया जहाँ मिडिल क्लास के लोग ही रहते हों और जहाँ सुरक्षित भी रहा जाए। वे घर देखने जाते तो बहुत ही बारीक नज़र से उस मोहल्ले को देखते। वे अपने मन में लाना चाहें या नहीं लेकिन उनके मन में यह जरूर होता कि उनकी बेटियों के लिए ये मोहल्ला कितना सुरक्षित है। वे दिन भर ऑफिस में रहेंगे और दिन भर परिवार अकेला रहेगा यह सवाल उनके मस्तिष्क में हमेशा तना रहता। जिस भी मोहल्ले में चार लम्पट जैसे लड़के घूमते दिख जाते या फिर बाइक की तेज आवाज़ उन्हें सुनाई पड़ जाती और वे देख लेते कि लड़के तेज रफ्तार में बाइक उड़ा रहे हैं तो वे तुरन्त अपने आप को उस मोहल्ले से समेट लेते।

वासुकी बाबू शहर आए तो देखा कि यहाँ भीड़ बहुत है। ढेर सारे लोग हैं और ढेर सारी गाड़ियाँ। जितनी जगह है उससे ज़्यादा लोग हैं और जितने लोग हैं उससे ज़्यादा गाड़ियाँ हैं। हर तरफ शोर ही शोर। लेकिन इस भीड़ में उन्होंने महसूस किया कि एक गजब का अकेलापन है। भीड़ में लोग चल रहे हैं, गाड़ियाँ चला रहे हैं, फिल्म देख रहे हैं, शॉपिंग कर रहे हैं लेकिन सब अकेले हैं। वासुकी बाबू इस भीड़ में चलते, टकराते और फिर सहम से जाते। वे उस भीड़ को एक शक की निगाह से देखते।

कहीं कुछ हुआ है, इसकी ख़बर किसी को न थी

वे देखते यहाँ सड़क किनारे ढेर सारे सामानों का विज्ञापन करते बड़े-बड़े होर्डिंग्स हैं। ढेर सारी सुन्दर लड़कियाँ दुनिया के ढेर सारे सामान को बेच डालना चाहती हैं। कोई साबुन, तो कोई वॉशिंग मशीन, तो कोई पुरुष के दाढ़ी बनाने का रेजर तो कोई पुरुष का अंडरवियर बेच रही है। वासुकी बाबू उन विज्ञापनों को देखते और उस विडम्बना पर आश्चर्यचकित होते कि पुरुष के रेजर से आखिर इन सुन्दर लड़कियों का क्या वास्ता? वे उन विज्ञापनों को देखते और चकरा से जाते। कोई एक सुन्दर लड़की कहती यह साबुन बेहतर है तो दूसरी लड़की कहती इससे तो बेहतर यह है। ढेर सारे विशालकाय विज्ञापन वासुकी बाबू को चकराने के लिए काफी थे। वासुकी बाबू उन विज्ञापनों का कद देखते, उनके नीचे वे खड़े होते और अपने आप को उनके सामने बौना समझते। उनकी साँसें वहाँ घुटने लगतीं और वे वहाँ से भाग खड़े होते।

वासुकी बाबू का नया ऑफिस बड़ा था या नहीं यह तो अलग बात है लेकिन चूँकि वे एक ब्लॉक स्तर के ऑफिस से आए थे इसलिए उनके लिए यह ऑफिस भूलभुलैया की तरह था। इस बड़े से ऑफिस में कुछ जगहों पर एसी लगा हुआ था तो कुछ जगहों पर कूलर। उन्हें यहाँ भी कोई चैम्बर तो नहीं मिला परन्तु जिस हॉल में उनका टेबुल था वह हॉल काफी बड़ा था। उस हॉल को आप आयताकार समझ लें। दोनों लम्बी वाली दीवारों के सहारे टेबुल और कुर्सियाँ लगी हुई थीं उन कुर्सियों पर तरह-तरह के क्लर्क। उस कमरे की चौड़ाई वाली दीवार में एक तरफ वासुकी बाबू का कुर्सी और टेबुल लगा हुआ था। वासुकी बाबू का टेबुल उस कमरे में लगे अन्य टेबुलों से आनुपातिक रूप में बड़ा था। टेबुल पर एक कम्प्यूटर था, एक टेलिफोन और टेबुल के सामने तीन कुर्सियाँ। वासुकी बाबू की कुर्सी घूमनेवाली थी। जिस पर उन्होंने अपनी ज्वाइनिंग के दूसरे ही दिन अपने पैसों से गुलाबी रंग का एक तौलिया रख दिया था। उस कुर्सी के ठीक ऊपर एक पंखा लगा हुआ था, जिसकी रफ्तार वासुकी बाबू अक्सर कम ही रखते थे। वासुकी बाबू की कुर्सी का मुँह उन टेबुल-कुर्सियों की तरफ था जिधर और सारे कुर्सी-टेबुल लगे हुए थे। वासुकी बाबू की कुर्सी की बायीं तरफ एक खिड़की थी जिसमें कूलर लगा हुआ था, जिससे गर्मी के मौसम में ठंडी हवा आती थी। ठंड के मौसम में वह कूलर बन्द रहता था जिससे वासुकी बाबू को चिढ़ रहती थी। उन्हें लगता कि अगर यहाँ कूलर नहीं होता तो खिड़की खुली होती और वे बाहर का दृश्य कुर्सी पर बैठे-बैठे ही उस खिड़की से देख सकते थे। उनकी बहुत इच्छा थी कि उस हॉल में भी एसी लग जाए ताकि यह खिड़की

खाली हो सके। उस कुर्सी के ठीक बगल में एक डस्टबिन था जिसमें वे रद्दी काग़ज़ों को फेंका करते थे।

वासुकी बाबू के दिमाग में इस शहर को लेकर क्या-क्या नहीं चलता था। उन्हें लगता कि एक तरफ उनका अकेला परिवार है और दूसरी तरफ शहर का इतना बड़ा अविश्वास। वासुकी बाबू अपने मन में बुदबुदाते 'यह तो शेर के मुँह में उसके जबड़ों के बीच जीवित बचे रहना जैसा है।' वासुकी बाबू अपने ऑफिस से लेकर प्रॉपर्टी डीलर तक को जब अपने घर की जरूरतें बताते तब उसमें इस बात पर खासा बल देते कि 'सुरक्षित जरूर हो।' और सभी लोग उनकी यह सुरक्षा वाली जरूरत पर चौंक से जाते। डीलर 'सुरक्षा' शब्द को दुबारा दोहरा कर उनकी ओर देखते तो वासुकी बाबू घबरा से जाते। उन्हें लगने लगता कि उन्होंने इस शहर से कुछ ज़्यादा ही माँग लिया है। अन्ततः एक दिन एक डीलर ने कह ही दिया, 'साहब इस शहर में ऐसा कोई घर होता तो मैं ही नहीं ले लेता।' और 'सुरक्षा! साहब सुरक्षा भी कोई अब ख़्वाब देखने की चीज रह गई है।'

डीलर ने ऐसा कहा तो वासुकी बाबू के चेहरे पर पसीने की बूँदें चुहचुहा गईं।

ख़ैर काफी माथापच्ची के बाद वासुकी बाबू ने घर को फाइनल किया। यह उनकी किस्मत ही कहिए कि इस शहर में भी उन्हें ऐसा घर मिल गया जो इस महानगर के हिसाब से बहुत ही बढ़िया था।

यह तिमंजिला मकान था। जिसमें पहली और दूसरी मंजिल पर भी किरायेदार थे। मकान मालिक वहाँ नहीं रहते थे। वासुकी बाबू की पहली पसन्द ग्राउंड फ्लोर का घर था। गाँव में रहने, घूमने की आदत थी इसलिए अभी ज़मीन का लोभ छूटा नहीं था। नीचे वाले फ्लोर पर एक किनारे से थोड़ा अन्दर जाकर ऊपर जाने की सीढ़ी थी। लेकिन वह अन्दर जाने का रास्ता दीवार से घिरा हुआ था यानी ग्राउंड फ्लोर अलग-थलग था। एक मुख्य दरवाजा था जिसको बन्द करने के बाद पूरा घर बन्द हो जाता था।

मोहल्ला बड़ा था। मोहल्ले में घर भी बड़े-बड़े थे। परन्तु जो घर वासुकी बाबू ने लिया था वह छोटा सा ही था। पीछे आँगन नहीं था लेकिन आगे छोटा सा बरामदा था जहाँ एक-दो कुर्सियाँ लग सकती थीं। मोहल्ले के लिए जो सड़क थी उससे दाहिने को अन्दर जाने पर एक बार फिर से बाँयें मुड़ना पड़ता था और फिर लगभग आधा किलोमीटर सीधा चलने पर फिर बायाँ मुड़ना पड़ता था। इस अन्तिम मुड़नेवाली जगह पर एक पम्प घर जैसा कुछ कभी रहा होगा जो अब बन्द पड़ा हुआ था। उसकी दीवार खाली थी और उस पर यह नहीं लिखा हुआ

था कि स्टिक नो बिल्स। इसलिए उस दीवार पर ट्यूशन क्लासेस के पैम्फेलेट से लेकर सिनेमा के पोस्टर तक लगे रहते थे। एक तरह से कहिए वासुकी बाबू के घर की यह पहचान थी।

जब पूरा परिवार यहाँ आ गया तब वासुकी बाबू को थोड़ा आराम मिला। यह घर वासुकी बाबू को एक कैदखाने की तरह भले ही लगता हो परन्तु पूरे परिवार को कोई दिक्कत नहीं थी। सबको लगता था कि अब शहर में कोई बड़े घर में रहना सम्भव तो नहीं है। वासुकी बाबू को यहाँ अपनी बागबानी और अपने अमरूद के पेड़ की बहुत याद आती थी। यहाँ चापाकल नहीं था बल्कि नल लगा हुआ था इसलिए उनको नहाने में अब कोई मेहनत नहीं करनी पड़ती थी। लेकिन उनकी दिनचर्या बहुत अजीब हो गई थी।

सुबह उठकर वे नियम से टहलने तो यहाँ भी जाते परन्तु कोई ऐसी जगह नहीं थी जहाँ बैठकर चाय पी जा सके। धीरे-धीरे दोस्ती तो हुई लेकिन बैठने की कोई जगह नहीं मिल पाई। ऐसा नहीं था कि शहर में कोई पार्क नहीं था लेकिन पार्क इस मोहल्ले से बहुत दूर था और जहाँ पैदल टहलते हुए तो क्या तेजी से चलकर भी जाना सम्भव नहीं था। जब टहलने की आदत में लोगों से उनकी दोस्ती हुई तो उन्होंने जाना कि यह दुख सभी को था कि वे पार्क के इतने करीब नहीं रह रहे हैं कि वहाँ टहलने जाया जा सके। वासुकी बाबू जब अपने ताजा-ताजा छूटे गाँव की कहानी सुनाते तो उनके सारे दोस्त अतीत की यादों में गोते लगाने लगते।

वासुकी बाबू टहलकर आ जाते तब कुछ देर अपनी सुनहरी के साथ खेलते। सुनहरी के पास यहाँ फुदकने के लिए बहुत जगह नहीं थी। परन्तु वह बहुत उदास नहीं रहती थी। सुनहरी वासुकी बाबू की गोद में तब चढ़कर बैठ जाती जब वे अखबार पढ़ रहे होते। वासुकी बाबू देश-दुनिया की ख़बरों में अपराध और भ्रष्टाचार की ख़बरें पढ़कर दुखी हो रहे होते तो सुनहरी उनके दुख को कम करती। वासुकी बाबू को सबसे मुश्किल लगता शाम के समय को काटना। शाम को घूमने के लिए कोई साथी नहीं था। वे ऑफिस से निकलते तो टैम्पो लेकर घर पहुँचते। वे सब्ज़ी लेकर आना चाहते थे लेकिन जहाँ टैम्पो वाला उतारता वहाँ से एक किलोमीटर दूर दक्षिण की दिशा में सब्ज़ी की छोटी सी मण्डी थी। बेशक कभी मन करता तो वहाँ चले जाते अन्यथा थके होते तो छोड़ देते। दिन की दुपहरिया में ठेला लेकर रामवचन आता तो उनसे पत्नी सब्ज़ी खरीदती एकदम अपने दरवाजे पर। वासुकी बाबू की पत्नी सब्ज़ी खरीदती और उसे घुमा-फिरा कर उसकी ताजगी की जांच करती। निराश होती और फिर सब्ज़ी खरीद लेती।

शहर में परिवार को लाने के बाद वासुकी बाबू को कुछ दिन लगे पूरे परिवार को व्यवस्थित करने में। दोनों बच्चियों का यहाँ एडमिशन करवाना पड़ा। छोटी बेटी के लिए स्कूल का रिक्शा आता था। बड़ी बेटी का एडमिशन कॉलेज में हुआ और वह शहर में चलनेवाली छोटी-छोटी बसों में सफर करती थी।

वासुकी बाबू के इस शहर में आने और पदोन्नति को स्वीकार कर लेने के बाद बहुत सारे फायदे हुए। उनकी तनख्वाह बढ़ गई, उनका ओहदा बढ़ गया। वे दिन भर व्यस्त रहते। ऑफिस आना-जाना फिर घर की ढेर सारी जिम्मेदारियाँ। परन्तु वे इस शहर में कभी निश्चिन्त नहीं रह पाते। घर से निकलते तो उन्हें पूरे दिन अपने घर की चिन्ता सताती। कारण था कि जिस मोहल्ले में रहते थे वहाँ कोई ऐसा नहीं था जिस पर वे भरोसा कर पाएँ। अगल-बगल के घर हों या फिर ऊपर के दोनों मंजिल के किरायेदार किसी से भी कोई खास बातचीत नहीं। वासुकी बाबू ने मेल-जोल बढ़ाने की कोशिश की थी लेकिन किसी ने बहुत रुचि नहीं दिखाई। कभी घर से बाहर निकल गए तो कोशिश की कि अगल-बगल वाले से बात कर लें परन्तु बात हाल-समाचार से आगे नहीं बढ़ पाई।

सुबह वासुकी बाबू अखबार के नगर संस्करण में रोज हत्या, छीना-झपटी की ख़बरें पढ़ते और उनका मन डर जाता। बच्चे स्कूल जाते, कॉलेज जाते तो उनके मन में एक डर बैठा रहता। वे रोज ऑफिस से उनके लौट आने की ख़बर लेते तब जाकर कहीं उनको शान्ति मिलती। पत्नी कहती, "आप नाहक इतने परेशान रहते हैं।"

बच्चे कहते, "पापा आपको तो इस शहर से जैसे फोबिया हो गया है। शहर में भी तो लोग रहते हैं। आप क्यों इतने चिंतित रहते हैं?"

परन्तु वासुकी बाबू पत्नी से कहते, "आनन्दी ये बच्चे क्या जानें। दुर्घटना होने में बस एक क्षण लगता है और जिन्दगी बरबाद। इस शहर में कोई अपना नहीं होता। सब बस पैसों के पीछे हाय-हाय करते हैं।"

लेकिन इस शहर में बच्चे बहुत ख़ुश थे। वे दो-चार बार पिता की इजाजत से माँ के साथ सिनेमा हॉल में पिक्चर देख आए थे। कभी-कभार बाज़ार भी घूम लिया करते थे ये लोग। लेकिन मॉल में जो मल्टीप्लैक्स था उसमें जाने की इजाजत बच्चों की ज़िद के बावजूद पिता नहीं दे पाए थे। एक सौ पचहत्तर रुपये का टिकट। यानी चार आदमी में सात सौ और फिर आना-जाना अलग। अगर उसमें खाना-पीना हुआ तो। वासुकी बाबू कहते "उसमें फिल्म नहीं देखोगे तो क्या तुम्हारी जिन्दगी नहीं चलेगी? और देख लोगे तो क्या खज़ाना मिल जाएगा? चुपचाप मन लगाकर

अपनी पढ़ाई करो। शहर आकर उसके रंग में उड़ने मत लगो।" फिर थोड़ा रुककर धीमे से उन्होंने यह भी कहा, "सुनते हैं उसमें तो मक्के का भूंजा ही मिलता है अस्सी रुपये का। वह भी सौ ग्राम।"

घर के आगे जो छोटा सा बरामदा था उसकी जो चहारदीवारी थी वह इतनी ऊँची थी कि अगर आदमी कुर्सी लेकर बैठे तो पूरी गहराई में धँस जाए और राह चलते आदमी को कुछ दिखे नहीं। वासुकी बाबू ने उस चहारदीवारी पर कुछ गमले रख दिये थे। गमले की देख-रेख वे करते और यहाँ भी उन्हें ऐसा करने में सुनहरी उनका साथ देती। वासुकी बाबू कुर्सी पर खड़े होकर गमले के पौधों की सिंचाई करते उनकी कँटाई-छँटाई करते। सुनहरी तब नीचे खड़ी उनको बस टुकुर-टुकुर देखती रहती। वासुकी बाबू एक दिन बाज़ार से एक सीनरी खरीद लाए जिसमें चारों तरफ हरियाली थी और उसी बीच में एक घर बना हुआ था और उस सीनरी के दायीं ओर एक बच्ची बैठी थी अकेली और उदास। वासुकी बाबू ने इसे अपने कमरे में लगाया जो उस घर का पहला कमरा था। वासुकी बाबू अक्सर उस तस्वीर को एकटक देखते और फिर उनकी उदासी उस बच्ची की उदासी में घुलने सी लगती।

उनकी पत्नी आनन्दी ने अपने पति की उदासी को देखा और उससे देखा नहीं गया। उन्होंने अपने पति से कहा, "आप ज़्यादा सोचा मत कीजिए नहीं तो एक दिन बीमार पड़ जाएँगे।"

तब वासुकी बाबू ने उदास होकर कहा था, "इस शहर में बहुत अजनबी जैसा हो गया हूँ मैं।"

पत्नी ने कहा, "इतना सोचते हैं क्योंकि आप खाली हैं। अब आरती की शादी के लिए तो तैयारी कीजिए।" तब वासुकी बाबू को अचानक लगा कि अवसाद से निकलने का वक्त आ गया है।

परन्तु बच्चों के पास इस ख़बर के जाते ही उन्होंने एक नया झमेला शुरू कर दिया। बच्चों की यह ज़िद पहले तो उन्हें बहुत अटपटी लगी कि हमारे पास भी एक गाड़ी होनी चाहिए, लेकिन आरती की ज़िद के आगे उन्हें घुटने टेकने पड़े। जब वासुकी बाबू के सामने यह बात आई तो एकबारगी लगा जैसे यह सोचा भी कैसे जा सकता है। "गाड़ी कोई मामूली चीज है क्या।" उन्होंने बच्चों को समझाने की पूरी कोशिश की। "और अगर ले भी लूँ तो उसको मेंटेन करना क्या आसान बात है।" बच्चों के पास सारी बातों का जवाब तैयार था। "हम गाड़ी का कम इस्तेमाल करेंगे। सिर्फ तब जब हम कहीं सपरिवार एक साथ जाएँगे।" सवाल पैसे का आया तो उनका जवाब था, "आप भी न पापा! कैसी बातें करते हैं। किस जमाने में रह

रहे हैं आप। सब ईएमआई पर आ जाता है। अब कौन गाड़ी कैश में खरीदता है।" बच्चों को इतनी जानकारी कहाँ से मिली वासुकी बाबू सुनकर हैरान थे। लेकिन वासुकी बाबू टस से मस नहीं हो रहे थे। न तो वे ईएमआई के चक्कर में पड़ना चाहते थे और न ही गाड़ी खरीदने की ही हैसियत में वे अपने आप को देख रहे थे। उन्हें बार-बार लगता कि यह तो खर्च को सब दिन के लिए पालनेवाली बात है, जबकि उनके माथे पर दो-दो बेटियों का बोझ है।

गाड़ी के सन्दर्भ में सबसे ज़्यादा ज़िद आरती ने की, "अब गाड़ी तो स्टेटस सिम्बल है पापा। गाड़ी रहेगी तो रिश्ते भी अच्छे मिलेंगे।" यह आरती का ब्रह्मास्त्र था।

वासुकी बाबू यह तो समझते थे कि इस बड़े शहर में गाड़ी का अपना सुख है। लेकिन वे हिम्मत नहीं कर पा रहे थे। अभी जो भी उनके पास या पीएफ वग़ैरह में जमा पैसा था उसी से वे शादी निपटाना चाहते थे।

अन्ततः जिस बात पर सहमति बनी वह यह कि गाड़ी खरीदी तो जाएगी लेकिन सैकेंड हैंड। यह नया विकल्प भी आरती का ही था। वासुकी बाबू को लगा कि बच्चों की ज़िद के आगे झुकना तो पड़ेगा ही तो कुछ सरल सा रास्ता निकाला जाए। वैसे तो सैकेंड हैंड गाड़ी के लिए भी वासुकी बाबू पैसे के स्तर पर मन से तैयार नहीं थे परन्तु समझौते का यह निम्नतम स्तर था।

एक महीने के भीतर एक मारुति ऑल्टो घर के आगे खड़ी हो गई। गाड़ी का कलर सिल्वर था। आगे बोनट पर आनन्दी ने सिन्दूर से स्वास्तिक बनाया और प्रीति ने झट से उसके अन्दर एक टैडी बीयर टाँग दिया। एक खिलौना जिसके दोनों पैर अपने आप ही झूलते थे। गाड़ी चलती तो उस खिलौने का मुँह और पैर हिलते रहते।

गाड़ी चलाने में वासुकी बाबू को ज़्यादा दिक्कत नहीं हुई क्योंकि जवानी के दिनों में अपने गाँव में ट्रैक्टर चलाने का अनुभव उनके पास था। थोड़ा समय लगा लेकिन उनका हाथ जल्द ही साफ हो गया। वासुकी बाबू ने अपनी ड्राइविंग सीट पर एक ओरेंज कलर का तौलिया लाकर रख दिया।

गाड़ी जब घर पर आई तो वासुकी बाबू सहित पूरे परिवार का सीना गर्व से फूल गया। वासुकी बाबू जिस घर से आते हैं उन्होंने कभी सोचा नहीं था कि एक दिन उनकी जिन्दगी में ऐसा भी आएगा कि उनके पास अपनी एक गाड़ी होगी। एकदम अपनी। जब पत्नी आनन्दी उस गाड़ी पर स्वास्तिक बना रही थी तब वासुकी बाबू भावुक हो गए थे। उनकी आखों के कोर भीग गए थे। उनके मन में तब अंकित हुआ था, 'अच्छे कर्मों का फल शायद अच्छा ही होता है।' उन्होंने अपनी पत्नी के करीब जाकर धीरे से बोला था, "सोचा नहीं था कभी जीवन में कि

अपनी गाड़ी होगी।" तब आनन्दी ने उनकी ओर एक आश्वस्ति भरी निगाह डाली थी। उस निगाह ने जैसे मौन रहकर ही कहा हो—'धन्यवाद'।

जब कभी वासुकी बाबू अपनी गाड़ी से निकलते तो सपरिवार। हाथ साफ होने के बाद पहली बार जब वासुकी बाबू गाड़ी लेकर शहर की तरफ निकले तब उन्होंने अपने परिवार को आइस्क्रीम खिलाई थी। बहुत दिनों तक वासुकी बाबू को गाड़ी को बैक करने में मुश्किल आती रही। वे गाड़ी को जब लेकर आते तो अपने दरवाजे पर दीवार से बहुत सटा कर नहीं लगा पाते। उनके मन के भीतर धुकधुकी होती। गाड़ी दीवार में सटाते हुए उन्हें मन में लगता कि गाड़ी दीवार में अब लगी कि तब। और इस चक्कर में शुरुआत में बहुत दिनों तक गाड़ी उनकी दीवार से थोड़ा हटकर सड़क पर थोड़ी ज़्यादा ही खड़ी होती थी।

गाड़ी में पाँच लोगों के बैठने की जगह थी। घर में सदस्य भी पाँच ही थे। परन्तु सुनहरी अपनी जगह पर बैठती ही कहाँ थी। वह गाड़ी में बैठती कम फुदकती ज़्यादा थी। वैसे उसकी सबसे प्यारी जगह थी गाड़ी की पिछली सीट के पीछे की जगह जहाँ स्पीकर लगा होता है। सुनहरी वहाँ बैठकर पीछे वाले शीशे से पूरी दुनिया को देखती रहती। दुनिया उसके सामने छूटती जाती तो उसे बहुत रोमांच होता। लेकिन वह कई बार गाड़ी में फुदकती भी थी। हाँ लेकिन गाड़ी की आगे वाली जगह पर वह कभी भी नहीं जाती जहाँ से कि वासुकी बाबू को गाड़ी चलाने में दिक्कत होती।

आरती के कहे अनुसार गाड़ी के आने से स्टेटस सिम्बल में कोई वृद्धि हुई या नहीं परन्तु हाँ वासुकी बाबू के छह-सात महीने के अथक प्रयास से आरती की शादी जरूर तय हो गई। वासुकी बाबू ने अपनी पूरी कोशिश की थी कि बेटी को अच्छा घर और अच्छा वर मिले, इसके लिए उन्होंने जितनी उनकी हैसियत थी उससे आगे जाकर पैसा खर्च करने के बारे में सोचा था।

लड़का सरकारी दफ्तर में क्लर्क था और शादी दस लाख रुपये में तय हुई थी। इन छह-सात महीनों में वासुकी बाबू लड़का ढूँढने के लिए बहुत भटके। लेकिन बात यही हुई कि बगल में छोरा और शहर में ढिंढोरा। काम आए ऑफिस के श्रीवास्तव साहब। लड़का, जिससे बात पक्की हुई थी, श्रीवास्तव जी के साले के बेटे थे। अपने हद तक श्रीवास्तव जी ने यह तो कहा कि चूँकि ऑफिस का मामला है तो सस्ते में मामला निपट जाना चाहिए। परन्तु साथ में उन्होंने यह भी कहा कि 'लेकिन आप तो जानते ही हैं सहाय बाबू कि आजकल पैसों के सामने रिश्ते का कोई मायने नहीं है।' रात भर हील-हुज्जत के बाद सुबह के नाश्ते पर जाकर बात

फाइनल हुई। माँग पन्द्रह की थी और साथ में चार पहिया एक गाड़ी। लेकिन इसे श्रीवास्तव जी का ही प्रभाव मानें कि बात दस और एक दोपहिया वाहन पर निपट गई। शादी की तारीख लगभग दो महीने के बाद की रखी गई। यह तय हुआ कि अभी दो-चार दिन में दो लाख देकर लड़के को रोक लिया जाए। और फिर आठ लाख तिलक पर देकर फाइनल कर लिया जाएगा।

वासुकी बाबू दस लाख रुपये कहाँ से लाएँगे यह बात उन्हें शादी तय करते वक्त भी महसूस हो रही थी परन्तु उन्होंने सोचा बेटी अच्छे घर जा रही है। आदमी और किसके लिए कमाता है अपने परिवार के लिए ही तो।

वासुकी बाबू जब से शहर आए थे इस बात से दुखी रहने लगे थे कि यहाँ न चाहते हुए भी खर्च बढ़ गया है। गाँव में जो पैसा आता था उसमें से वे बहुत सा जमा कर लेते थे परन्तु यहाँ कहाँ? लेकिन बिटिया की शादी तय होते ही उनके हाथ एकदम से रुक गए। उन्होंने फिर पैसों की फिक्र में भागा-दौड़ी शुरू की। पीएफ के पैसे से लेकर उनके पास जो जहाँ जमा पूँजी थी सबको उन्होंने अपने हिसाब में ले लिया। तब जाकर कहीं वे पैसा पूरा कर पाए।

इस शहर और इस मोहल्ले में आए हुए वासुकी बाबू को लगभग डेढ़ वर्ष हो गए होंगे। परन्तु चाहते हुए भी यहाँ बहुत सम्पर्क नहीं बन पाया। इसलिए जब उनके यहाँ इतनी बड़ी ख़ुशी आ रही थी तब भी वे इस बात को उस मोहल्ले में किसी से साझा करने से बच रहे थे। शादी में कुछ लोग इस मोहल्ले से निमंत्रित होंगे ऐसा वासुकी बाबू जानते थे लेकिन वे सोचते थे कि वे शादी के और नज़दीक आने पर ही इसे बाहर खुलासा करेंगे। वासुकी बाबू को एक डर इस शहर से भी था। उन्हें लगता था कि शादी-विवाह के घर में तमाम सामान, पैसे इत्यादि होते हैं डरना तो चाहिए ही।

इस शहर में वे इस तरह अजनबी की तरह रहते थे कि अपने ऑफिस जाने के बाद के लिए उन्होंने अपने परिवार को सख़्त निर्देश दे रखा था कि वे मुख्य दरवाजा किसी के लिए भी नहीं खोलें। चूँकि उनका घर ग्राउंड फ्लोर पर था इसलिए रोज एक-दो सेल्समेन जरूर आते थे। कभी वॉशिंग पाउडर बेचने तो कभी हैंड ग्राइंडर बेचने। कभी आरओ की माँग को जरूरी बतानेवाले आते तो कभी टूथपेस्ट पर आकर्षक ऑफर देनेवाले। पत्नी दरवाजा खोलती नहीं अपने जाली के दरवाजे से ही इनकार में अपने चेहरे को ना में घुमाती और कहती, "वे घर में तो हैं नहीं।" हद तो तब हो गई जब उस दिन दो औरतें बरतन चमकाने के लिए एक नई स्कीम ले कर आईं और आनन्दी ने उनकी स्कीम पर बहुत गहराई से विचार किए बिना

ही कह दिया कि अभी वे घर में हैं तो नहीं। तब उन दो औरतों ने आनन्दी के मुँह पर ही कह दिया कि तो क्या बरतन वही माँजते हैं?

आनन्दी ने मजाक में पति के दफ्तर से लौटने के बाद बच्चों के सामने यह चुटकुला कह सुनाया तो वासुकी बाबू को बहुत बुरा लगा। उनके मन में आज फिर बहुत दिनों बाद कुछ अंकित हुआ, 'मेरी पत्नी भी अजीब तोतारटंत है।' लेकिन उनके पास इसका कोई हल नहीं था। उन्हें इस शहर पर विश्वास करने से बेहतर लगता था अपनी पत्नी की इन बेवकूफियों को झेल लें।

जब लड़के वाले वासुकी बाबू के घर आए तो उन्हें सचमुच सबसे ज़्यादा गर्व अपनी गाड़ी पर ही हुआ था। उन्होंने सुबह-सुबह उठकर अपने हाथों से गाड़ी को चमकाया था। गाड़ी दरवाजे पर खड़ी थी तो ऐसा लगता था कि उनके दरवाजे पर हाथी बँधा हुआ है। घर के भीतर घुसते और निकलते वक्त वासुकी बाबू ने अपनी कनखियों से लड़के के पिता के चेहरे को पढ़ने की कोशिश की और पाया कि वहाँ एक अजीब तरह की ख़ुशी थी, एक तरह का सन्तोष था। लड़के वाले चले गए तो वासुकी बाबू ने अपनी पत्नी ने कहा, "देखो मेरी बेटी कितनी समझदार है। नब्ज को पहचान गई थी। दरवाजे पर गाड़ी खड़ी थी तो उन लोगों ने खूब भाव दिया।" वासुकी बाबू जब लड़के को रोकने के लिए गए थे तो अपनी इसी गाड़ी से गए थे। इसी गाड़ी से वे दो लाख रुपये वहाँ पहुँचा के आए थे।

वासुकी बाबू जबसे शहर आए थे उनके मन के भीतर चैन नहीं था लेकिन इधर बहुत दिनों के बाद बेटी की शादी तय होने के कारण उन्हें एक राहत सी मिली थी। अब इसे उनका इस शहर के प्रति अतिरिक्त किस्म का डर कहिये परन्तु वे इस शहर में इस शादी के ठीक ढंग से निपट जाने के लिए भी डरे रहते थे। वे अक्सर अपनी पत्नी से कहते, "कौन है यहाँ अपना? वक्त पर कोई काम आनेवाला नहीं है यहाँ। सब के सब अपने स्वार्थ में मरे जानेवाले अमानुष।"

शादी का घर था इसलिए आए दिन खरीदारी चल रही थी। सोने की कीमत बढ़ती जा रही थी इसलिए वासुकी बाबू ने सबसे पहले बेटी के लिए गहने बनवाए। कपड़ों की खरीदारी, बर्तन की खरीदारी आदि-आदि। शादी के घर में सौ काम होते हैं। वासुकी बाबू ने अपने पीएफ वग़ैरह से लगभग सारे पैसे का इन्तज़ाम कर लिया था। दहेज का सारा पैसा घर में था और उसकी चाबी हर वक्त वासुकी बाबू के पास। आए दिन बाज़ार से सामान लेकर दोनों आते थे लेकिन एक आदमी पूछनेवाला नहीं। वासुकी बाबू कहते, "अभी गाँव में होते तो पूरे गाँव में डंका बज गया होता। यहाँ बगल का पड़ोसी भी नहीं पूछता कि आखिर क्यों हो रही है

इतनी खरीदारी। पत्नी कहती "आपको तो अजीब समस्या है। कोई पूछता है तो आपको दिक्कत है कि क्यों पूछ रहा है कोई और कारण तो नहीं। और नहीं पूछता है तो पता नहीं यहाँ के लोग कैसे हो गए हैं। पता नहीं आपको क्या हो गया है।" तब कई बार वासुकी बाबू भी सोचते थे कि वे सचमुच अजीब से होते जा रहे हैं। लेकिन उनका मन फिर कहता वे ग़लत नहीं सोच रहे हैं।

वह रात भी ऐसी ही कोई अफ़रा-तफरी वाली रात थी। वासुकी बाबू अपनी पत्नी के साथ बाज़ार से लौटे तो बड़ी बेटी ने खाना बना रखा था। ऑफिस की कच-कच के बाद बाज़ार की थकावट। वासुकी बाबू बहुत थके हुए थे। खाना खाकर दस बजे के करीब सो गए थे। ऑफिस में अपनी फाइल को अधूरा छोड़ कर पत्नी के साथ बाज़ार गए थे। सुबह जल्दी जाकर उसे पूरा करना था। वासुकी बाबू बिस्तर पर गए, उस समय आनन्दी बर्तन माँज रही थी।

कोई आधी रात का समय होगा जब वासुकी बाबू को ऐसा लगा जैसे उनकी गाड़ी को कोई स्टार्ट कर रहा है। वास्तव में वे उस समय इस तरह की गहरी नींद में थे कि उन्हें लगा जैसे यह उनके मन का भ्रम है। लेकिन एक बार मन में खटका हुआ तो नींद उड़ गई। उठकर बैठे तो पत्नी डरकर उठकर बैठ गई कि कहीं तबीयत तो खराब नहीं हो गई।

"अपनी गाड़ी की आवाज़ तुम पहचानती तो हो ना?" यह सवाल था। जगने के बाद वासुकी बाबू ने यह पहला वाक्य बोला था, जो सचमुच बहुत अजीब था। जबकि गाड़ी की आवाज़ अब वहाँ बिलकुल भी नहीं थी। आनन्दी को लगा, पता नहीं क्या हो गया है उन्हें।

"अभी अपनी गाड़ी की आवाज़ आ रही थी।" इस वाक्य को वासुकी बाबू ने इतने धीमे से बोला जैसे चोर उनके कमरे में घुस आया है।

वे धीरे से पलंग से उतरे। चप्पल नहीं पहनी। रोशनी नहीं जलाई। मोबाइल की धीमी रोशनी में वे धीरे-धीरे दरवाजे का ताला खोलकर बाहर आए। मोबाइल की उस धीमी रोशनी में भी उनकी निगाह सुनहरी पर पड़ी और सुनहरी फौरन एक जाँबाज सिपाही की तरह उनके साथ हो ली। बाहर स्ट्रीट लाइट की रोशनी थी। बाहर की रोशनी देखकर उनका डर थोड़ा कम हुआ। बाहर सन्नाटा था। दूर कहीं से सिर्फ एक-दो कुत्तों के भौंकने की आवाज़ आ रही थी। एक टैम्पो की आवाज़ भी वहाँ थी जो उधर से अभी-अभी गुजरी थी। वासुकी बाबू ने बाहर की रोशनी में बाहर के लोहे वाले दरवाजे को खोला और वे धक्क से रह गए। गाड़ी वहाँ नहीं थी। वासुकी बाबू ने देखा कि गाड़ी वहाँ नहीं थी और गाड़ी की जगह

बिलकुल खाली थी। उन्होंने इस दृश्य को देखा और वहीं धम्म से बैठ गए। उन्हें यह अन्दाजा नहीं था कि बाहर उठकर आने में पीछे पत्नी भी थी। पत्नी ने भी गाड़ी की खाली जगह को देखा तो कुछ कहने की जरूरत नहीं हुई। उन्होंने अपने पति के कन्धे पर हाथ रखा तब जाकर कहीं वासुकी बाबू को यह एहसास हुआ कि पीछे पत्नी भी है।

रात के कोई एक बज रहे थे। आनन्दी ने शोर मचाना ठीक नहीं समझा परन्तु उसकी समझ में एकबारगी यह नहीं आया कि वह अपने पति को यहाँ अकेला छोड़कर बच्चों को जगाने जाए या यहीं से आवाज़ लगाए। लेकिन उसने देखा कि दोनों बेटियाँ खुद ही दौड़ी वहाँ आ गईं। बेटियों ने जब यह पूछा कि क्या हुआ? तब आनन्दी ने उन्हें बतलाया कि गाड़ी चोरी हो गई। बेटियों को माँ की बातों पर अचानक विश्वास नहीं हुआ तो सामान्य रूप से उन्होंने गाड़ी की जगह को देखा। वहाँ गाड़ी नहीं थी, गाड़ी की जगह पर उसकी अनुपस्थिति थी। छोटी बेटी के मन में अचानक आया कि उस गाड़ी के साथ उसकी वह बचपन की डॉल भी चली गई। उसने अचानक उस डॉल के रंग को अपने मन में याद करने की कोशिश की।

बड़ी बेटी और पत्नी ने आँखों ही आँखों में इशारा कर कुछ बातें कीं। दोनों के बीच तब कोई आवाज़ नहीं थी। और फिर दोनों ने वासुकी बाबू को उठाया और लगभग टाँग सा लिया। कमरे की बत्ती जलाई गई। पलंग पर वासुकी बाबू को लिटाना चाहा परन्तु वे उठकर बैठ गए। उनकी आँखों में तब एक अजीब सी बेचैनी थी। छोटी बेटी पानी का गिलास ले आई। सुनहरी बहुत बेचैन थी। वह अन्दर-बाहर कर रही थी ऐसे जैसे घटना स्थल पर कुछ सूँघने की कोशिश कर रही हो। वासुकी बाबू ने प्रीति के हाथ से लेकर पानी का पूरा गिलास गले में उड़ेल लिया लेकिन उनकी बेचैनी कम नहीं हुई। गाड़ी चोरी हो गई इस तथ्य को वहाँ खड़े सभी लोग जान गए थे। परन्तु आगे क्या करना चाहिए यह कोई समझ नहीं पा रहा था।

वासुकी बाबू को शायद ज़्यादा घुटन महसूस हो रही थी इसलिए वे लेट गए। पत्नी की घबराहट बढ़ गई, उन्होंने अपने हाथ को वासुकी बाबू के माथे पर रख दिया। परन्तु वासुकी बाबू अपनी पत्नी के हाथ के वजन को अपने माथे पर सहन नहीं कर पा रहे थे। फिर वे झटके से उठकर बैठ गए।

"मैं कहता था न इ जंगल है जंगल। सब साँप हैं यहाँ साँप।" वासुकी बाबू ने यह पहला वाक्य मुँह से निकाला। बेटियों को लगा सीधे न कहते हुए भी पिता उनकी ही बातों को काटने की कोशिश कर रहे हैं। बेटियों ने तब कहा था "शहर इतना भी बुरा नहीं होता है।"

"करैत साँप।" इस बार वासुकी बाबू के मुँह से निकले ये दो शब्द काँप रहे थे। उनकी आँखों के कोर भीग गए और एक-दो बूँदें धीरे से चू भी गईं।

"सब बर्बाद हो गया आनन्दी। हम में से कोई नहीं बचेगा यहाँ।" आनन्दी सहित बच्चों को भी लगा अब ज़्यादा हो रहा है। आनन्दी यह समझ नहीं पा रही थी कि एक गाड़ी का चोरी होना दुखद है लेकिन एक सैकेंड हैंड गाड़ी, जिसकी कीमत महज एक-सवा लाख है का जाना क्या वाकई इतना दुखद है?

लेकिन वासुकी बाबू के लिए यह गाड़ी के जाने से ज़्यादा उनके डर की पुष्टि होना था। शहर के प्रति जिस अविश्वास की चादर वासुकी बाबू ने ओढ़ रखी थी आज वह प्रमाणित हो गया था।

"अरे गाड़ी ही तो चोरी हुई जिन्दगी थोड़े ही न चली गई है जो आप इतना तनाव ले रहे हैं। शहर में पुलिस भी काम करती है। आप सुबह पुलिस को कम्प्लेन कीजिएगा हमारी गाड़ी हमें जरूर मिल जाएगी। मुझे पूरा विश्वास है।" आनन्दी ने अपने पति को सिर्फ ढाँढस बँधाने के लिए ऐसी बात कही थीं।

"पुलिस! पुलिस अगर काम करती तो हमारी गाड़ी चोरी ही क्यों होती?" वासुकी बाबू के मुँह से निकले हुए 'पुलिस' शब्द में काफी हिकारत का भाव था।

"अब हमारी गाड़ी हमें कभी नहीं मिलेगी। हम अब फिर कभी गाड़ी खरीद नहीं पाएँगे।" वासुकी बाबू फफक से गए। उनके मन में तब वे सुहाने सफर जरूर घूम गए होंगे जब वे अपने परिवार के साथ बाज़ार जाते थे। खिड़की से आती हवा के झोंके और सुनहरी का गाड़ी के भीतर यूँ फुदकना।

"ईश्वर पर विश्वास कीजिए। कुछ नहीं होगा। सब ठीक हो जाएगा।" ऐसा कहकर आनन्दी ने वासुकी बाबू को सुलाने की कोशिश की।

हालांकि वासुकी बाबू को पुलिस पर तनिक भी विश्वास नहीं था परन्तु यह निर्णय लिया गया कि सुबह बच्चियों के स्कूल-कॉलेज जाने के बाद वासुकी बाबू थाने में जाकर इसकी रिपोर्ट लिखा आएँगे।

वासुकी बाबू के बिस्तर पर लेटने के बाद पत्नी अँधेरा करने लगी तो उन्होंने आपत्ति की परन्तु पत्नी ने कहा नींद अच्छी आएगी। बिस्तर पर वासुकी बाबू बहुत देर तक इधर-उधर करवट बदलते रहे। नींद नहीं आ रही थी। उनकी आँखें बन्द थीं। कमरे में घुप्प अँधेरा था। उन्होंने उस घुप्प अँधेरे में देखा कि ढेर सारी गाड़ियाँ चल रही हैं, हर तरफ चिल्ल-पों मची हुई है, बहुत सारे लोग जो इधर जा रहे हैं उधर जा रहे हैं। ठीक उसी समय दृश्य में थोड़ा बदलाव होता है। अब दृश्य में

एक सात-आठ साल का बिछुड़ा हुआ बच्चा है जो रो रहा है। उस भीड़ में जो कोलाहल है उसमें उस बच्चे के रोने को कोई सुन नहीं पा रहा है। फिर वह बच्चा बदहवास उस सड़क पर अचानक दौड़ने लगता है। इधर से उधर से गाड़ियाँ आ रही हैं और बच्चा बदहवास दौड़ रहा है।

वासुकी बाबू की आँखें खुल गईं। उन्होंने महसूस किया कि उनके कान के नीचे से पसीने की बूँदें चू रही हैं। उनका पूरा शरीर पसीने से लथपथ है। महसूस किया कि पत्नी बगल में सो रही है। उन्होंने पत्नी की तरफ मुँह करके अचानक कहा "प्रीति जिस रिक्शे से स्कूल जाती है उसका सुबह कोई प्रूफ ले लेना। कहाँ रहता है कोई ख़बर तो हो हमारे पास। उसका नम्बर तो है ना तुम्हारे पास?" पत्नी ने नींद में से ही झाँककर कहा, "हाँ सुबह सब ले लूँगी।"

लेकिन वासूकी बाबू चुप नहीं हुए। बोले, "सुनहरी बहुत कोमल है उसे कहीं चोट न लग जाए। उसे बाहर मत जाने दिया करो।"

अब यह सब वासुकी बाबू नींद में कह रहे थे या होश में पता नहीं परन्तु पत्नी नींद में यह महसूस करती रही कि वे बहुत देर तक इस तरह की बातें बड़बड़ाते रहे।

कई बार बहुत तनाव में थककर नींद भी अच्छी आती है। वासुकी बाबू सोये तो एकदम बेसुध। हर रोज वासुकी बाबू घर में सबसे पहले जगते थे। मुँह-हाथ धोकर फ्रेश होकर घूमने जाते थे। घूमकर आते तब तक अखबार आ जाता। उनके आने के बाद छोटी बेटी स्कूल के लिए तैयार होकर निकलती।

परन्तु आज वासुकी बाबू की नींद देर से खुली। नींद खुली तो रसोईघर में बच्चों के लंच बॉक्स की तैयारी चल रही थी। पत्नी के अलावा बड़ी बेटी भी लगी हुई थी। ऐसा लगा सब जल्दी-जल्दी कर रहे थे। वासुकी बाबू ने इतना तो समझ लिया कि आज सभी लोग देर से उठे हैं इसलिए यह अफरा-तफरी है। छोटी बेटी स्कूल के लिए तैयार हो रही थी। वासुकी बाबू कमरे से बाहर आए तो पत्नी को अच्छा लगा। लेकिन सच यह है कि वासुकी बाबू के सर में अभी दर्द था। चूँकि देर हो चुकी थी इसलिए वासुकी बाबू आज फ्रेश होने से पहले अखबार लेने बाहर की ओर चल दिये। अखबार दरवाजे के भीतर फेंका हुआ था। बाहर आकर वासुकी बाबू को इतनी बात समझ में तो आ गई कि सो कर जगने के बाद अभी तक किसी को बाहर निकलने तक का समय नहीं मिला है क्योंकि मुख्य दरवाजे का ताला अभी तक बन्द था।

वासुकी बाबू ने झुककर अखबार उठाया और चल दिये। लेकिन पता नहीं क्यों एक बार फिर उनको अपनी गाड़ी की अनुपस्थिति को देखने की इच्छा हुई।

वे आगे बढ़कर दरवाजे के पास आए और ताला बन्द दरवाजे से बाहर की ओर झाँका तो वे चौंक गए। बाहर गाड़ी की अनुपस्थिति नहीं, गाड़ी थी। उनकी गाड़ी ठीक उसी जगह पर लगी हुई थी जहाँ पर लगी होनी चाहिए थी।

वासुकी बाबू को अपने आप पर अविश्वास हुआ। उन्होंने दरवाजे से थोड़ा ज़्यादा ही सटकर गाड़ी को देखा, गाड़ी वाकई वहीं खड़ी थी। अब उनको एकबारगी लगा कि कहीं उन्होंने रात में गाड़ी गुम हो जाने का सपना तो नहीं देख लिया था। अचानक उनके दिमाग में रात की सारी घटनाएँ क्रमवार दौड़ गईं। उनको लगा वे पागल हो जाएँगे। यह इस मायावी शहर का कौन सा मज़ाक है। उन्होंने बग़ैर अगल-बगल की चिन्ता किए जोर से पत्नी को आवाज लगा दी। पत्नी को रात की घटना याद थी इसलिए वे रसोईघर से बदहवास दौड़कर आई। पत्नी ने उन्हें स्वस्थ लेकिन अचम्भित देखा। वासुकी बाबू ने आनन्दी का हाथ पकड़ा और दरवाजे में सटाकर गाड़ी की जगह पर गाड़ी को दिखाया। आनन्दी को पहले लगा कि पता नहीं क्यों गाड़ी की अनुपस्थिति को वे बार-बार दिखलाना चाहते हैं परन्तु वह भी गाड़ी की अनुपस्थिति की जगह पर गाड़ी को देखकर चौंक गई।

बच्चियों को जब ख़बर लगी तो एक उत्सव सा माहौल हो गया। बच्चियों ने स्कूल-कॉलेज जाने का निर्णय छोड़ दिया। वासुकी बाबू ने दरवाजे की चाबी मँगवाई। वे अपनी गाड़ी को अन्दर से देखकर उसे छूकर महसूस करना चाहते थे। दरवाजा खुलने के बाद छोटी बेटी ने सबसे पहले अपनी डॉल को देखा, डॉल सुरक्षित थी, उसे राहत महसूस हुई। वासुकी बाबू ने सबसे पहले अपनी गाड़ी को अपनी गोद में भर लिया। फिर दरवाजे में चाबी घुसाकर घुमाया और दरवाजा खुल गया।

दरवाजा खुलते ही वासुकी बाबू चौंक गए। ड्राइविंग सीट पर एक रंगीन प्रिंटेड लिफाफा, एक काग़ज़ जिसे आप पत्र जैसा कुछ कह लें उसे आधा-आधा दो बार मोड़ कर रखा गया था। काग़ज़ दूसरी बार के मोड़ से आधा खुला हुआ था। उसी के बीच एक लाल गुलाब का फूल रखा हुआ था। लाल गुलाब के फूल में एक लम्बी डंडी लगी हुई थी। वासुकी बाबू ने सबसे पहले उस गुलाब को उठाया और महसूस किया कि उस डंडी में एक भी काँटा नहीं था यानी उसे करीने से छील कर रखने लायक बनाया गया था। वासुकी बाबू के पीछे उनका पूरा परिवार था जो यह सब देखकर भौचक था लेकिन वासुकी बाबू इस तरह बाहर कुछ भी अजीब सा करना चाह नहीं रहे थे इसलिए वे उस सीट पर रखे

हुए सामान को उठाकर अन्दर आ गए। फिर उन्होंने सबसे पहले उस पत्र को जोर-जोर से पढ़ा ताकि उनके साथ-साथ उनका पूरा परिवार भी सुन सके। पत्र शुद्ध हिन्दी में था और कुछ यूँ था—

महोदय,

सबसे पहले मैं अपनी हिमाकत के लिए आपसे माफी माँगता हूँ। मेरे कारण जो आपको परेशानी हुई मैं समझ सकता हूँ कि उसके लिए माफी की कोई गुंजाइश होनी नहीं चाहिए। और इस बड़े शहर में जहाँ आज विश्वास सबसे बड़ा सवाल बन गया है वहाँ इसकी माँग करना तो और भी अजीब है। परन्तु मुझे पूर्ण विश्वास है कि आप मेरी परेशानी को सुनकर मुझे माफी के योग्य जरूर समेंझेगे।

मैं आपके मोहल्ले या कह लीजिए कि आपके आस-पास का ही रहनेवाला हूँ। मेरी माँ अस्थमा की मरीज है और कल रात के बारह साढ़े बारह बजे के करीब मेरी माँ को अस्थमा का अटैक पड़ा, उनकी साँसें लगभग अटक सी गईं। उन्हें साँस लेने में अचानक बहुत दिक्कत हो गई। आप विश्वास कीजिए वह अपने बिस्तर पर एक-एक हाथ उछल रही थीं। उन्हें तुरन्त अस्पताल ले जाना बहुत जरूरी था। और मेरे पास कोई साधन नहीं था और आप तो इस शहर का हाल जानते हैं। इस आधी रात में न कोई टैक्सी न ही कोई टैम्पो। इसलिए मुझे आपकी गाड़ी का इस्तेमाल इस कठिन समय में करना पड़ा।

मैं मानता हूँ कि नियम और कानून के आधार पर यह ग़लत है और शायद मैं इसलिए अपनी पहचान छुपा भी रहा हूँ। परन्तु इनसानियत के हक से मैं आपसे माफी चाहता हूँ। आपकी गाड़ी की बदौलत ही आज मेरी माँ जिन्दा है और अभी हॉस्पिटल में सुधार की ओर अग्रसर है। अप्रत्यक्ष रूप से ही लेकिन आपका यह मेरे ऊपर किया गया बहुत बड़ा उपकार है जिसे मैं ताउम्र भूल नहीं सकता हूँ।

यह गुलाब का फूल अपनी माफी के लिए पेश कर रहा हूँ। इस गुलाबी लिफाफे में सिनेमा के चार टिकट हैं। इसे आप मेरी ग़लतियों के बरक्स उपहार समझें। इसे आप स्वीकार करेंगे तो लगेगा जैसे आपने मुझे माफ कर दिया।

—आपका एक भरोसेमंद पड़ोसी

चिट्ठी खत्म करने के बाद वासुकी बाबू ने गुलाब फूल की तरफ तिरछी निगाह डाली और फिर उस गुलाबी लिफाफे में से सिनेमा के टिकट बाहर निकाले। उस लिफाफे में आज के नाइट शो के मल्टीप्लैक्स के चार टिकट थे। 9:30 से

12:30 के। बच्चियों ने मल्टीप्लैक्स के टिकट को देखा तो उनकी बाँछें खिल गईं। जब से वे इस शहर में आए थे तब से उनकी हसरत थी कि इस मल्टीप्लैक्स में फिल्म देख आएँ परन्तु पिता कभी इस बात के लिए राजी नहीं हुए। ये मल्टीप्लैक्स उनके ख़्वाबों में पल रहे थे।

"देखा पापा शहर इतना भी बुरा नहीं होता है जितना आप सोचते हैं।" यह आरती थी।

"यहाँ भी लोग ही रहते हैं। और लोग कहीं भी अच्छे और बुरे हो सकते हैं।" यह भी आरती ही थी और यह उसकी दलील थी।

"ठीक कह रही हो। पता नहीं रात भर में मैंने क्या-क्या नहीं सोच लिया। मेरी भी लगता है अब उम्र होती जा रही है।" पहली बार वासुकी बाबू ने इस शहर पर एक अच्छी राय व्यक्त की।

"मैं सठियाता जा रहा हूँ क्या?" वासुकी बाबू ने पत्नी से सवाल पूछा। और पत्नी ने इसका जवाब हाँ में दिया।

"चलो सब अच्छा हो गया। हम और हमारी गाड़ी शहर में किसी के काम तो आए। बेचारे ने अफरा-तफरी में गाड़ी का इस्तेमाल किया तो माफी भी माँगी।" वासुकी बाबू का मन इस शहर, यहाँ की जिन्दगी और यहाँ के लोगों को लेकर साफ हो रहा था।

"जब माफी माँग ही ली तो नाम और पहचान बता ही देता कम से कम हमें पता तो चल जाता कि माता जी की तबीयत अब कैसी है।" आनन्दी ने वासुकी बाबू की तरफ देखकर कहा।

"नहीं देखो डर तो लगता ही होगा कि हम कहीं नाराज न हो जाएँ। लेकिन हाँ तुम ठीक ही कह रही हो ध्यान तो लगा ही रहेगा। वैसे पत्र में लिखा तो है कि अब काफी सुधार है।" वासुकी बाबू ने उत्तर दिया। और इस उत्तर से आनन्दी को काफी राहत मिली।

इस पूरे घटनाक्रम के समय सुनहरी वहीं टेबुल पर चुपचाप बैठी थी और सारी बातों को ध्यान लगा कर सुन रही थी। वासुकी बाबू बात को खत्म करते हुए सुनहरी की तरफ मुखातिब हुए "अब तुम फिर से गाड़ी में खूब धमाचौकड़ी मचाना मेरी सुनहरी दीदी।" और फिर सुनहरी यह सुनकर चहकने लगी।

ख़ैर इस प्रकरण का अन्त इस निर्णय के साथ हुआ कि शाम को जल्दी खाना बनाकर रख दिया जाएगा ताकि जब रात को फिल्म देखकर वापस आएँ तो खाना बनाने का झंझट नहीं रहे।

कहीं कुछ हुआ है, इसकी ख़बर किसी को न थी

शाम को जब वासुकी बाबू लौटे तो इस शहर को प्यार करते हुए लौटे। आज उन्होंने अपने झोले से जब पिज्ज़ा का एक पैकेट निकाला तो घर के सारे सदस्य भौचक रह गए। उस परिवार के लिए यह जीवन का पहला पिज्ज़ा था।

"अरे पता नहीं इसको कैसे खरीदते हैं, उस परचे में कुछ समझ में ही नहीं आ रहा था। मुझे तो बस टोमैटो पता था इसलिए मैंने बस वही ले लिया।" उनके चेहरे पर तब एक गजब का भोलापन था जिसे बच्चों ने खूब प्यार किया।

"जाकर देखो कितनी भीड़ होती है ऐसी दुकानों पर, लोग कई-कई पैकेट एक साथ ले जा रहे थे।"

लेकिन दूसरा आश्चर्य तब हो गया जब वासुकी बाबू ने अपने झोले से एक दो लीटर वाली पेप्सी की बोतल भी निकाल दी। पूरे परिवार के लिए यह एक बेहतरीन और यादगार शाम थी। वासुकी बाबू ने कहा, "यह हमारी प्यारी गाड़ी के वापस मिलने और एक मजबूर आदमी की ईमानदारी के नाम है।"

मल्टीप्लैक्स की चमक-दमक, वहाँ की व्यवस्था और बेहतरीन समतल पर्दे देखना उस परिवार के लिए एक सपने के पूरा होने जैसा हो गया। हॉल में गूँजनेवाली आवाज़ ने बच्चों के मन को सातवें आसमान पर ला खड़ा किया।

सिनेमा हॉल के भीतर की चमक और गूँजती आवाज़ ने यह महसूस नहीं होने दिया परन्तु वासुकी बाबू परिवार सहित जब बाहर आए तब उन्हें लगा कि रात गहरी हो चुकी है और इस इतने बड़े शहर में भी एक सन्नाटा पसर चुका है। रास्ते पर स्ट्रीट लाइट लगी हुई थी इसलिए रोशनी की कमी नहीं थी। हाँ दुकानें बन्द हो चुकी थीं और गाड़ियों की संख्या और भीड़भाड़ में आश्चर्यजनक रूप से कमी आ गई थी। वासुकी बाबू ने गाड़ी चलाते हुए कहा, "यह सन्नाटा भी अजीब चीज है, जब नहीं होता है तब हम उसे ढूँढ़ते हैं लेकिन जब होता है तब हम उससे डरने लगते हैं।" लेकिन उनका पूरा परिवार अभी फिल्म की खुमारी में था इसलिए उन्होंने कोई जबाव नहीं दिया। गाड़ी में चूँकि सुनहरी नहीं थी इसलिए यहाँ शान्ति कुछ ज़्यादा ही थी। फुदकती हुई सुनहरी घर में थी, घर अकेला नहीं था।

वासुकी बाबू ने जब मुख्य सड़क को छोड़कर अपने मोहल्ले में प्रवेश किया तब निरन्तर रोशनी में कमी होती चली गई। जब उन्होंने अपनी गली में प्रवेश किया तब लोगों के घरों के बरामदे में जल रही छोटी-मोटी रोशनी के अलावा गाड़ी की हेडलाइट का ही सहारा रह गया। लेकिन गाड़ी की उसी हेडलाइट में वासुकी बाबू को अपने घर तक पहुँचते ही सबसे पहले दिखा मुख्य दरवाजे का टूटा हुआ ताला और वे सन्न से रह गए। गाड़ी को लगभग बीच सड़क पर ही खड़ी कर गाड़ी

से उतरकर वे घर की तरफ दौड़ पड़े। अब तक कुछ गड़बड़ी का अन्देशा पूरे परिवार को हो चुका था इसलिए आगे-पीछे वे भी भागकर घर की तरफ दौड़े।

वासुकी बाबू ने बाहर बरामदे पर उदास सुनहरी को देखा। सुनहरी जिसे उन्होंने घर के भीतर बन्द किया था, के बाहर होने से इतना तो साफ हो गया था कि घर का दरवाजा भी टूट चुका है।

वासुकी बाबू जब तक घर के भीतर पहुँचे तब तक उनका पूरा परिवार भी कमरे में आ चुका था। पूरा घर तहस-नहस था। सुनहरी यहाँ-वहाँ बेचैन सी घूम कर पूरी घटना को बयाँ करना चाहती थी। वह वहाँ-वहाँ जा रही थी जहाँ जहाँ से सामान को ढूँढा और लूटा गया था। उसकी बेचैनी उस वक्त देखने लायक थी। ऐसा लगता था जैसे उसके सामने यह सब हुआ और वह कुछ कर नहीं पाई।

वासुकी बाबू ने चूँकि पूरा माजरा समझ लिया था इसलिए वे बीच कमरे में कुर्सी पर बैठ गए थे। आनन्दी ने यहाँ-वहाँ चक्कर लगाया। सुनहरी बार-बार उनके सोनेवाले कमरे के बेड का चक्कर लगाती रही तो आनन्दी ने उस बेड को खोला। सब सामान जस का तस था लेकिन उसमें रखे गए सोने के सारे गहने वहाँ नहीं थे। सोने के सारे गहने, वे गहने भी जो अभी-अभी उन्होंने अपनी बेटी के लिए बनवाए थे। सुनहरी बीच वाली खाली जगह में रखी हुई अलमारी के चक्कर लगाती रही तो आनन्दी ने देखा कि वहाँ से सारी महँगी साड़ियाँ भी गायब हैं। आनन्दी ने बेटी को देने के लिए कई बनारसी और सिल्क की महँगी साड़ियाँ बहुत शौक से खरीदीं थीं।

वासुकी बाबू को जिस बात का डर था और जिस कारण से उनके उठने की हिम्मत नहीं हो रही थी वहाँ तक पहुँचने में उन्होंने थोड़ा वक्त लिया। उन्होंने बेटी के दहेज के बचे हुए रुपये छह लाख में से पाँच लाख रुपये इकट्ठा करके अपने घर में रख रखे थे। थोड़ी देर तक वासुकी बाबू ने अपने मन को समझाया कि उन्होंने बहुत शातिरपने के साथ उन रुपयों को जहाँ रखा है वहाँ तक पहुँचना शायद उनके लिए सम्भव न हो पाया हो। लेकिन सुनहरी बार-बार उनके कमरे की तरफ बेचैन सी भागा-दौड़ी कर रही थी तो वासुकी बाबू के मन में डर का बैठना लाजिमी था। वासुकी बाबू ने अपने कमरे में इतने रुपये रख रखे हैं यह उनके अलावा घर में कोई भी नहीं जानता था।

वासुकी बाबू का कमरा पहला ही कमरा था। उस कमरे में एक किनारे एक बेड था और ठीक उसकी दूसरी ओर एक छोटा सा टेबुल। वह टेबुल एक तरफ से दीवार से सटा हुआ था और बाकी तीन तरफ से वह तीन कुर्सियों से घिरा हुआ था।

बाहर वाली दीवार पर बड़ी सी खिड़की थी जो उनके उस अहाते की तरफ खुलती थी जिधर उन्होंने गमले लाकर रखे थे और जिधर वे कभी-कभार शाम को कुर्सी लगाकर बैठा करते थे। उस खिड़की के ठीक सीध में उनका बिस्तर था। गर्मी के समय में वासुकी बाबू उस खिड़की को खोलकर सोते थे जिससे सीधी हवा उनके बेड पर आती थी। उस खिड़की के ठीक विपरीत वाली दीवार पर दीवार में बने हुए खाने थे। ये खाने नीचे ज़मीन से लेकर ऊपर छत तक थे। नीचे का खाना बड़ा था और फिर छोटे छोटे। ऊपर का खाना भी बिलकुल खुला हुआ था एकदम छत में सटा हुआ। ऊपर वाले खाने की ऊँचाई आदमी की सामान्य ऊँचाई से ज़्यादा थी इसलिए उसमें सामान रखने और निकालने के लिए कुछ ऊँचाई का बन्दोबस्त करना पड़ता था। बीच के छोटे-छोटे खानों में कुछ किताबें रखी हुई थीं। कुछ धर्म की और कुछ प्राकृतिक चिकित्सा की। इन खानों के सबसे ऊपरी वाला खाना जो ऊपर छत तक खुला हुआ था में पीतल के पाँच गमले रखे हुए थे जिसमें कृत्रिम लेकिन बहुत जीवंत फूल और पौधे लगे हुए थे। फूल की पंखुड़ियों पर पानी की कुछ कृत्रिम बूँदें थीं और कई जगहों पर कृत्रिम भँवरे भी। उन खानों वाली दीवार के ठीक सामनेवाली जो खिड़की थी वह जब खुलती थी तब पीतल के वे गमले और उन गमलों के फूल पर पानी की बूँदें चमकती थीं। वासुकी बाबू ने अपने पीएफ से लोन लेकर और अपनी सभी जमा पूँजी को निकालकर हजार-हजार के नोट की पाँच गड्डियाँ बनवाई थीं जिन्हें उन्होंने इन्हीं गमलों के भीतर फूल और पौधों के नीचे पॉलीथीन में लपेट कर रख दिया था।

वासुकी बाबू जब बदहवास अपने उस कमरे में दौड़कर इन रुपयों की सलामती देखने आए तो उन्होंने देखा कि वे गमले बिलकुल करीने से जस के तस रखे हुए थे। ऐसा देखकर उन्हें काफी सुकून मिला और अपने शातिरपने पर थोड़ी देर के लिए बहुत गर्व हुआ। लेकिन सुनहरी बहुत बचैन थी। तब आश्वस्ति के लिए उन्होंने टेबुल को खींचकर उस खाने तक पहुँचने की कोशिश की। उनकी पत्नी उनको भौंचक देख रही थी। सुनहरी बार-बार उस टेबुल पर फाँद रही थी। वासुकी बाबू ने एक-एक कर पाँचों गमले नीचे उतारे। पाँचों गमले हलके थे। उनमें उन कृत्रिम फूलों और पौधों के अलावा अब कुछ भी नहीं था। एक-एक गमले से रुपये निकालकर उन गमलों को करीने से ठीक वहीं पर सज़ा दिया गया था।

"गमले के फूलों को क्या देख रहे हैं आप? सोना, साड़ी कुछ भी नहीं छोड़ा। अब कैसे होगी मेरी बेटी की शादी।" आनन्दी के इस सवाल में जवाब भी था।

लेकिन वासुकी बाबू चुप रहे।

"क्या हुआ?"

वासुकी बाबू फिर भी चुप रहे।

"अरे क्या हुआ, कुछ तो बोलिए।" आनन्दी ने उन्हें झकझोर कर कहा।

"अब नहीं होगी आरती की शादी। इस गमले में फूल नहीं पैसा ढूँढ रहा हूँ मैं।" वासुकी बाबू एकदम से फक्क थे।

"गमले में पैसे आए कहाँ से और कितने थे।" आनन्दी को आश्चर्य हुआ।

"पाँच लाख रुपये। मैंने देनेवाले सारे पैसे इकट्ठा करके इसी में तो रखे थे।"

इतना तो तय था कि जिस हिसाब से सामान ले जाया गया था वह किसी एक आदमी का काम नहीं था। लेकिन चूँकि सारा वही सामान ले जाया गया था जो काफी महँगा था इसलिए ऐसा लग रहा था कि वे बहुत ही सभ्य तरीके से आए होंगे। सभ्य तरीके यानी अपनी गाड़ी से आए होंगे और अपनी गाड़ी में सारे सामान को भर कर ले गए होंगे।

वासुकी बाबू अपनेवाले कमरे में ही थे जहाँ से रुपये गायब हुए थे। वहीं से उन्होंने देखा कि जो बीच वाली जगह है उस पर एक काग़ज़ का टुकड़ा फड़फड़ा रहा है। यह वही टेबुल था जिसकी कुर्सी पर बैठकर उस दिन गाड़ी गुम होने का गम वे मना रहे थे। और यह वह टेबुल था जिस पर उन्होंने गुलाबी लिफाफा रखा था जिसमें सिनेमा के टिकट और गुलाब के फूल रखे थे। वे वहाँ से उठकर आए और उस काग़ज़ को रोशनी के ठीक नीचे ले गए। उस काग़ज़ पर सिर्फ चन्द पंक्तियाँ लिखी हुई थीं।

"आशा है आपने सपरिवार सिनेमा का पूरा लुत्फ उठाया होगा। हाँ मल्टीप्लैक्स में फिल्म देखने का मजा ही कुछ और है। लेकिन इतना अवश्य समझिये जनाब कि यह चमक-दमक यह भव्यता सब छद्म है। सब धोखा है।"

यह कहानी यहाँ खत्म होती है। फिर उस परिवार का क्या हुआ? आरती की शादी हुई या नहीं? अगर हुई तो कैसे? और अगर नहीं हुई तो फिर वासुकी बाबू ने फिर से इतने पैसे कब तक जुटाए? इस धोखे और फरेब के बाद वासुकी बाबू का परिवार शहर में आगे रह पाया या नहीं? या इस इतने बड़े आघात के बाद वासुकी बाबू अपनी मानसिक स्थिति ठीक भी रख पाए या नहीं? आदि-आदि। इन सब सवालों के जवाब यहाँ नहीं दिये जा सकते हैं। हाँ, अगर कभी इस कहानी की सिक्वल लिखी गई तो इन सवालों के जवाब उसमें दिए जाएँगे, यह तय है।

कहानी में हिदायत के रूप में आती हैं दो बातें : अब इसे कहानी के अतिरिक्त की ही दो बातें कहें। परन्तु वास्तव में ये दो बातें इसी कहानी की दो

कमजोर कड़ियाँ हैं या कहें असावधानी की मिसाल। कहानी पढ़ते हुए इन दो बातों पर आपका भी ध्यान अटका होगा और अटकना भी चाहिए।

ये दो बातें उस समय की हैं जब वासुकी बाबू की गाड़ी वापस आई और उनका पूरा परिवार अतिउत्साह में आ गया था। हम यह मानकर चलें कि ऐसा करनेवाले एक से अधिक थे। तब सवाल उठता है कि क्या वासुकी बाबू अतिउत्साह में इस बात पर ध्यान नहीं दे पाए कि अगर उन लड़कों को अपनी माँ को या कहिए बीमार को अस्पताल ले जाने के लिए इतनी जल्दी थी कि वे कोई और सवारी ढूँढ नहीं पाए तब वे इतनी जल्दी इस गाड़ी की चाबी की व्यवस्था कैसे कर पाए?

सवाल दूसरा यह है कि जब वे साढ़े बारह-एक बजे रात में गाड़ी लेकर गए और सुबह पाँच-छह बजे तक गाड़ी वापस कर गए तब आखिर उनके पास इसकी फुर्सत कब और कैसे मिली कि उन्होंने मल्टीप्लैक्स के टिकट खरीद लिए?

ये दो सवाल इस कहानी के वे कमजोर बिन्दु हैं जिन पर अगर वासुकी बाबू के परिवार ने अतिउत्साह को छोड़कर ध्यान दे दिया होता तो शायद आज यह घटना नहीं घटती।

यूँ तो यह कहानी यहाँ खत्म हो चुकी है परन्तु कल्पना के स्तर पर यह सोचा जा सकता है कि इस इतनी बड़ी घटना के बाद उस घर का क्या हुआ होगा? हाँ यह अवश्य बता दे रहा हूँ कि यह इस कहानी का हिस्सा नहीं है इसे सिर्फ यहाँ कल्पना के सहारे विस्तार दिया जा रहा है।

यह उस घटना के बाद वाली सुबह है। वासुकी बाबू के परिवार ने पुलिस में रिपोर्ट लिखाने के बारे में कुछ भी नहीं सोचा। सुबह जब वासुकी बाबू घर के बाहर निकले तब दिन एकदम सामान्य था। धूप गुनगुनी थी। सूरज पूरब से निकल गया था और वह लाल गोले की तरह लग रहा था। गली में कई बच्चे तैयार होकर अपने स्कूल रिक्शा के इन्तज़ार में खड़े थे। एक रिक्शा गली के मोड़ पर अन्दर आता हुआ दिख रहा था।

लोगों की गाड़ियाँ गली में खड़ी थीं जो काफी अलसायी हुई थीं। गाड़ियाँ इस बात का इन्तज़ार कर रही थीं कि उनको नहलाया जाए तो थोड़ा आलस उतरे। वासुकी बाबू ने देखा कि उनकी गाड़ी भी अलसायी हुई अपनी जगह पर खड़ी थी। उन्होंने भी थोड़ी देर तक अपनी गाड़ी को अलसायी और निराश निगाह से देखा, फिर उनकी आँखें थक गईं। वे अपने हाथ को अपने चेहरे पर ले गए और अपने चेहरे की थकान को उतार देना चाहा। उन्होंने अपने हाथ से अपने चेहरे को लगभग निचोड़ सा दिया। हाथ हटाया, आँखें खुलीं तो अचानक ऐसा लगा

जैसे गाड़ी फिर से वहाँ नहीं है। उन्हें लगा कि वहाँ गाड़ी नहीं फिर से गाड़ी की अनुपस्थिति है। अचानक उनके मन में आया कि अब इस तिजोरी की चाबी किसी और के पास भी है।

उन्होंने वापस होते हुए देखा कि अगल-बगल के सारे घर, सारे लोग सामान्य थे। सब कुछ ऐसा ही चल रहा था जैसा तब तक चल रहा था जब तक यहाँ कुछ हुआ नहीं था। ऊपर के दो फ्लोर पर रहनेवाले परिवार भी अपनी जिन्दगी में लगे हुए थे। सब जगह शान्ति थी। कहीं कोई हलचल नहीं थी।

यहाँ कहीं कुछ हुआ है इसकी ख़बर किसी को नहीं थी। किसी को भी नहीं।

कम्पनी राजेश्वर सिंह का दुख

एक तरह से कहिये तो यह मेरी अपनी ही कहानी है। मेरे घर की कहानी। मेरे अपनों की कहानी। एकदम सच्ची। आप कहेंगे यह कहानी इतने दिनों बाद क्यूँ? तो इसलिए कि अभी-अभी मेरे चाचा का निधन हुआ है और जब तक उनका निधन नहीं होता मैं यह कहानी लिख नहीं सकता था। अब जब उनका निधन हो गया है और मैं अभी कुछ ही दिनों पहले उनके क्रियाकर्म से लौटा हूँ तब मैं यह कहानी लिख पा रहा हूँ।

कहानी को आगे बढ़ाने से पहले यह बता देना चाह रहा हूँ कि इस कहानी में सिर्फ वही प्रसंग नहीं आएँगे जिनका गवाह मैं हूँ बल्कि और ढेर सारी बातें आएँगी। कहानी तो कहानी है कुछ सुनी-सुनाई और कुछ ऊपर-नीचे जोड़ना-घटाना तो पड़ता ही है। इस कहानी में तो ख़ैर सुनी-सुनाई बात जैसा बहुत कुछ है।

मेरे पिता के पिता यानी मेरे दादा अपने इलाके के कोई जमींदार तो नहीं थे परन्तु हाँ वे खाते-पीते एक सम्पन्न किसान अवश्य थे। उस इलाके के लोग कामेश्वर सिंह को जानते थे और वहाँ उनकी अपनी एक इज्जत थी। दादा पूरी तरह गृहस्थ थे और सिर्फ खेती के बल पर ही ख़ुशी की जिन्दगी जी रहे थे। और शायद तब ऐसी हालत थी भी नहीं कि खेती करके जिन्दगी को मजे में काटा नहीं जा सकता था।

मैंने अपने बचपन में जितना देखा और जो सुना उससे यह स्पष्ट अवश्य था कि मेरे दादा को अपने पिता से जितना मिला उससे ज़्यादा उन्होंने अर्जित किया था। जो हमारा पुश्तैनी घर था जिसे दादा ने ही बनवाया था वह था तो खपरैल का ही लेकिन काफी मजबूत था और बहुत खुला हुआ। उस घर को देखकर यह जरूर समझा जा सकता है कि उसको बनानेवाला बड़े ख़यालात का रहा होगा। घर में पाँच-छह कमरे थे। बाहर बरामदा और पीछे आँगन। थोड़ा हटकर माल-जाल

के लिए एक घर। घर के पीछे वाले हिस्से में आँगन से लगा हुआ था एक इनार यानी कुआँ। इस कुएँ को अभी भी चलकर हमारे गाँव वाले घर के पिछवाड़े में देखा जा सकता है। वैसे अब इस कुएँ का कोई उपयोग बचा नहीं है परन्तु उसकी जगत पर लिखा हुआ मेरे दादा जी के पिता का नाम हमारे ख़ानदान का नाम अभी भी रौशन कर रहा है।

मेरी दादी रूपसी थीं। कम से कम इसे तो मैं भी दावे के साथ कह सकता हूँ क्योंकि मेरी दादी को लम्बी आयु मिली थी और जब मैं होश में था तब वे जीवित थीं। हालांकि उनके चेहरे को झुर्रियों ने ढँक लिया था। परन्तु उन झुर्रियों के बीच से भी उनका सौन्दर्य झलकता था। बुढ़ापे में भी उनके बाल बहुत मुलायम थे और उनके दाँत सलामत थे। वे पतली और छरहरी थीं और लम्बाई चूँकि उनकी थोड़ी ठीक-ठाक थीं इसलिए वे बुढ़ापे में झुक सी गई थीं।

मेरे दादा चूँकि एक सम्पन्न परिवार से वास्ता रखते थे इसलिए उनकी शादी में इस बात का खास ख़याल रखा गया था कि लड़की बहुत सुन्दर हो। मेरे दादा खुद भी बहुत सुन्दर थे और उनकी लम्बाई 5.10 तो जरूर होगी। चूँकि खाते पीते घर से थे तो उनके चेहरे पर नमक भी था। दादा पहलवान तो नहीं थे लेकिन अपनी सेहत का वे खास ख़याल रखते थे। वे नियमित कसरत करते थे और नियमित रूप से टहलने के लिए जाते थे और सच यह है कि यह सब उनके व्यक्तित्व को देखकर महसूस भी होता था। उनका चेहरा एक मुस्कुराता हुआ चेहरा था और इसलिए यह सारा व्यक्तित्व और उनका गठीला बदन उन पर बहुत फबता था। मेरी माँ कहती थी कि दोनों की जोड़ी देखते ही बनती थी। एकदम राम-सीता की जोड़ी।

मेरे दादा को दादी से भी लम्बी उम्र मिली थी इसलिए मैं यह भी दावे के साथ कह सकता हूँ कि दादा भी अपने बुढ़ापे तक में बहुत सुन्दर थे। उन्हें देखकर कोई यह नहीं कह सकता था कि वे एकदम भदेस गाँव के हैं।

मेरे दादा दादी को बहुत प्यार करते थे। हम अक्सर देखते थे कि बाहर बरामदे पर दादा अपनी कुर्सी पर बैठकर दादी से बात करते थे। दादी वहीं पीढ़ा रखकर बैठती थीं। दादा को क्या चाहिए इसे दादी बिना उनके कहे ही समझ जाती थीं। हमलोग अक्सर बचपन में यह खेल जैसा खेलते थे कि अभी दादा ने खाना खाया है तो उन्हें ख़ैरका की जरूरत होगी और वाकई दादी कहीं भी होतीं तो अचानक कहीं से प्रकट होकर ख़ैरका उनकी ओर बढ़ा देती थीं। दादा रोज जो दूध पीते थे उस पर मलाई की एक मोटी परत होती थी। वे दूध सिर्फ दादी के हाथ का ही पीते थे इसलिए किसी की मजाल नहीं थी कि दादी के सिवा उनको कोई और दूध दे दे।

कम्पनी राजेश्वर सिंह का दुख

मेरी दादी को गहनों से बहुत लगाव था। मेरी माँ कहती थी कि मेरे दादा को दादी गहनों में बहुत ख़ूबसूरत लगती थीं। सम्भव है कि चूँकि दादी ख़ूबसूरत थीं इसलिए वे उनको ख़ूबसूरत बनाकर ही रखना चाहते हों। दादी हमेशा अपने गले में सोने की चेन और हाथों में सोने के कंगन जरूर पहनती थीं। वे अपने पैरों में चाँदी की पायल अपने बुढ़ापे तक पहनती रहीं थीं जिससे छन-छन की एक मधुर आवाज़ निकलती थी। दादी का जब निधन हुआ तब भी वे इन गहनों के साथ ही थीं।

जब दादी हमारे घर में ब्याह कर आई थीं तब हमारा देश आजाद नहीं हुआ था। लेकिन हमारा घर गाँव में था जहाँ कोई गोरा भूलकर भी नहीं जाता था। लेकिन जब मेरी दादी वहाँ ब्याह कर आईं तब लोग अपनी स्मृति के सहारे उस गोरी मेम से उनकी तुलना करने लगे थे जो पता नहीं कैसे अपने पति के साथ वहाँ उस गाँव में एक दिन के लिए आ गई थी। लोग याद करते और कहते कि यह तो बिलकुल उस गोरी मेम के समान है जो एक दिन अचानक ही न जाने कहाँ से आ गई थी। उसने नाव से नदी पार की थी और उसका चेहरा नदी के पानी में बार-बार घुल जा रहा था। तब हमारे गाँव को मुख्य मार्ग से जोड़नेवाले इस पुल का निर्माण नहीं हुआ था। बड़े-बुजुर्ग कहते थे, "इ कामेसरा क कनियायन त एकदम उजरकी गोरी मेम जैसन छै।"

जब दादी ने पहले बच्चे को जन्म दिया तब यह बात और भी पुष्ट हो गई क्योंकि मेरी बुआ एकदम माँ पर गई थी। अभूतपूर्व सुन्दरी। माँ जैसे ही नैन-नक़्श। माँ जैसे ही रेशमी मुलायम बाल। जब मेरी बुआ का जन्म हुआ तब कहते हैं दूर-दूर से लोग उन्हें देखने आते थे। बुआ ज्यों-ज्यों बड़ी होती गई उसका रूप और निखरता ही चला गया। यह बुआ का सौन्दर्य ही था कि एक ऐसे परिवार में जो बहुत हद तक जमींदार परिवार होने के करीब था पहले बच्चे के रूप में बेटी के पैदा होने पर भी ख़ुशी मनाई जा रही थी। मेरे दादा भी ख़ुश थे और पूरा परिवार भी ख़ुश था।

जब बुआ दो साल की हुई तब मेरी दादी फिर से गर्भवती हुईं तब लोगों ने यह उम्मीद रखी कि इस बार दादा को बेटा नसीब होगा। और यह बात सच भी हुई। मेरे दादा को दूसरे बच्चे के रूप में बेटा प्राप्त हुआ। बेटा यानी मेरे पिता। लेकिन मेरे पिता का जन्म ही वह घटना है जहाँ से यह कहानी एक कहानी का चेहरा लेती चली गई। बुआ के जन्म ने घर में जो एक उजास भर दिया था मेरे पिता के जन्म ने उस उजास पर एकदम से पानी फेर दिया।

जब मेरे पिता का जन्म हुआ तब दादी अपने कमरे में थीं और दादा घर के और मर्दों के साथ बाहर बरामदे में लेटे हुए थे। दादी दर्द में चिल्ला रही थीं तो

दादा को नींद कहाँ आनेवाली थी। जब बच्चे का जन्म हो गया तब अन्दर से दाई बाहर ख़बर देने के लिए आई। "मालिक लईका होइल।" लेकिन मालिक ज़्यादा ख़ुश न हो जाएँ इसलिए तुरन्त दाई ने अगली पंक्ति कह दी। "मालिक लेकिन एकदम बेकार, लईका लांगड़ छैय।" दादा इतना सुनते ही आव देखा न ताव फौरन दादी के कमरे की तरफ भागे।

मेरे पिता जिनका नाम बाद में नर्मदेश्वर रखा गया वे जन्म से ही अपाहिज थे। पिता के दोनों पैर बिलकुल विपरीत दिशा में घूमे हुए थे। दादा ने जब बच्चे को देखा तो वहीं सर पकड़कर बैठ गए। उन्होंने क्या किसी ने यह कभी सोचा भी नहीं था कि मेरे दादा और दादी के इतना ख़ूबसूरत होने के बावजूद उनके यहाँ बच्चा इस तरह अपाहिज पैदा हो सकता है। और चूँकि दादा के यहाँ पहले बच्चे के रूप में मेरी ख़ूबसूरत बुआ का जन्म हो चुका था, तब यह विडम्बना और भी तकलीफदेह थी।

इसमें कितना सच है यह तो मैं नहीं कह सकता परन्तु मेरी माँ अपने पूर्वजों से सुनी हुई बात पर बताती थीं कि मेरी दादी को तो यह सब उनकी करनी का फल मिला था। मेरी माँ कहती, "रूप का ऐतना भी घमंड ठीक नांय। अपने आगे केकरो कुछ बुझबे नांय करै रहथिन।" माँ का कहना था कि मेरी दादी को अपने रूप को लेकर इतना घमंड था कि वे अपने सामने किसी को कुछ नहीं समझती थीं। और समझना तो छोड़ दीजिए वह मुँह पर इसे कह भी देती थीं। माँ बताती थी कि मेरी दादी के पेट में जब मेरे पिता थे तब वह और भी सुन्दर हो गई थीं। उनका चेहरा भर गया था। और एकदम झक्क लाल। लेकिन एक दिन उन्होंने घर में काम करने आनेवाली ब्रह्मदेवी को कुछ कह दिया और यह सारा माजरा वहीं से खराब हो गया। ब्रह्मदेवी रोज दोपहर में आती थी गाय के लिए घट्टा पकाने। ब्रह्मदेवी की उम्र चालीस-बयालीस के करीब होगी लेकिन वह कम से कम पचपन की लगती थी। वह देखने में बदसूरत थी परन्तु जब से वह अपने साथ अपनी पन्द्रह बरस की बेटी को लाने लगी थी, लोगों को ब्रह्मदेवी भी सुन्दर लगने लगी थी। ब्रह्मदेवी की यह पाँचवीं बेटी थी। वह उसे अपने साथ इसलिए लाती थी कि वह भी धीरे-धीरे काम सीख ले। ब्रह्मदेवी की बेटी एकदम काली थी। काली इतनी कि उसे शाम के धुंधलके में भी ढूँढना मुश्किल हो जाए। जब तक ब्रह्मदेवी चूल्हे पर घट्टा उबालती थी तब तक उसकी बेटी आँगन में यहाँ-वहाँ टोहल करके बरतन माँजती या आँगन लीपती। ब्रह्मदेवी घट्टा उबालती और कुछ बुदबुदाती रहती। बेटी जितनी देर वहाँ डोलती रहती तब तक मेरी दादी

को चिढ़ होती रहती। मेरी दादी जब गर्भवती हुईं और मेरे पिता उनके पेट में आए तब मेरी दादी के बर्दाश्त की हद हो गई। और अन्ततः एक दिन दादी ने ब्रह्मदेवी को डाँटकर कह ही दिया कि "इ काली मैया को यहाँ मत लाया कर नहीं तो हमरा बच्चा भी इ भूतनी की तरह काला हो जाएगा।" मेरी माँ बताती थी कि सबको अपना बच्चा प्यारा होता है। भले ही ब्रह्मदेवी की वह पाँचवीं बेटी क्यों न हो और काली-कलूटी ही क्यों न हो परन्तु इस दुत्कार के कारण उसे बहुत बुरा लगा। कहते हैं कि ब्रह्मदेवी ने उस दिन से काम तो छोड़ ही दिया फिर कभी इस घर में वह दिखी भी नहीं लेकिन जाते-जाते उसने मेरी दादी के पेट की ओर तिरछी निगाह से देखा। बस मेरे पिता वहीं पेट के अन्दर अपाहिज हो गए। मेरी माँ कहती कि ब्रह्मदेवी एक नम्बर की डायन थी। कहने को तो लोग बाद में यह भी कहते रहे कि वह जो बुदबुदाती थी वह वास्तव में किसी काले साये के मंत्र का उच्चारण करती थी।

मेरे पिता देखने में बुरे थे, ऐसा नहीं था। देखने में वे कम से कम बचपन तक ख़ूबसूरत ही थे। लेकिन चूँकि वे चल नहीं सकते थे इसलिए बाद में उनका यह अपाहिजपन उनके चेहरे पर भी असर करने लगा। जब तक पिता की उम्र चलने की नहीं हुई तब तक तो कोई फर्क नहीं पड़ा लेकिन ज्यों ही मेरे पिता की उम्र चलने की हुई तब उनका अपाहिजपन उभरकर सामने आया। गाँव में तब इतना चलन नहीं था या फिर मेरे दादा ने कभी इस पर इतना ध्यान नहीं दिया परन्तु मेरे पिता के लिए बचपन में कोई व्हील चेयर नहीं आई। वे ज़मीन पर घिसटकर ही चलते रहे। वे एक जगह से दूसरी जगह तक जाने के लिए अपने दोनों हाथों का सहारा लेते थे। पहले वे अपने दोनों हाथों को आगे बढ़ाते थे और फिर उन हाथों के सहारे अपने शरीर के पूरे वजन को आगे खींच लेते थे। चूँकि हमेशा वे ज़मीन पर ही होते थे इसलिए उनके कपड़े नीचे से तुरन्त घिस जाते थे और उनके हाथ बिलकुल गन्दे रहते थे। प्रायः ज़मीन पर होने से उन्हें हमेशा सर्दी लगी रहती थी और उनकी नाक बहती रहती थी। वे जब अपनी नाक को अपने हाथ से पोंछते और चूँकि उनका हाथ हमेशा गन्दा रहता तो वह गन्दगी उनके हाथ से उनके चेहरे पर लग जाती थी।

कहने का तात्पर्य सिर्फ इतना है कि मेरे पिता के अपाहिज होने ने मेरे दादा को अन्दर से झकझोर दिया था। परन्तु मेरे दादा को ज़्यादा दिन तक दुखी रहने की जरूरत नहीं पड़ी। मेरी दादी ने मात्र दो वर्ष के भीतर अगले बच्चे को जन्म दिया जो एकदम तंदुरुस्त और ख़ूबसूरत था। इन दो वर्षों में मेरे दादा के यहाँ मेरे

पिता इकलौते पुत्र के रूप में थे परन्तु तब भी उनका वह सम्मान नहीं था। मेरे पिता अपाहिज थे और वे एक तरह से मेरे दादा और दादी के अपने वजूद पर एक सवाल की तरह थे। परन्तु इसमें कोई शक नहीं है कि मेरी बुआ यानी पिता की बड़ी बहन जो पिता से लगभग दो साल बड़ी थी वह पिता को बहुत प्यार करती थी। पता नहीं उसको इतनी छोटी उम्र में इतनी समझदारी कैसे आ गई कि वह साए की तरह अपने इस छोटे भाई के साथ रहती थी। मेरे पिता अपनी दीदी को दिदिया कहते थे और उन्हें जब चोट लगती या उन्हें जब कोई शिकायत होती तब वे माँ का नाम बाद में दिदिया का नाम पहले लेते थे। और उनसे मात्र दो वर्ष बड़ी उनकी दिदिया सचमुच माँ की तरह उनके सामने उनकी सारी समस्या हल करने के लिए खड़ी हो जाती थी। पिता की दिदिया मेरी बुआ थी, लेकिन पिता के द्वारा बोला गया दिदिया सम्बोधन इतना सबकी ज़ुबान पर चढ़ गया कि हम बच्चों ने भी ताउम्र अपनी बुआ को दिदिया ही कहा।

जब मेरे दादा को दूसरे पुत्र की प्राप्ति हुई तब उनका सीना गर्व से फूल गया। उनके चेहरे पर इस बात का गर्व दिखने लगा था कि वे एक स्वस्थ और ख़ूबसूरत पुत्र के पिता हैं।

अब इसे मेरे दादा का डर कहिये या उनकी प्रगतिशीलता कि जब चाचा के रूप में उन्हें एक तंदरुस्त पुत्र की प्राप्ति हो गई तब उन्होंने आगे बच्चा पैदा नहीं किया। मेरे चाचा का नाम राजेश्वर रखा गया और लोगों ने उन्हें प्यार से और लोगों ने क्या सबसे पहले मेरे दादा ने ही प्यार से राजा कहकर पुकारना शुरू किया।

ऐसा बिलकुल भी नहीं था कि चाचा राजेश्वर के जन्म के बाद मेरे पिता यानी नर्मदेश्वर का उस घर में भाव खत्म हुआ। सच तो यह है कि चाचा के जन्म से उनके प्रति हो रहे किसी भी बर्ताव में कोई फर्क ही नहीं आया। लेकिन पिता का जब से जन्म हुआ था तब से ही एक स्वस्थ पुत्र की चाहत उस घर में बरकरार हो गई थी। पिता एक तरह से उस घर में एक अवांछित की तरह हो गए थे। मेरी दादी माँ होने के नाते मेरे पिता को प्यार तो देती थीं लेकिन उनके पास बहुत वक्त इसके लिए नहीं रहा था क्योंकि मुश्किल से दो वर्ष गुजरने के बाद ही मेरी दादी ने मेरे चाचा को जन्म दे दिया था। हाँ लेकिन मेरे पिता की किस्मत अच्छी थी कि उन्हें दिदिया जैसी बहन मिली जिसने उनके जीवन में माँ की कमी को पूरा कर दिया था।

यह स्वाभाविक ही था कि मेरे पिता जब बच्चे थे तब उन्हें अपने अपाहिजपन का बहुत संज्ञान नहीं था। पिता अपने आँगन, दरवाजे से लेकर गली, पड़ोस तक

में खेलने जाते थे। खेलने में उनका बहुत मन लगता था। लेकिन उनके खेल की सीमा थी। बहुत से खेल ऐसे थे जो वे खेल नहीं सकते थे। परन्तु बहुत से ऐसे खेल जिन्हें एक अपाहिज के लिए खेलना बहुत कठिन था वे आराम से खेल लेते थे। मेरे पिता कबड्डी बहुत अच्छी खेलते थे। वे अपने हाथों के सहारे जितना तेज दौड़ लेते थे उतना तेज तो कई बच्चे पाँव पर भी नहीं दौड़ पाते थे। उनमें एक गजब की फुर्ती और चालाकी थी इसलिए वे अपने शातिरपन से कबड्डी में हमेशा अव्वल रहते रहे। लोग उनको कबड्डी खेलता देख दाँतों तले उँगली दबा लेते थे। कहते 'लंगड़ा त एकदम बिढ़नी माफिक भागै छै।'

पिता को लोग लंगड़ा कहते थे और उन्हें इसका जरा भी अफसोस नहीं था। घर के लोग भी प्राय: उन्हें लंगड़ा ही कहते थे। यहाँ तक कि मेरे दादा भी उन्हें लंगड़ा कहके ही हाँक लगाते थे। हाँ मेरी दादी जरूर उन्हें नर्मदा कहती थी। एक ठंडे स्वर में नर्मदा। एकमात्र दिदिया ही थी जिसे पिता को लंगड़ा कहना नागवार गुजरता था। दिदिया ने अपने पिता से इसको लेकर कई बार प्रतिवाद किया था लेकिन मेरे दादा अक्सर कहते 'लंगड़ा क लंगड़ा नांय त कि पहलवान बोलियै।' दिदिया चुप हो जाती। परन्तु मेरे पिता को तब इसमें ऐसा कुछ बुरा नहीं लगता था। उन्हें भी ऐसा लगता कि लंगड़ा को लंगड़ा कहना क्या बुरा है।

यह दिदिया की ही ज़िद थी कि पिता स्कूल जाने लगे। दिदिया भी उसी स्कूल में पढ़ती थी। बाद में मेरे चाचा भी उसी स्कूल के छात्र हुए। परन्तु मेरे पिता की तुलना में चाचा का जीवन स्कूल में भी अलग था। दिदिया स्कूल में पिता का खास ख़याल रखती थी। यह भी दिदिया की ही ज़िद थी कि पिता को स्कूल लाने ले जाने के लिए एक नौकर का साथ मिला। नौकर घुटर अपनी साइकिल पर बैठाकर पिता को स्कूल छोड़ने जाता था और फिर लाने भी। घुटर पहले पिता को साइकिल की पिछली सीट पर बैठा देता था और फिर साइकिल पर आराम से चढ़ता था। पिछली सीट पर कपड़े की गद्दी होती जिससे पिता को बैठने में कोई दिक्कत नहीं हो। घर से स्कूल की दूरी लगभग डेढ़-दो किलोमीटर की थी। इस बीच घुटर पिता को गाने सुनाते ले जाता। 'बर्फी का रस मोह लिया रे पिंजरे वाली मैना'। रास्ते में वह अपनी साइकिल को ऐसी जगह पर टिकाता जो थोड़ी ऊँची हो और खैनी लेकर अपने होंठों के नीचे दबा लेता। घुटर का काम सिर्फ यह नहीं था कि वह अपनी साइकिल से उतार कर पिता को स्कूल के दरवाजे पर छोड़ देता। बल्कि पिता साइकिल से उतरकर ज़मीन पर बैठकर अपनी कक्षा तक जाते और घुटर साथ-साथ उनका बस्ता लिए उन्हें उनकी कक्षा तक छोड़ कर आता। पिता

को स्कूल की तरफ से इतनी छूट थी कि अगर कभी देर भी हो जाए तो घुटर उन्हें चलती क्लास में अन्दर तक छोड़ कर आए।

दिदिया पिता से एक कक्षा ऊपर थी लेकिन वह दिन में कई बार पिता को देखने आती थी। अगर कभी घुटर को छुट्टी के वक्त देर हो जाती तो दिदिया उन्हें अकेला छोड़ कर घर नहीं जाती। और फिर घुटर के आने पर खूब डाँट पिलाती थी।

मेरे दादा बच्चों को पढ़ाने को लेकर बहुत गम्भीर नहीं थे परन्तु उन्हें मेरे पिता के यूँ पढ़ने को लेकर कोई शिकायत भी नहीं थी। क्योंकि उन्हें लगता था कि उन्हें कौन सा उनकी जमींदारी को सँभालना या बढ़ाना था। हाँ यह जरूर था कि मेरे चाचा को वे बचपन से ही पढ़ाई के साथ-साथ अपनी जमींदारी और खेती बाड़ी को सँभालने के लायक बना रहे थे। चाचा कितना पढ़ रहे हैं और कितना नहीं, मेरे दादा को इसकी बहुत चिन्ता नहीं रहती थी। मेरे दादा साफ कहते थे कि

"अरे पढ़ के कौने एकरा बेरिस्टरी करना है। बाप ने इतना अरज दिया है उसको देखे वाला कौन है? सब इसी का तो है।"

मेरे पिता इसे सुनते या समझते नहीं थे ऐसा नहीं था। परन्तु वे इन सब चीजों की कोई परवाह नहीं करते थे। दादा चाचा को अपने साथ कसरत कराते थे और अपने साथ खेत पर ले जाते थे। सुबह-सुबह चाचा को दूध मिलता था। और वह भी एकदम कच्चा। घुटर गाय का दूध निकालता और चाचा को वहीं बाल्टी से ही एक लोटा दूध मिल जाता था। एकदम झाग वाला दूध। ऐसा नहीं था कि पिता को दूध की मनाही थी या उनके साथ एकदम सौतेला व्यवहार होता था। परन्तु उनकी देखरेख में कोई विशेष सा बर्ताव नहीं था। मेरे दादा कहते थे कि "कच्चा दूध पीये से हड्डी एकदम लोहा क माफिक कठोर हो जाता है। दूध क उबाल क त हम ओकरा पानी बनाय दैय हिये।"

जब चाचा थोड़े बड़े होने लगे तब उन्होंने थोड़ी-बहुत जिम्मेदारी लेनी शुरू भी कर दी या कहें कि मेरे दादा ने उन्हें जिम्मेदारी भी देनी शुरू कर दी। दादा चाचा को अपने फौजदारी केस तक में साथ ले जाने लगे थे ताकि वे इन कामों को भी बारीकी से समझने लगें। कुल मिलाकर बात इतनी थी कि मेरे दादा को कहने को तो दो बेटे थे लेकिन उन्होंने चाचा को इकलौते बेटे की तरह ही पाला था।

मेरे पिता पढ़ने में बहुत तेज थे। चाहें तो इसे आप उनकी मजबूरी भी कह लें क्योंकि उनके जीवन में यही एक काम रह गया था या यह कहें कि इसके अलावा उनके पास उपाय ही क्या था। दिदिया कहती थी कि कक्षा में जिस सवाल का जवाब कोई नहीं दे पाता उसे बाबू तुरन्त हल कर देता है। दिदिया पिता को बाबू

कहती थी। और दिदिया यानी मेरी बुआ बुढ़ापे तक पिता को छोटे बच्चे की तरह बाबू ही कहती रही। और पिता ने हमेशा से अपने लिए इस सम्बोधन को बहुत ही प्यार से सुना। कक्षा में मास्टर पिता को अन्तिम के लिए बचा कर रखते थे ताकि जब प्रश्न का उत्तर कहीं से भी नहीं आ पाए तो फिर पिता को वह प्रश्न दिया जाता था। इसमें कोई शक नहीं है कि पिता पढ़ाई के रास्ते पर जो इतनी अच्छी तरह से चल रहे थे उसमें सबसे बड़ा हाथ दिदिया का था। दिदिया उनके बचपन से ही घर में भी उनकी पढ़ाई पर बहुत ध्यान रखती थी। शायद बड़ी और जिम्मेदार होने के नाते दिदिया इस सच को जानती थी कि पिता के लिए पढ़ाई ही एकमात्र रास्ता है। दिदिया अक्सर कहती थी कि "बाबू पढ़ोगे तो एक दिन घोड़े पर बैठकर हवा में उड़ने लगोगे।" और सचमुच तब पिता अपने ख़्वाबों में हवा में उड़ने लगते थे।

जब तक दिदिया रही, पिता को कोई कष्ट नहीं हुआ। परन्तु दिदिया तो पराया धन थी, उसे तो एक दिन जाना ही था। और वह एक दिन चली भी गई। दिदिया की जब शादी हुई तब पिता की उम्र बमुश्किल 17 साल की रही होगी। दिदिया ने अपने हिसाब से अपनी शादी को बहुत दिनों तक टाला क्योंकि उसे पिता की बहुत फिक्र थी। परन्तु वह अपनी शादी को टाल भी कितना सकती थी। वह चाहती थी कि उसके रहते पिता का कोई सही ठिकाना लग जाए। किन्तु यह इतना आसान नहीं था। दिदिया और प्रतिरोध नहीं कर सकती थी। दरवाजे पर ट्रैक्टर लगा हुआ था और दिदिया पिता को अपने कलेजे से चिपटा कर रो रही थी। पिता तब अचानक यह महसूस करने लगे थे कि अब वे अनाथ हो गए हैं। वे दिदिया के पैरों से तब चिपटे हुए थे और दिदिया उन्हें अपने पैरों से छुड़ा नहीं पा रही थी।

दिदिया क्या गई पिता एकदम से अकेले हो गए। दिदिया जब तक थी उसने मेरे चाचा पर भी थोड़ी-बहुत लगाम लगा रखी थी। लेकिन दिदिया के जाते ही चाचा उस घर के नए मालिक बनने की ओर अग्रसर हो गए थे। अभी उनकी उम्र कम थी परन्तु उनके अन्दर यह एहसास भर गया था कि इस घर के अगले मालिक वही हैं। फिर धीरे-धीरे उनकी उम्र बढ़ती रही और वे अपनी जिम्मेदारी को समझते चले गए।

दिदिया के जाने के बाद पिता ने अपने आप को अपने कमरे और अपनी पढ़ाई में पूरी तरह से समेट लिया। पिता बहुत ही मुश्किल से आगे की पढ़ाई दूर के कॉलेज में कर रहे थे। वे नौकर के सहारे या फिर अपने दोस्तों के सहारे अपने गाँव से पाँच-सात किलोमीटर दूर कॉलेज में अपनी पढ़ाई चला रहे थे। वे जानते थे कि अगर उनको आगे बढ़ना है तो उन्हें शहर जाना होगा।

जब चाचा लगभग बीस वर्ष के थे एकदम गबरू जवान की तरह दिखने लगे थे, दादा जमींदारी की सारी जिम्मेदारी चाचा के कन्धों पर रखते चले जा रहे थे। चाचा के बाजुओं में मछलियाँ बनने लगीं थीं। उनका शरीर एकदम गठीला था। वे रोज कसरत करते थे और रोज दौड़ भी लगाते थे। वे कसरत करते और पसीना-पसीना हो जाते। जब वे कसरत करते तो नौकर उनके लिए तौलिया लिए खड़ा रहता। वे कसरत खत्म करते तो नौकर उनके शरीर के पसीने को पोंछता था। चाचा दौड़कर आते तो उनके लिए शहद रखा रहता था। वे शहद के बहुत शौकीन थे। अब कहने को तो यहाँ तक कहा जाता है कि अपने बगीचे में मेरे दादा ने मधुमक्खी के कई छत्ते पाल रखे थे और मेरे चाचा उनमें से खुद ही शहद निकाला करते थे।

चाचा राजेश्वर लगभग बीस वर्ष के ही रहे होंगे जब एक तरह से उन्होंने एक कद्दावर आदमी के रूप में और घर के एक रौबदार मुखिया के रूप में अपनी छवि बनायी थी। वह सर्दी का मौसम था और मेरे दादा पर लगातार चकबन्दी के अधिकारियों का दबाव बरकरार था। चकबन्दी के अधिकारी का कहना था कि दादा के खेत की आड़ ने लगभग एक हाथ सरकारी ज़मीन को हथिया लिया है। और यह केवल एक हाथ का माजरा नहीं था बल्कि यह एक हाथ एकदम सीध में रेलवे की पटरी के साथ दस बीघा तक था। मेरे दादा या मेरे परिवार वालों की मानें तो चकबन्दी के अधिकारी एक नम्बर के घूसखोर थे और वे दादा से मोटी रकम झटकने की फिराक में थे। दादा लगातार उनको समझाने की कोशिश में थे कि उन्हें ग़लत फँसाया जा रहा है। यह ज़मीन उनकी पुश्तैनी है। मेरे दादा का तो यहाँ तक मानना था कि इस रेल की पटरी में हमारी ज़मीन घुसी पड़ी है। ख़ैर विवाद चाहे जो भी हो चकबन्दी के अधिकारी प्राय: आकर दादा को धमकी देते थे कि एक मोटी रकम वह दे दें नहीं तो उनपर केस चलेगा और उन्हें लम्बे समय के लिए जेल जाना पड़ेगा। चकबन्दी के अधिकारी सरकारी जीप में आते थे कम से कम पाँच सात आदमियों के साथ। मेरी दादी कहती थीं, "बड़े भयानक दिन थे वे भी। रात-रात भर नींद नहीं आती थी। लगता था रात-विरात पुलिस आकर तुम्हारे दादा को उठा न ले।" मेरी दादी ने तभी छठ मैया से मन्नत माँगी कि इस विपदा से अगर मालिक निकल गए तो वे छठ मैया को सूप चढ़ाएँगी।

अब इसे छठ मैया का फल कहें या फिर मेरे चाचा की भीगी मसों का कमाल कि यह मामला यूँ चुटकी में सुलझ गया। वह सर्दी का मौसम था और गुनगुनी धूप में चाचा चौकी पर तेल से मालिश करवा कर आराम से लेटे हुए

थे कि तभी उस चकबन्दी वाले की जीप आकर चूँ के साथ रुकी। जीप से कुल पाँच आदमी उतरे। सबसे आगे वह मोटा आदमी जो अधिकारीनुमा था और जो दादा से पैसे माँग रहा था। उनके पीछे चार लोग और थे जिनमें से एक के पास एक-दो फाइलें थीं। चाचा ने बन्द आँखों को खोला तो थोड़ी देर तक आँखें उस धूप में चुंधियाई रहीं। जीप की आवाज़ के साथ दादा घर से बाहर निकले और चाचा देह पर कमीज डालने के लिए अन्दर गए। उस मोटे अधिकारीनुमा आदमी ने दादा को देखते ही मुँह को सड़ियल सा बनाकर कहा, "तब का जेलही जाने का मन है। चक्कियै पीसियेगा।" बस इतना बोलना था कि पता नहीं कहाँ से अचानक चाचा उसी तरह नंगे बदन लौट आए और ऐसा तमाचा उस अधिकारी के मुँह पर जड़ा कि वह बिलबिला गया। चाचा रुके नहीं बल्कि लगातार तीन-चार तमाचे और जड़ दिए।

कहा, "मादरचोद आज तेरा सारा टंटा ही खतम कर देते हैं। बहिनचोद रोज-रोज एक ही तमाशा। जब कह दिये हमरे गलती नांय है तब भी साला पीछेह पड़ा हुआ है। साला रोज यहाँ आ जाएगा। तोहर मैया यहाँ नाच रही है का?"

फिर एक तमाचा जड़ते हुए, "साले रेल की पटरिये तोरे गांड़ में घुसेर देंगे। साले तोरे ऐसे-ऐसे अधिकारी अपनी जेबिये में रखते हैं।" और सच मानिये वह अधिकारी अपना सा मुँह लेकर वैसे ही लौट गया। और फिर वाकई कभी लौट कर नहीं आया।

यह सब वाकया जब हो रहा था तब मेरे पिता बरामदे में बैठे हुए थे और अखबार पढ़ रहे थे। यह सब वाकया जब हुआ तब मेरे दादा बस चुप थे। या कहिए कि इसे होते देख रहे थे। कहने को आप यह भी कह सकते हैं कि ऐसा वे होने दे रहे थे। मेरी दादी तब घर से बाहर निकल आई थीं और उन्होंने अपनी आँखों से जीप पर उस अधिकारी को बैठकर वापस जाते देखा था।

मेरे दादा के लिए मेरे पिता एक बोझ की तरह थे। वे इस बात से पूरी तरह वाकिफ़ थे कि मेरे पिता उनकी इस जमींदारी या खेती-बाड़ी को आगे तो क्या बढ़ा पाएँगे, तरीके से देख भी नहीं पाएँगे। मेरे दादा की सारी उम्मीदें चाचा से ही थीं। और चाचा का पिता से रिश्ता कैसा था इस पर विचार किया जाए तो पिता चाचा के लिए विचार करने की चीज ही नहीं थे। वे इतनी भर कोशिश करते थे कि मेरे पिता को कोई खास कष्ट न हो। वे मेरे पिता का इतना अदब करते थे कि उनके सामने कोई बदज़ुबानी नहीं करते थे या इसे यूँ कहा जा सकता है कि वे मेरे पिता से बचकर ही रहते थे। लेकिन चाचा का पिता पर एक एहसान बड़ा था। पिता ने

जब कॉलेज की पढ़ाई खत्म कर बाहर शहर जाना चाहा तो इस सन्दर्भ में उनका साथ दिदिया की अनुपस्थिति में सिर्फ चाचा ने ही दिया।

पिता यहाँ के लिए अनुपयोगी हैं यह सुनकर पिता को कैसा लगा इससे ज़्यादा जरूरी पिता के लिए यह था कि उन्हें इस तरह शहर में रहकर पढ़ने की इजाज़त मिल गई।

पिता एक बार शहर क्या गए शहर से पूरी तरह वापस फिर कभी नहीं हो पाए। वहीं रहकर अपनी पढ़ाई पूरी की और वहीं कॉलेज में प्राध्यापक नियुक्त हुए। पढ़ाई ही वह रास्ता था जिससे वे अपने जीवन को जीने लायक बना सकते थे। इस बात को पिता बखूबी समझते थे, इसलिए उन्होंने अपने जीवन में सबसे अधिक प्राथमिकता पढ़ाई को दी थी। इसमें कोई शक नहीं है कि पिता का अपाहिज होना उनकी नौकरी के लिए मददगार साबित हुआ होगा। पिता जब कॉलेज में प्राध्यापक नियुक्त हुए तब उनकी उम्र महज चौबीस वर्ष थी।

दादा ने पिता की शादी के लिए कभी बहुत उत्साह नहीं दिखाया। पिता अपाहिज थे। उनकी शादी आसान तो नहीं ही थी। फिर चूँकि मेरे पिता का मुख्य उद्देश्य पढ़ाई था इसलिए उन्होंने अपनी शादी को तब तक के लिए टाल भी रखा था। लेकिन पिता की नौकरी ने उनकी शादी को आसान जरूर बना दिया। लेकिन इतना भी आसान नहीं कि तुरन्त हो जाए। पिता के लिए तब जो बरतुहार आते थे उन्हें मेरे चाचा डील करते थे। मेरे चाचा यह जरूर चाहते थे कि मेरे पिता की शादी हो जाए और ठीक से हो जाए। मेरे पिता की नौकरी ने पिता की शादी में काफी मदद पहुँचाई।

मेरी माँ बहुत ख़ूबसूरत तो नहीं थी परन्तु उसके नैन-नक़्श ठीक-ठाक थे। मेरी माँ एक ग़रीब परिवार से थी और अपने पिता की कई बेटियों में से एक थी। मेरे दादा और चाचा ने मेरी माँ के परिवार से कुछ छुपाया नहीं था लेकिन मेरे नाना चूँकि बहुत ग़रीब थे इसलिए उन्होंने एक अपाहिज लड़के से अपनी बेटी की शादी के लिए हामी भर दी थी। मेरे दादा ने तब उन्हें खुलकर कह दिया था कि "इ लांगड़ है एकरा म कौनो छुपावै वाला बात नांय है। हाँ लेकिन तुमरा बेटी राज करेगी। एतना धन-दौलत त तोरा बेटी कभी देखवो नांय किया होगा जी। देखवो कि सोचवो नांय किया होगा।" और फिर रुककर उन्हें जैसे कुछ याद आया हो, "और लड़को कौनो टुटपुंजिया है जी, बहुत बड़का अधिकारी है।" पहली बार दादा ने मेरे पिता की नौकरी के लिए अपने चेहरे पर गर्व महसूस किया था।

इन तमाम प्रयासों के बावजूद पिता की शादी उनकी नौकरी के लगभग तीन वर्षों के बाद हुई। यानी पिता की जब शादी हुई तब वे लगभग सत्ताइस वर्ष

के थे। जैसा कि मैंने पहले ही बताया कि पिता शहर गए तो फिर शहर में ही रह गए। उनकी नौकरी ने उन्हें वह रास्ता दिया था कि वे वहीं रह सकें। उन्होंने मेरी माँ के साथ अपनी जिन्दगी को वहीं पर ढर्रे पर लाने की शुरुआत की। पिता के पास उस गाँव और उस घर में लौटकर जाने लायक कुछ था तो नहीं लेकिन ऐसा हुआ नहीं। यह नहीं कहा जा सकता कि उनका परिवार से सम्बन्ध टूट गया। हम लोग बाद के दिनों में भी अपने गाँव जाते रहे थे।

पिता ने तीन बेटों को जन्म दिया। यानी मुझको लगाकर हम तीन भाई थे। मेरा जन्म पिता की शादी के दो वर्ष बाद हुआ। बाद के दिनों में दो और बेटों का जन्म हुआ। मैं अपने पिता का सबसे बड़ा बेटा हूँ।

लेकिन जैसा कि हम सब जानते हैं कि यह कहानी वास्तव में मेरे चाचा की कहानी है इसलिए यहाँ अब यह जान लेना जरूरी है कि आखिर मेरे पिता के उस घर से निकल जाने के बाद मेरे चाचा की क्या हालत रही। मैं पिता की कहानी को यहाँ थोड़ा विराम देता हूँ। हाँ इस पर जल्द ही दुबारा लौटूँगा।

मेरे पिता अगर उस घर में होते भी तो भी मेरे चाचा के व्यक्तित्व के विस्तार में कोई अड़चन नहीं थी। परन्तु पिता के बाहर निकलते ही चाचा का विस्तार जबरदस्त तरीके से हुआ। और यह विस्तार कोई नकारात्मक नहीं था बल्कि उन्होंने बहुत ही सकारात्मक रूप में हमारे घर और हमारे परिवार को ऊँचाई दी। और एक समय ऐसा भी आया कि हमारे परिवार की तूती बोलने लगी। इसमें कोई शक नहीं है कि परिवार के इस विस्तार में मेरे पिता की नौकरी ने भी साथ दिया होगा परन्तु वह बिलकुल ही अप्रत्यक्ष रूप से। वास्तव में तब चाचा का जलवा अपने चरम पर था और तब लोग उन्हें कम्पनी कहने लगे थे।

चाचा कहते थे, "एक सितारे जैसी चीज होती है जीवन में, अगर वह सितारा आपके साथ है तो फिर इस दुनिया में कोई आपको रोक नहीं सकता है।" और वाकई चाचा तब रुके नहीं और पीछे मुड़कर उन्होंने देखा भी नहीं।

मेरे दादा के जीवन के जितने भी लड़ाई-झगड़े और केस फौजदारी थे चाचा ने उन्हें बहुत ही करीने से सुलझाया। वे कहते, "समझदारी इसमें नहीं है कि लड़-झगड़ के लटपटा कर जिन्दगी बरबाद कर लें। समझदारी है इसमें कि अपने आप को इतना ऊँचा उठा लो कि कोई हमसे टकराने की सोच ही नहीं पाए।"

चाचा का अन्दाज एकदम डॉन जैसा था। उन्होंने अपनी काबिलियत से दादा की ज़मीन को दुगुना-चौगुना कर दिया। एक-दो ट्रैक्टर खरीद लिए, हर खेत में पम्पिंग सेट बैठा दिया ताकि सिंचाई में कोई कठिनाई न हो। हर वह ज़मीन जो

ऐसी जगहों पर पड़ी हुई थी जो लगभग बंजर थी उसे उन्होंने बेच दिया और ऐसी जगह पर ज़मीन खरीदी जो ज़्यादा उपजाऊ हो सके। ज़मीन को आगे बढ़ाने के बाद उन्होंने अपने व्यवसाय को विस्तार दिया। तब सबसे पहले रोडवेज से उन्होंने अपने को जोड़ा। शुरुआत उन्होंने एक टाटा 407 से की और मात्र दो वर्ष के भीतर तीन 407 गाड़ियाँ उनके दरवाजे पर थीं। अपने लिए उन्होंने महिन्द्रा की मार्शल रख रखी थी, जिसे वे खुद ही चलाते थे। हाँ उनके उस मार्शल में हमेशा उनके साथ दो-तीन लोग होते अवश्य थे।

चाचा ने रोडवेज ही नहीं बल्कि अपने गाँव से लगे हुए बाज़ार में अपने इलाके की छड़ और सीमेंट की पहली दुकान खोल दी। अपनी ईंट की चिमनी बैठा दी। उस चिमनी से निकलनेवाली ईंट पर चाचा ने लिखवाया 'कामेश्वर'। कामेश्वर लिखी हुई ईंटें लोग ले जाते और उन्हें जोड़कर अपना घर बनाते।

चाचा ने कोई कम्पनी तो नहीं खोली थी परन्तु लोग उन्हें कम्पनी कहने लगे थे। वास्तव में खेत, चिमनी, दुकान और गाड़ियों को मिलाकर चाचा के यहाँ लगभग साठ-सत्तर लोग काम करने लगे थे। चाचा अपने यहाँ काम करनेवाले लोगों का बड़ा ध्यान रखते थे। एक-एक की जानकारी रखते। उनके परिवार, उनके बच्चों तक का ध्यान रखते थे। चाचा कहते, "अरे हम क्या हैं कुछौ नहीं सब तो आप ही लोग ने बनाया है।" मेरी माँ कहती थी यह उनका अन्दाज था। वास्तव में वे तब बहुत गुस्सैल हो जाते थे जब कोई चोरी करते या काम में कोताही करते हुए पकड़ा जाता था। तब चाचा उसे अपने जूते से पीटा करते थे।

चाचा का यह सम्बोधन 'कम्पनी' उनके अपने कामगारों से तो मिला ही, उसके अलावा वे अपने इलाके के ढेर सारे लोगों को रोज शाम को बैठाकर चिमनी की बैठकी पर मेरे दादा से छिपकर दारू और गांजा पिलाते थे। वे लोग भी चाचा को कम्पनी ही कहते थे। ऐसा नहीं है कि यह सब मेरे दादा को पता नहीं था। किन्तु दादा को जितनी खीझ इससे नहीं होती थी कि चाचा सबको नशा कराते थे इससे अधिक कठिनाई इससे होती थी कि उन्हें लगता था कि यूँ पैसा बर्बाद हो रहा है। चाचा कहते, "जब बड़ा सोचना हो तब छोट-छोट बात पर चिन्ता नांय करना चाहिए। अरे पचास आदमी हमरे ग़लत को सही कहनेवाला नांय होगा तब दस आदमी हमरे सही को ग़लत साबित कर देगा।" वे कहते, "ग़लत-सही तो सब नजर का धोखा है। आदमी को जो सही लगे उ करना चाहिए।"

चाचा को लोग भले ही कम्पनी कहते हों, चाचा भले ही लोगों को अपने साथ रखने के लिए उन्हें नशा कराते हों परन्तु उनके व्यक्तित्व का यह अजीब पहलू था

कि न तो उस मजलिस में बैठकर वे नशा ही करते थे और न वे कुछ ग़लत करना ही चाहते थे। वे अपना व्यापार बहुत ही ईमानदारी से करते थे।

यह सोचना अजीब लग सकता है कि चाचा अपने इलाके के इतने नामी व्यक्ति हो चुके थे परन्तु उन्होंने कभी अपने इलाके का कोई भी चुनाव लड़ना स्वीकार नहीं किया। वे कहते "इ द्वारे-द्वारे जाके सबके सामने हाथ फैलाना हमसे नहीं होगा। अरे साला इ जिन्दगी हमने शान से काटी है शान में ही रहेंगे।" चाचा चाहते तो मुखिया से लेकर एमएलए तक के चुनाव तक के लिए सोच सकते थे लेकिन उन्होंने इस तरफ कभी रुचि नहीं दिखाई। लेकिन इसके बावजूद ऐसा कोई चुनाव होता नहीं था जिसमें चाचा की सहमति के बिना कोई जीत जाए।

चाचा के पास रिवॉल्वर थी ऐसा मेरी माँ कहती थी। वह कहती थीं कि चाचा जब बाहर निकलते थे तब वे अपनी कमर में एक रिवॉल्वर ठूंस कर रखते थे। और उनके मार्शल में जो आदमी उनके साथ होते थे वास्तव में उनके पास भी रिवॉल्वर जैसी चीजें होती थीं। परन्तु हमने कभी ऐसा देखा नहीं था।

चाचा ने शादी थोड़ी देर से की थी। थोड़ी क्या देर से ही की थी। जब चाचा की शादी हुई तब उनकी उम्र लगभग बत्तीस वर्ष हो गई थी। चाचा की शादी में बहुत रौनक लगी थी। मेरे दादा बहुत ख़ुश थे। चाचा की शादी में बारात बाईस गाड़ियों में गई थी जिनमें वे तीन 407 और उस मार्शल के अलावा अठारह गाड़ियाँ थीं। चाचा की शादी में मैं गया था। तब मैं लगभग पाँच साल का था। मेरा छोटा भाई तब महज एक-डेढ़ साल का था और सबसे छोटे भाई का तब जन्म नहीं हुआ था। शादी बहुत धूम-धाम से हुई थी। गुमानी बाई के नाच के अलावा अलग-अलग तरह की शराब वहाँ उपलब्ध थी। बन्दूकों की कई राउंड फायरिंग वहाँ हुई थी। लेकिन अपनी शादी में चाचा बहुत ही संजीदा थे। चाचा की शादी में मेरे पिता बहुत ख़ुश थे और चाचा ने उन्हें ठीक-ठाक महत्त्व भी दिया था।

चाची माँ की तुलना में काफी सुन्दर थीं। उनके नैन-नक़्श पतले थे और वह चूँकि अमीर घर से थीं इसलिए वह और ज़्यादा ख़ूबसूरत दिखती थीं। जब चाचा की शादी हुई तब लोगों को यह लगने लगा कि इतनी सुन्दर पत्नी पाकर मेरे चाचा कुछ दिनों के लिए ही सही काम पर बहुत ध्यान नहीं दे पाएँगे। परन्तु हुआ ऐसा कुछ नहीं। चाचा अपनी पत्नी यानी मेरी चाची से कितना प्यार करते थे इसे तो समझा नहीं जा सकता था लेकिन एक सप्ताह के भीतर ही चाचा अपने कारोबार पर वैसे ही नजर रखने लगे थे जैसे वे पहले रखते थे। चाचा कहते, "अरे साला कनिया के पल्लू में छिपनेवाला इ राजेश्वर सिंह नहीं है जी।"

चाचा अपने काम-धाम में जितने मजबूत थे उन्होंने अपने शरीर पर भी उतना ही ध्यान रखा था। चन्द चीजें जो उन्हें बहुत अधिक पसन्द थीं उनमें एक तो उनकी मार्शल की सवारी थी और दूसरी बिरंची से देह की मालिश। इसलिए उनका शरीर पहलवान जैसा तो नहीं था परन्तु वे तंदरुस्त अवश्य थे। दूध, शहद और घी खाने के कारण उनके चेहरे पर चमक थी।

चाचा ने दादा से लगभग सभी जिम्मेदारियाँ लेकर अपना वर्चस्व बना लिया था लेकिन इससे यह नहीं था कि मेरे दादा निष्क्रिय हो गए थे। मेरे दादा अभी तंदरुस्त थे। चाचा द्वारा उनके व्यवसाय के विस्तार ने उनकी गरिमा और रुतबे को और बढ़ा दिया था। मेरे दादा कहते थे, "हमरा असल बेटा त यही है।" वे अक्सर यह खुलकर कहते थे कि "ऊपर बैठे बाबा सब देखते हैं जी, एक खोटा सिक्का दिये तो दोसरा एकदम करारा नोट। हमको भोला बाबा से कौनो शिकायत नहीं है। इ अकेल्ले कय के बराबर है।"

जब चाचा ने टाटा 407 की कतार लगा दी तो उसके ऊपर कामेश्वर ट्रेवेल्स देखकर मेरे दादा का सीना गर्व से चौड़ा हो गया था। गाड़ी के साइड में लिखे हुए कामेश्वर को उन्होंने अपने हाथ से छुआ तो उनकी आँखें छलछला आई थीं।

"बाबा इ दिन भी दिखाएँगे कभियो सोचे नांय थे।" उन्होंने धीरे से बुदबुदाया था।

चाचा के द्वारा दादा की जिम्मेदारी को अपने कन्धे पर लेने के बाद उनको मुक्त करने से उनका फायदा यह हुआ कि उन्होंने एक नया ही व्यवसाय जमा लिया। मेरे दादा तब एक बहुत बड़े सूदखोर के रूप में उभरे। उनके पास लोग कर्ज लेने आते थे और मेरे दादा सूद पर पैसा उन्हें दिया करते थे। दादा के इस व्यापार ने इस इलाके में उनके रुतबे को और ज़्यादा फैला दिया था।

दादा के वंश को चलाने के लिए मेरे पिता को बेटा हो चुका था परन्तु मेरे दादा के लिए यह अपूर्ण था। वे साफ अपने मन में यह मानते थे कि उनका वंश उनका छोटा बेटा राजेश्वर ही चला सकता है। इसे यूँ कहें कि मेरे पिता उनकी सोच से ही बिलकुल बाहर थे।

"बाबा और की चाहिए इ जिनगी से बस एक ठो पोता का मुँह दिखा दो।" दादा ऊपर भगवान की ओर मुँह उठाकर ऐसा कहते थे। और तब वे भूल जाते थे कि वे वास्तव में तब तक दो पोतों के दादा बन चुके थे।

मेरे दादा के लिए वे दिन बहुत महत्त्वपूर्ण थे जब मेरे चाचा पिता बनने की प्रक्रिया में आए। मेरे दादा बहुत ख़ुश थे। इसमें कोई शक नहीं है कि मेरे

चाचा सहित पूरा परिवार भी ख़ुश था। लेकिन इसे एक जमींदार जैसे परिवार की कमअक्ली कहें या रूढ़िवाद कि उन्होंने यह लगभग मान ही लिया था कि उस परिवार में अगर बच्चे का जन्म होगा तो वह बेटा ही होगा। लेकिन मेरे दादा और चाचा के अरमानों पर तब आघात हो गया जब उम्मीद के ठीक उलट चाचा को बेटी पैदा हो गई। चाचा जैसे दमदार और ताकतवर आदमी को बेटी भी हो सकती है उन्होंने कल्पना में भी ऐसा कभी सोचा नहीं था। और चूँकि कल्पना में भी ऐसा सोचा नहीं था इसलिए उन्हें जबरदस्त झटका लगा था।

मेरी चाची भी यूँ तो अमीर घर से ही थीं लेकिन उनमें घमंड जरा भी नहीं था। वह देखने में सुंदर थीं और मेरी माँ की बहुत इज्जत करती थीं। उन्होंने इस घर में कुछ वक्त गुजार कर सब जान लिया था। और तब से उन्हें ऐसा लगने लगा था कि मेरे पिता के साथ बहुत बुरा हुआ है। चाची पिता से बात तो नहीं कर पाती थीं परन्तु उनका बहुत सम्मान करती थीं। मेरी माँ को अक्सर वे अकेले में कहती थीं, "इ त घोर अनर्थ है दीदी, चाहे कोय कुछौ कहै इ घर क मालिक त भैया ही हैं ना।" चाची मेरे पिता को भैया कहती थी। मेरी माँ चाची को छोटी बहन की तरह प्यार करती थी। हम लोग गाँव कम ही जा पाते थे। चाची को इस बात की शिकायत हमेशा रहती थी।

चाचा को बेटी होना जितना बुरा लगा होगा उससे कहीं गुणा अधिक अच्छा चाची को लगा था। मेरे चाचा बेटी के पैदा होने पर ऐसा कोई बुरी प्रतिकिया नहीं दे रहे थे लेकिन उनके मन में एक खटका अवश्य था। पता नहीं क्यों लेकिन उनके मन में यह अवश्य था कि मेरे पिता जैसे लंगड़े और कमजोर आदमी ने तो बेटा पैदा कर दिया और एक वो हैं।

लेकिन मेरे दादा निराश नहीं हुए। उन्हें अपने दिन याद आ गए और उन्हें लगा कि जैसे उनका जीवन ही दोहराया जा रहा है। उन्होंने अपने मन में अपनी उम्मीद को अगले बच्चे तक टाल दिया। वे चाचा के लिए कहते थे, "इ बेटा त एकदम हमरे पर गया है। पहली बेटिया के बाद बेटा होगा न जी।" लेकिन ऐसा कहते हुए उनके मन में हमेशा खटका रहता था। उन्हें एक बेटी के बाद बेटा हुआ तो सही लेकिन...वे इस डर से सिहर से जाते थे। फिर मन में सोचते थे कि 'उ त उ डायन ब्रह्मदेविया का न काम था जी।'

जब चाची को पहली बेटी का जन्म हुआ था, तब मेरी माँ तीसरी बार गर्भवती थी। यूँ हम दो भाइयों का जन्म हो चुका था परन्तु मेरे पिता और मेरी माँ दोनों को एक बेटी की प्रबल इच्छा थी। उन्होंने अपने इस तीसरे प्रयास में अपने

मन में ईश्वर से बेटी के लिए प्रार्थना की थी। लेकिन ईश्वर को कुछ और मंजूर था। हमारे घर में तीसरा भी बेटा ही पैदा हुआ।

चाचा की ताकत और रुतबे को सबसे ज़्यादा मज़ा हम बच्चों ने किया। मैं चूँकि उस ख़ानदान की नई पीढ़ी का पहला बच्चा था इसलिए सबसे ज़्यादा मौका मुझे मिला। और चूँकि हम लोग बाहर शहर में रहते थे तो गाँव आकर चाचा के इस प्रभाव को देखने का बहुत उत्साह रहता था। हमारे घर में ज्यों-ज्यों बच्चों का जन्म होता गया टोली बढ़ती गई। इन बच्चों में मैं, मेरा भाई, चाचा के बच्चे और कभी बुआ के बच्चे भी शामिल होते थे। हम बच्चों की टोली उस गाँव में ही नहीं उस इलाके में कहीं भी चाचा के नाम से ही जानी जाती थी। मैं चूँकि शहर से जाता था तो लोग मुझसे पूछते थे कि कौन हो तो मैं बतााता था कि राजेश्वर सिंह का भतीजा। या लोग कहते, "इ है कम्पनी का भतीजा। कम्पनिये का माफिक एकदम हीरो।"

कभी हम चाचा की मार्शल से घूमते, कभी गन्ने के खेत में गन्ना खाते। हम बच्चों के लिए चाचा के हुकुम पर राधे जामुन के पेड़ पर चढ़कर पके जामुन तोड़ता। गणेशी की दुकान की जलेबियाँ तब हमारे लिये खास तौर से कड़ाही में लाल की जाती थीं। चाचा ने भी हम में से किसी भी बच्चे के साथ अलग सा व्यवहार नहीं किया था। चाचा इस मद में बहुत दिलेर थे। वे सभी बच्चों को अपने बच्चे की तरह ही रखते थे।

चाची जब दूसरी बार गर्भवती हुईं तो लगा जैसे चाचा के जीवन में जो एक रोड़ा अटका हुआ है वह दूर हो जाएगा। दादा के अनुसार कहें तो इतिहास जैसे दोहरानेवाला था। लेकिन चाचा इतिहास दोहरानेवालों में से नहीं बल्कि इतिहास बनानेवालों में से थे। चाची ने दूसरी बार भी पुत्री को ही जन्म दिया। अब मैं इसे आपको कैसे समझाऊँ कि चाचा की हालत तब कैसी हो गई थी।

यह अजीब तरह की उलझन उनके जीवन में हो गई थी। चाचा बेटियों को पसन्द करते थे या नापसन्द करते थे ये सब अलग तरह की बातें हैं। सवाल सिर्फ इतना था कि चाचा ने पुत्र की प्राप्ति को अपनी प्रतिष्ठा से भी जोड़ लिया था। दूसरी बार जब बेटी का जन्म हुआ तब चाचा को ऐसा लगने लगा था कि वे अपने ही समाज में मुँह दिखाने के लायक नहीं रह गए हैं। उन्हें लगने लगा था कि जैसे सारे समाज की आँखें उनको घूरने लगी हैं।

'अनर्थे हो गया जी लेकिन बाबा के घर में देर है अँधेर नांय।' मेरे दादा के दिल के किसी भीतरी कोने में उम्मीद की कोई चिंगारी अभी भी बची हुई थी। परन्तु मेरे चाचा निराशा की अजीब धुंध में खो से गए थे।

दादा ने चाचा से कुछ कहा नहीं लेकिन उनका कुछ नहीं कहना भी बहुत कुछ कह रहा था। मेरे चाचा एकदम गुम हो गए थे।

मेरी दादी से लेकर तमाम पड़ोस ने एक-से-एक नसीहतें देनी शुरू कर दीं। इन्हीं नसीहतों में देवघर जाकर भोला बाबा को जल चढ़ाने से लेकर दुर्गा पूजा में खस्सी की बली से लेकर जयमंगला माई स्थान पर ब्राह्मणों को भोजन तक की प्रमुखता थी। लेकिन सबसे जांची-परखी/कारगर नसीहत लुनिया की माई ने मेरी दादी को दी।

"छठ मैया का एगो सूप चढ़ाऊ माई जी। हमार भौजाई क चार गो कलमुँही क बाद बेटा इहे उपाय स होइयलै।" लुनिया की माई ने एकदम से अचूक इलाज बताया और ऐसा करते हुए अपने आंचल को हाथ में लेकर जिधर धूप थी उस ओर देखकर सूर्य देवता को प्रणाम कर आंचल को माथे से लगा लिया।

वर्ष गुजरे लेकिन आश्चर्य यह है कि कोई भी मन्नत काम नहीं आई। छठ मैया को सूप चढ़ाया गया। मेरी दादी ने मेरी चाची को व्रत करवाया। पानी में खड़े होकर उन्होंने आंचल फैलाकर छठ मैया से बेटे की भीख माँगी। परन्तु सब बेकार। चाचा को लगातार तीसरी-चौथी बेटी पैदा होती रही।

चाचा को बेटी पैदा होने ने जैसे उनके पूरे व्यक्तित्व पर ग्रहण लगा दिया था। चाचा को अपने ऊपर से विश्वास उठने सा लगा था। उनका जो धाकड़ व्यक्तित्व था, एकदम से झनझना गया था। वे अपने काम, अपने रुतबे पर ध्यान नहीं दे पा रहे थे। जहाँ मेरे चाचा उस इलाके के मुखिया और एम.एल.ए. तक को बनवाने में अहम भूमिका रखते थे, वही चाचा आज उनसे नजरें मिलाने से कतराने लगे थे। वे अपने काम के सिलसिले में किसी को आदेश देते या किसी को डाँटते तो ऐसा लगता जैसे सामनेवाला उनकी बात को काट देगा। पलटकर उनकी बात का जवाब दे देगा। जिस चाचा की एक समय में तूती बोलती थी वह धीरे-धीरे ध्वस्त होता चला जा रहा था।

मेरे पिता को चूँकि उस घर से कभी इज्जत मिली ही नहीं इसलिए वे अपने आप को कभी उस घर से जोड़ नहीं पाए। परन्तु जब चाचा को चार बेटियों का जन्म हुआ तब मेरी माँ ने प्रतिवाद किया।

"बौआ जी, बस भी करू। दुनिया बदैल रहल छै। अब बेटी-बेटा में बहुत फरक नांय है।" मेरी माँ चाचा को बौआ जी ही कहती थी। माँ की बात सुनकर चाचा ने जवाब कुछ नहीं दिया। लेकिन उन पर एक अजीब तरह का नशा सवार था। वे एक अजीब ज़िद में आ गए थे। उन्होंने कुछ जवाब नहीं दिया और सामने से हट गए।

लेकिन चाचा ने उस दिन चाची पर अपना सारा गुस्सा उगल दिया। बन्द कमरे में चाचा ने चाची को क्या कहा यह मेरी माँ को तब पता चला जब चाची ने खुद ही माँ को बता दिया।

"दीदी हमरा अपना नसीब पर छोड़ दियै। काहे अपन भी इज्जत उतरवा रहल छियै।" चाची की आँखों में आँसू थे। माँ ने चाची को ग़ौर से देखा। चाची एकदम सूख गई थी। वह एकदम दुबली-पतली नरकंकाल सी हो गई थीं। "भूत सवार है माथा पे। कहते हैं भौजी काहे नहीं कहेगी सारी सम्पत्ति जो मिल जाएगी। पागल हो गए हैं पागल सब यहाँ।" माँ को लगा जैसे पैर के नीचे से ज़मीन खिसक गई। उसका चेहरा एकदम से फक्क पड़ गया। वह वहीं बगल में रखे मकई के बोरे पर बैठ गई। चाची की आँखों से तब आँसू की धार बह रही थी।

चाची की जिन्दगी के इस बड़े बदलाव ने हमारे परिवार में जो सबसे बड़ा बदलाव किया था वह बहुत अजीबोग़रीब था। मेरे दादा और दादी खासकर दादा का मिजाज बदलता जा रहा था। मेरे दादा मेरे पिता और उनके तीन बेटों की ओर झुकते चले जा रह थे। मेरे दादा जिन्होंने जीवन में मेरे पिता से कभी बात नहीं की थी उन्हें कभी कोई प्रमुखता नहीं दी थी वही शहर में हमारे परिवार के साथ रहने आने लगे। हम बच्चों को प्यार करते और हमें अपने सीने से लगाकर बहुत सुकून महसूस करते।

दादा हमारे यहाँ रहने आने लगे थे तो हम बच्चों को बहुत अच्छा लगता। परन्तु मेरे माता-पिता इसके पीछे की उनकी कमजोरी को जानते थे। हद तो तब हुई जब दालान पर बैठे दादा ने अपने दोस्तों के मजमे में इस सवाल के जवाब में कि वे आजकल नर्मदेश्वर के यहाँ बहुत जाते हैं यह कह दिया कि "खोटा सिक्का पहचानने में भूल हुई भाई।" तब दादा का चेहरा तमतमाया हुआ था। "अरे भाई ज़मीन पर भंगरोइया और टनटनी त सब जगह उग आता है। पर ज़मीन उपजाऊ तो वहे कहलाता है न जी जहाँ गेहूँ होता है, धान होता है। इ टनटनी अरू भंगरोइया स इ संसार त नहीं न चलेगा जी।"

इसे चाचा के जीवन और मेरे गाँव के परिवार पर किसी का श्राप कहिए या नियति लेकिन चाचा के जीवन से लेकर वहाँ का पूरा जीवन तहस-नहस होता चला जा रहा था। मन्दिर पर ढोलक पर थाप देता धनिक कहता है, 'इ धरती पर भगवान भी है जी, इ तरह ग़रीबन क हक मार क गड़िया चमकाइएगा त एक दिन इहे तरह तेलहंड में जैवे कीजिएगा। इ त भगवान का इंसाफ है जी। अब पकड़ क मुठियाते रहिये अपन औजार।'

ऐसा नहीं है कि ये सब बातें दालान या मन्दिर पर होती थीं और चाचा एकदम अनभिज्ञ रहते थे। बातों को समझते वे भी थे। उन्होंने अपने जीवन में सबका व्यवहार बदलते देखा था। अभी उस दिन जब ट्रैक्टर के ड्राइवर धुनकी ने अपना वेतन बढ़ाने के लिए कहा और चाचा ने खिन्ना कर कह दिया कि "हियाँ कौनो बेर क पेड़ लगा है जी कि जब चाहें झाड़ लियै।" तब धुनकी ने बदतमीजी से चाचा के मुँह पर ही कह दिया था, "ऐतना सम्पत्ति भोगनेवाला है कौन जो इतना हाय-हाय करते हैं। इ लीजिए चाभी और खुदे ड्राइवरी कीजिए और कौनो लायक हैं भी नहीं।" पहले वाला समय होता तो इतनी तो छोड़ दीजिए इसकी एक चौथाई बात पर भी चाचा धुनकी को थकूच देते परन्तु अब वक्त बदल गया था। चाचा को लगा जैसे काटो तो ख़ून नहीं। वे एकदम से सन्न रहकर अन्दर चले गए।

चाचा कितनी ही बार देवघर गए। कितना ही बार झाड़-फूंक, साधु-ओझा-संत। छठ माई के लिए अपने व्रत को कड़ा करना शुरू किया। छठ माई को दंड देना शुरू किया। दंड यानी अपने को कठिनाई में डालकर छठ मैया को अर्घ्य देना। शाम वाले अर्घ्य में दोपहर में ही अपने घर से ज़मीन पर लेट-लेट कर नदी तक पहुँचने की कोशिश। जहाँ तक पूरी हुई सुबह वहीं से शुरू। सुबह इसी प्रक्रिया को पूरी कर नदी में प्रवेश करते और सूर्य देवता से प्रार्थना करते कि एक बेटा दे दो भगवान। हमारे इलाके में यह माना जाता था कि छठ मैया इस कष्ट को कभी नजरअन्दाज नहीं करती हैं। कोई व्रती ईश्वर के पास से खाली नहीं लौटता है।

परन्तु हद तो यह है कि चाचा के सन्दर्भ में सब बेकार था। ऐसा लगता था जैसे चाचा और ईश्वर के बीच एक जंग सी चल रही है।

जब चाचा को पाँचवीं बेटी पैदा हुई तब मेरे दादा ने पहली बार चाचा से मुँह खोलकर कह दिया, "बेकारे लगे हो राजेश्वर, तोरा वश में नहीं है जी।"

मेरे पिता ने पहली बार अपनी चुप्पी तोड़ी, "अरे पागल हो गए हो का। कनिया का जाकर ऑपरेशन करवा दो।"

लेकिन कह तो रहा हूँ चाचा एकदम से पागल ही हो गए थे। और एकदम हैवान भी।

जब उन्होंने छठी बेटी को जन्म दिया तो माँ की छाती फट गई। माँ गाँव गई तो पूरे गाँव में यही मुद्दा छाया हुआ था। चाची माँ के पैरों पर गिर गईं।

"दीदी जब से यहाँ आए हैं आपको ही माँ माना है। दीदी हम मर जाएब। हमको बचा ही लेउ नांय त अपन हाथ से जहर क पुरिया खिलाय देउ।"

माँ ने देखा चाची सही में मर जाएगी। माँ ने चाची को अपने हाथ से उठाया। चाची एकदम हलकी हो चुकी थीं। माँ ने देखा उनकी मुठ्ठी भर की कमर। दोनों स्तन उनकी छाती पर एकदम से झूल रहे थे। माँ ने चाची को अपनी बाँहों में भर लिया। चाची माँ की बाँहों में ऐसे घुस गई थीं जैसे खरगोश का बच्चा हो। माँ ने बाँहों के घेरे को थोड़ा मजबूत कर लिया और अपनी आँखें मींच कर अपने मन में कुछ निश्चय सा कर लिया।

माँ अपने साथ चाची को यह कह कर यहाँ शहर लेकर आई कि थोड़ा हवा-पानी बदलेगा तो स्वस्थ हो जाएगी। और फिर अपने यहाँ रखकर माँ ने उनका फेमिली प्लानिंग का ऑपरेशन करवा दिया। चाची एक प्यारी बच्ची की तरह माँ की सारी बातों को मानती रही। चाची इसके बाद उठनेवाले तूफान को जानती थीं, लेकिन यह उनकी अपनी इच्छा थी।

चाची जब गाँव लौटीं तो माँ साथ में थी। और यह जानते ही कि चाची ने अब सारे अवसर बन्द कर दिये हैं, माँ के सामने ही माँ का लिहाज किए बिना चाचा एकदम राक्षस की तरह हो गए। चाचा ने तड़ातड़ तीन-चार तमाचे चाची के गाल पर खींच दिये और पटककर उनकी छाती पर चढ़ गए।

"साली तब तू जिन्दा ही रहकर क्या करेगी। तेरी अब कोय जरूरत तो है नहीं।" माँ ने इस तूफान के बारे में सोचा था लेकिन स्थिति इतनी विकराल हो जाएगी, सोचा नहीं था। माँ थर-थर काँपने लगी, रोने लगी और चिल्लाने लगी। माँ ने चाचा को पकड़ना चाहा तो उन्होंने धक्का दे दिया। दादा दौड़े और भी लोग दौड़कर आए।

लेकिन चाची एकदम शान्त थीं। एकदम बुत की तरह। माँ को एक सैकेंड को लगा कि चाची मर गई हैं। फिर एकाएक चाचा सब छोड़-छाड़ कर बाहर चले गए।

चाचा की जिन्दगी की यही वह घटना है जहाँ से वे टूट गए। वे एकदम शान्त हो गए। इस बड़ी घटना के बाद उन्होंने कभी किसी को कुछ कहा नहीं, न किसी से कोई बात की। अपने व्यापार, खेत-वेत में उनकी रुचि धीरे-धीरे कम ही होती चली गई थी। इस स्थिति तक आते-आते उनकी बहुत सी गाड़ियाँ बिक चुकी थीं। ईंट की चिमनी बन्द हो चुकी थी। दुकानें बन्द हो चुकी थीं। जो थोड़ा-बहुत वे काम को देखते थे, उसे उन्होंने बिलकुल छोड़ दिया। जिस साम्राज्य को चाचा ने इतनी मेहनत और इतने जुनून से खड़ा किया था, वह धीरे-धीरे उनकी आँखों के सामने ही भरभराकर गिरता जा रहा था। और सही बात यह है कि चाचा बस किनारे बैठकर इन सब चीजों का तटस्थ होकर तमाशा देख रहे थे।

इस समय तक चाचा की उम्र लगभग बयालिस-तैंतालिस की हो चुकी थी। लेकिन वे कम से कम पचास के लगने लगे थे। उन्होंने लगभग अपने जीवन से संन्यास ले लिया था। उन्होंने गेरुवा वस्त्र धारण तो नहीं किये थे परन्तु हो एकदम संन्यासी जैसे ही गए थे। घंटों पूजा और रामचरित मानस का पाठ। और बातें तो बिलकुल नहीं के बराबर।

वे बिलकुल अध्यात्मिक से हो गए थे। सूर्योदय से पहले ही उठते और नित्यक्रिया से निवृत्त होकर गंगा नहाने को चल देते। हमारे गाँव से तब गंगा नदी की दूरी लगभग 6-7 कोस थी। चाचा नंगे पाँव रोज अँधेरे में ही गंगा नहाने चले जाते थे। यह उनका रोज का नियम था चाहे मूसलाधार बारिश ही क्यों न हो रही हो। चाहे कितनी भी ठंड क्यों न हो। वे सुबह तड़के अपने मुँह में दातुन लेकर निकल पड़ते थे। वहाँ से लौटते तो एक लोटा गंगाजल अपने साथ लेकर आते। फिर उसी धोई हुई जगह पर खाने की थाली रखी जाती। मेरी चाची गंगाजल से उस ज़मीन को धोती फिर एक पीढ़ा लगाकर उनके बैठने की व्यवस्था करती। चाचा पीढ़ा पर बैठकर थोड़ा आगे की ओर झुककर खाना खाते थे। पहला कौर वे अपने पितरों और देवाताओं के लिए निकालते थे। वे कौर को थाली के चारों ओर घुमाकर फिर नीचे गिरा देते थे। फिर खाना शुरू करते थे। चाची उनके खाना खाते वक़्त वहीं आस-पास होती थी ताकि उनको जो जरूरत हो वे दे सकें। चाचा की थाली में अगर कुछ कम हुआ और उसे लाने में अगर चाची विलम्ब करती तो चाचा कुछ बोलते नहीं थे बस उठकर चले जाते थे। चाचा दिन में बस एक बार खाना खाते थे। और फिर रात में एक बार।

वे रोज दिन में कम-से-कम दो घंटे रामचरित मानस का पाठ करते थे। वे मानस रखने के लिए लकड़ी का पटरा ले आए थे। बाहर ही चौकी पर बैठकर वे इसका पाठ करते थे। यह वही चौकी थी जिस पर बैठकर कभी वे गाँव की राजनीति पर चर्चा किया करते थे वहीं अब वे मानस के विभिन्न कांडों का पाठ किया करते थे।

उन्होंने गायों को खुद देखना शुरू कर दिया था। बहुत ही प्यार से वे गायों को नहलाते थे, उनकी देखभाल करते थे। उन्हें खाना देना, उनका स्वास्थ्य, उनकी बीमारी, उनकी सफाई सब अब वही देखते थे। वैसे तो गायों को देखने के लिए मनटुन था लेकिन वह अब चाचा का सहायक था। चाचा ने गायों का दूध दूहना भी खुद ही शुरू कर दिया था। वे जब सुबह नहाकर आते तो दूध अपने हाथ से निकालते थे और शाम को भी। चाचा को गायों ने पहचानना शुरू कर दिया था। वे घंटों गायों से बतियाते रहते थे। अपने हाथ से वे गोबर साफ किया करते थे। गायें चाचा को आवाज़ लगाती थीं और चाचा उनके पास दौड़े आ जाते थे।

चाचा को न तो किसी प्रकार के रोजगार से मतलब रह गया था और न ही अपने परिवार से। अपनी बेटियों से भी उन्हें कोई मतलब नहीं रह गया था। बेटियाँ कैसे बड़ी हो रही थीं, उनकी कैसी पढ़ाई चल रही थी, उन्हें कोई मतलब नहीं रह गया था। वे दरवाजे पर रहते थे, दरवाजे पर ही खाते थे और वहीं सोते भी थे। अपनी शक्ल-सूरत से लेकर पहनावे तक पर भी वे अब कोई ध्यान नहीं देते थे।

जो चाचा अपने मार्शल पर अपने आदमियों के साथ चलते थे और मेरी माँ की मानें तो अपनी कमर में वे रिवॉल्वर भी रखते थे वही चाचा दरवाजे पर बस चुपचाप बैठे रहते थे। चाचा के बाल और दाढ़ी बढ़ती जाती थी और वे उसे बढ़ने देते थे। लोग जब टोकने लगते कि राजेश्वर दाढ़ी तो बनवा लो तब राजेश्वर एक बार में नाई को बुलवाकर बाल, दाढ़ी, मूँछ और तो और भौंहों तक को साफ करवा लेते थे। फिर होश नहीं रहा तो फिर महीनों सब कुछ बढ़ता रहता। फिर एक दिन इसी तरह की सफाई। कई बार बाहर कुर्सी लेकर बैठते और घंटों आम के पेड़ की पत्तियों को निहारते रहते। पेड़ की फुनगी पर निगाह टिका लेते और घंटों बिना पलक झपकाए बस देखते रहते। लोग पूछते राजेश्वर क्या देखते रहते हो तो एकदम शान्त स्वर में कहते—"आम में मंजर कब आएगा?"

वक्त गुजरता रहा। वर्ष दर वर्ष। इस बीच दादा-दादी का निधन हुआ। चाचा की बेटियाँ बड़ी हुईं। चाचा ने ध्यान नहीं दिया तब भी बड़ी हुईं। इसे चाची की मेहनत और संस्कार ही कहिए कि चाचा की बेटियाँ बड़ी ही नहीं हुई बल्कि संस्कारी भी हुईं। यह तो स्वाभाविक ही है कि चाचा की इन बेटियों की शादी की जिम्मेदारी मेरे पिता पर आ गई। इसमें कोई शक नहीं है कि चाचा ने गाँव में इतनी सम्पत्ति अर्जित कर दी थी कि उसमें शादियाँ हो गईं।

चाचा की बेटियाँ बड़ी हुईं, चाचा बुत बनकर देखते रहे। चाचा की बेटियों की शादी हुई, वे बुत बनकर देखते रहे। मेरे पिता ने कन्यादान किया। चाचा ने कुछ नहीं किया। चाचा बिलकुल बुत बने रहे।

चाचा बुत की तरह बैठे थे और सब देख रहे थे लेकिन वे अन्दर-अन्दर घुल जरूर रहे थे। तभी ऐसा हुआ कि बीमार रहने लगे और मात्र सत्तावन की उम्र में मर गए। जब उनकी मृत्यु हुई तब तक उनकी चार बेटियों की शादी हो गई थी, मात्र दो कुँवारी थीं।

मेरे पिता अपनी शारीरिक कमजोरी के बावजूद चाचा की बेटियों के लिए, उनके पूरे परिवार के लिए एक गार्जियन की तरह खड़े रहे। पिता ने कभी यह फ़र्क़ किया ही नहीं कि यह परिवार उनका था या नहीं। चाचा ने जब ज़िम्मेदारी

लेनी छोड़ दी तो पिता एकदम से सामने आ खड़े हुए। उन्होंने ही लड़का ढूँढ़ा। दान-दहेज, तिलक और शादी। उन्होंने ही सामियाना तनवाया। उन्होंने ही कन्यादान किया और उन्होंने ही बेटियों को विदा भी किया। मेरी माँ ने भी आगे बढ़कर जैसे चाची को अपने संरक्षण में ले लिया था। कवच बन गई थी, ऐसे जैसे उन्हें हवा का कोई झोंका तक छू नहीं जाए। बेटी जब विदा होकर जाने लगती तो अपने पिता से लिपटकर रोती लेकिन पिता जैसे पत्थर हो गए थे। आँखों में आँसू की एक भी बूँद नहीं। न ही उनके दोनों हाथ ही उठे बेटियों को प्यार करने के लिए। पिता की आँखों में आँसू नहीं तो माँ को पकड़कर बेटियाँ और भी फफककर रोतीं।

चाचा बीमार रहने लगे तो लगभग एक साल तक बीमार रहे। इस एक वर्ष में मेरी चाची और उनकी बेटियों ने उनकी सेवा में कोई कसर नहीं छोड़ी। न तो उनकी बेटियों को ही और न ही चाची को ही उनसे कोई शिकायत थी। तब चाची कहती थी "भगवान भी तो उनके साथ अनर्थे किये हैं।"

चाचा बीमार थे तो हमारा परिवार उनको कई बार देखने गया था। चाचा बीमार थे और उन पर कोई दवा बहुत असर नहीं कर रही थी। उनको एक-दो बार शहर लाकर भी दिखाया गया, पर कोई फायदा हो नहीं रहा था। डॉक्टर कहते थे कुछ अन्दर है जिससे ये घुलते जा रहे हैं। दवा से थोड़ा-बहुत सुधार होता और फिर वे उसी तरह गिरते चले जाते। वास्तव में वे अन्दर ही अन्दर खत्म होते चले जा रहे थे।

चाचा अपने अन्त समय में अपने गाँव में थे। उनकी हालत एकदम खराब थी। तब उन्होंने पिता से मिलने की इच्छा जाहिर की थी। हम सब उनसे मिलने गए थे। ऐसे भी जाते ही। परन्तु चाचा ने मिलने की खास इच्छा जाहिर की थी तो कुछ बात भी थी। चाचा बिस्तर पर लेटे थे, और उनको पहचानना तक मुश्किल हो रहा था। बेहद कमजोर। एकदम नरकंकाल से हो गए थे। उनके बाल, उनकी दाढ़ी सब बढ़ गए थे और बेतरतीब थे। उनके दाँत गन्दे थे। उनको देखकर पिता की आँखों में आँसू आ गए। पिता ने कहा कुछ नहीं लेकिन मैंने समझ लिया था कि पिता को तब चाचा की मार्शल पर बैठी छवि जरूर याद आ गई होगी।

तब उस कमरे में चाचा के अतिरिक्त पिता और मैं था। चाचा के बगल में पिता अपने व्हील चेयर पर थे। चाचा ने पिता की तरफ करवट बदली और पिता के पैर पर हाथ रख दिया। उनका माथा पिता के घुटने से तब टकरा रहा था। पिता ने उनको कन्धे से पकड़कर उठाने की कोशिश की, फिर मैंने सहारा देकर उन्हें लिटा दिया। चाचा की आँखें तब भरी हुई थीं और लाल थीं।

"दादा सब बर्बादे हो गया। का सोचे थे और का हो गया। भगवान अच्छा नहीं किये।" पिता ने देखा चाचा कुछ और कहना चाह रहे थे।

"दादा अब बचवो नांय। एगो उपकार कर दहो। अपना इ बेटा हमरा दे दहो। प्राण त्याग करबो त इ अपन बेटा क हाथ से गंगा जल पियै ल दहो और इहे आग भी देतै। नांय त हमर आत्मा भटकते रैह जैइते।" यानी मेरे चाचा यह कह रहे थे कि वे अपनी बेटियों के हाथ से गंगाजल पीकर मरना नहीं चाह रहे थे। वे चाह रहे थे कि उनके मरने के बाद उन्हें आग उनकी बेटियाँ नहीं बल्कि हम भाइयों में से कोई दे। उनका मानना था कि अगर ऐसा नहीं हुआ तो उनकी आत्मा को तृप्ति नहीं मिलेगी और भटकती रह जाएगी। उनकी आँखों सें आँसू की धार बह रही थी। और वे रुक-रुककर धीरे-धीरे बोल रहे थे। उन्होंने फिर से लेटे-लेटे ही हाथ बढ़ाकर पिता के घुटने को छुआ।

"दादा बस इ उपकार कैर दहो। और कुछ नाय चाही। बस इ बेटा देय दहो हमरा।" पिता ने घुटने पर रखे चाचा के हाथ को अपने हाथ में लेकर उसे दबाया। मेरे पिता तब चाचा की इस दयनीय हालत को देखकर रुआँसे हो गए थे। तब पिता ने मुझे अपनी ओर खींचा और मेरे हाथ को बढ़ाकर उनके हाथ में थमा दिया। मेरे हाथ को पकड़कर चाचा के शरीर में अचानक एक स्फुर्ति-सी जगी। उनके चेहरे पर हलकी सन्तुष्टि और खुशी आ गई। मेरे हाथ को उन्होंने अपनी मुट्ठी में बन्द कर देर तक दबाए रखा। फिर मुझे इशारे से अपनी ओर झुकने के लिए कहा। उन्होंने मेरे माथे को चूमा और मेरे सर पर हाथ रख दिया। उनके मुँह से शब्द निकला—'बेटा'। यह शब्द चूँकि वे बहुत सन्तुष्टि की स्थिति में निकाल रहे थे इसलिए उनके मुँह से बहुत स्पष्ट नहीं निकल पाया। हाँ, इस शब्द को मुँह से निकालते हुए उनके मुँह में लार का एक जाल-सा जरूर नजर आ गया था।

चाचा की मृत्यु दो दिनों के बाद हुई। उनके जब प्राण निकले तब मुझसे उन्हें गंगाजल पिलाने को कहा गया। मैंने अपने हाथों से चम्मच से उनके मुँह में गंगा जल की कुछ बूँदें डालीं। चाचा तब एकदम शान्त थे। मैं उनकी खाट पर उनके सामने बैठा था और वे एकटक मुझे बस देखे जा रहे थे। तब उनके चेहरे पर एक सुकून था। उनकी बेटियाँ तब उस कमरे में खड़ी थीं और वे दहाड़ मारकर रो रही थीं। चाचा के प्राण निकले और चाची पछाड़ खाकर गिर पड़ीं।

जैसा कि पिता ने वादा किया था चाचा को मुखाग्नि मैंने दी और दाहकर्म के बाद वापस लौटकर आपके लिए यह कहानी लिख रहा हूँ।

दिल्ली में नींद

दिल्ली जो एक शहर है और जिसके एक छोर से दूसरे छोर की दूरी इतनी अधिक है कि पैदल लोगों को कई दिन लग जाएँ।

आज महीने का दूसरा दिन था इसलिए चारुदत्त सुनानी ने सोचा कि आज वह अपने घर जाएगा। उसने अपने उस कारखाने के चदरे की छत से सिर को बाहर निकाल कर देखा तो लगा कि धूप एकदम से बौरा ही गई है। लेकिन उसकी पैंट की जेब में उसके महीने की तनख़्वाह थी तो उसने अपने भीतर एक फुर्ती महसूस की। उसने आधे दिन की छुट्टी अपने मालिक से यह कह कर ली थी कि उसकी पत्नी की दायीं टाँग में एक फोड़ा है जिससे मवाद निकल रहा है और जिसे दिखलाने उसे आज जाना ही होगा। सुनानी ने अपने मालिक से यह झूठ बोला था परन्तु इसके अलावा उसके पास चारा ही क्या था।

सुनानी ने सोच तो लिया था लेकिन धूप इतनी प्रचंड थी कि आँखें एकदम से चुंधिया गईं। उसने ज्योंही उस टीन के चदरे से अपना सिर बाहर निकाला तो ऐसा लगा कि आग का गोला उसके सिर से टकरा गया हो। उसने छोटे-छोटे कदमों से बस स्टैंड की तरफ बढ़ना शुरू किया। उसके कारखाने से बस स्टैंड की दूरी लगभग डेढ़ किलोमीटर की होगी। लेकिन इस मौसम में और वह भी भरी दोपहर में यह डेढ़ किलोमीटर बहुत खटक सा रहा था।

'कितना अच्छा होता कि सूरज दादा थोड़ी देर के लिए नहाने चले जाते।' ऐसा सुनानी ने अपने मन में सूरज दादा की ओर देखते हुए सोचा और फिर अपनी इसी सोच पर उदास हो गया।

सुनानी की लम्बाई 5 फुट 8 इंच के करीब होगी। उसका सिर थोड़ा बड़ा था और उस सिर पर दोनों ही तरफ से तिकोने स्टाइल में बाल की जगह खाली

हो चुकी थी। उसके सिर में छोटे-छोटे घाव थे जो धूप में एकदम से चुनचुनाने लगे थे। उन घावों के मुँह खुले हुए थे और चुनचुनाने के बावजूद उनमें खुजली करने की गुंजाइश नहीं थी। सुनानी को ऐसा लग रहा था कि धूप की तेज तपिश उन घावों के सहारे सिर के भीतर घुस रही है और सिर एकदम से भट्टी की तरह तपने लगा था। बस स्टैंड पर भीड़ थी लेकिन बस स्टैंड नहीं था। चूँकि बस स्टैंड जैसी कोई चीज नहीं थी इसलिए सुनानी की आँखें चुंधियाती रहीं, घाव के सहारे तपिश सिर में धँसती रही और उसका माथा ठनकता रहा। वह जहाँ खड़ा था वहाँ दो ठेले वाले और पानी की ट्रॉली वाले थे। दो ठेलों में से एक पर ककड़ी और एक पर खीरा बिक रहा था। दोनों ठेले वाले पानी की बूँदों के सहारे उन्हें ताजा रखने की कोशिश कर रहे थे। सुनानी ने न तो खीरा खरीदा और न ही ककड़ी।

नाम चारुदत्त सुनानी : पृष्ठभूमि जैसा कुछ-कुछ

चारुदत्त सुनानी मूलतः उड़ीसा का था। लेकिन उड़ीसा अब उसमें नहीं के बराबर ही था। चारुदत्त के पिता का नाम था शाक्यमुनि। यानी शाक्यमुनि सुनानी। भुवनेश्वर से जब आप पुरी की तरफ बढ़ेंगे तब उसी के बीच एक छोटे से गाँव में शाक्यमुनि का घर था। शाल्यमुनि बहुत ग़रीब था लेकिन उसका जीवन किसी तरह चल रहा था। उसके पास वहाँ एक छोटा सा खपरैल का घर था और थोड़ी सी खेती। उस खेती से घर तो नहीं चलता था लेकिन उसमें दो पपीते के पेड़ थे जिनके पपीते बहुत मीठे थे। उसकी तीन बेटियाँ थीं और मात्र एक बेटा। उसके पास जो थोड़ा सा खेत था सिर्फ उसके भरोसे जीवन गुजारा नहीं जा सकता था इसलिए उसने अपने रोजगार को विस्तार देने के लिए एक डोंगी खरीदी थी। उस डोंगी से वह समुद्र में मछली पकड़ने जाता था। डोंगी में एक जाल था और एक पतवार थी। वह उस डोंगी में जाल के सहारे मछली पकड़ता था और फिर उन मछलियों को टोकरी में ले जाकर बाज़ार में बेचता था। शाक्यमुनि उस डोंगी को लेकर अकेले समुद्र में बहुत दूर चला जाता था। दूर इतना कि किनारे बैठकर देखो तो डोंगी एक शून्य के माफिक दिखाई पड़े। शाक्यमुनि उस छोटी सी खेती और इन मछलियों के सहारे ही अपना और अपने परिवार का जीवन चला रहा था। शाक्यमुनि ने इन्हीं आमदनियों के सहारे ही अपनी तीनों बेटियों का लगन किया था।

शाक्यमुनि इस समुद्र और इन मछलियों से बहुत प्यार करता था और वह समुद्र के इस जल और इन मछलियों के बिना एक दिन भी नहीं रह पाता था। वह

अक्सर कहता था कि समुद्र के पानी से ज़्यादा बड़ा साथी कोई नहीं हो सकता। वह कहता आखिर ऐसा क्यों है कि आँसू और समुद्र का पानी दोनों का स्वाद नमकीन होता है। वह इसे मनुष्य की भावना से जोड़ता था। वह उन मछलियों पर अतिशय भरोसा जताता था और कहता कि अगर ये मछलियाँ न हों तो मेरे जीवन का क्या अर्थ!

शाक्यमुनि सामान्यतया नंगे बदन रहता था। सिर्फ बदन पर एक लुंगी। लुंगी का रंग प्राय: उजला होता था लेकिन कभी-कभी हलकी नारंगी लुंगी भी वह पहन लेता था। अपने बेटे चारुदत्त को वह बहुत प्यार करता था। कई बार वह अपने साथ समुद्र पर डोंगी की सवारी करने अपने बेटे चारु को भी साथ लाता था। बेटा चारुदत्त, जिसका नाम उसके पिता ने इसी समुद्र किनारे लेटे और आसमान को निहारते, चाँद को देखते रखा था। चारु यानी चाँद जैसी शीतलता। चारु कई बार अपने पिता के साथ समुद्र के इस पाट पर दूर तक जाता था और फिर इतना ख़ुश होता था कि उधर से लौटने में बिना नाव के वह समुद्र की छाती पर बस दौड़ता हुआ चला आता था।

सब ठीक चल रहा था लेकिन शाक्यमुनि का इन मछलियों से कुछ ज़्यादा ही प्यार बढ़ने लगा। शाक्यमुनि को पता नहीं क्यों पर अचानक ऐसा लगने लगा कि एक दिन ऐसा आएगा कि समुद्र से सारा पानी खत्म हो जाएगा। और पानी खत्म हो जाएगा तो सारी मछलियाँ मर जाएँगी। ठीक वह दिन जिस दिन उसके मन में यह ख़याल आया, उसके बाद से कभी भी उसके दिमाग से यह डर निकल नहीं पाया। वह पहला दिन था जब वह अपने साथ एक डिब्बे में समुद्र का पानी लेकर घर आया था और अपनी पत्नी से कहा था कि वह इसे सँभाल कर रख दे क्योंकि समुद्र का पानी जिस दिन खत्म हो जाएगा उस दिन कम से कम इस पानी को देखकर वह समुद्र को महसूस तो कर सकता है। और उस दिन से शाक्यमुनि ने रोज अपने साथ एक डिब्बे में पानी लाकर उस घर में रखना शुरू कर दिया था। "हम जितना अधिक से अधिक समुद्र को बचा सकें।" वह ऐसा कहता था और इस तरह उसका घर धीरे-धीरे पानी के इन डिब्बों से भरता जा रहा था।

धीरे-धीरे शाक्यमुनि का यह पागलपन इस कदर बढ़ता चला गया कि वह अक्सर रात में वहीं समुद्र किनारे डोंगी पर सोने लगा और कभी-कभी वह समुद्र के पानी को अपनी बाँहों में भरकर घंटों रोता रहता और तब सचमुच समुद्र के पानी में उसके आँसू का नमक मिलता रहता था। और फिर यही पागलपन इतना बढ़ता गया कि एक दिन उसने अपना गाँव, अपना इलाका, अपनी भाषा और अपना वह

प्यारा समुद्र छोड़ कर इस दिल्ली जैसे महानगर में प्रवेश करने का निर्णय ले लिया। उसने तब कहा था कि यह दिल्ली जो कि एक बड़ा शहर है यहाँ अच्छा है कि कोई समुद्र नहीं है जो कि कभी खत्म हो जाए। और यह जो दिल्ली है वह कभी खत्म हो ही नहीं सकती है। लेकिन यहाँ पैसे बहुत हैं जिन्हें बस समेट लेने की जरूरत है। शाक्यमुनि जब दिल्ली आया तब चारुदत्त सातवीं कक्षा में वहीं सरकारी स्कूल में पढ़ता था। और फिर चारुदत्त दिल्ली में कभी पढ़ाई कर नहीं पाया।

यूँ तो मैं शाक्यमुनि के दिल्ली के संघर्ष को भी विस्तार से जानता हूँ परन्तु यह कहानी शाक्यमुनि सुनानी की नहीं होकर उसके इकलौते बेटे चारुदत्त सुनानी की है इसलिए मैं उस विस्तार में यहाँ नहीं जा रहा हूँ। इस कहानी के लिए शाक्यमुनि के सन्दर्भ में संक्षेप में बस इतना ही कि शाक्यमुनि ने दिल्ली आकर अपने सामने सपनों को टूटते-बिखरते देखा। उसने अपने और अपने परिवार के जीवनयापन के लिए दर-दर की ठोकरें खाईं। तरह-तरह के निकृष्ट स्तर का काम किया और किसी तरह कई वर्षों तक जिन्दगी को बस घसीटता रहा। नशे से दूर रहनेवाला शाक्यमुनि दिल्ली में नशे का आदी होने लगा। और फिर सब बर्बाद होता चला गया। उसने अपने गाँव की जो वह छोटी सी ज़मीन थी उसे बेच दिया। वह यहाँ कमाने की कोशिश करता तो ऐसा लगता जैसे वह इस दुनिया का है ही नहीं! उसे लगता कि सब उसे ही घूर रहे हैं। उसे लगता उसे कुछ आता ही नहीं। उसे लगता वह सब कुछ भूल चुका है। उसे लगता एक दिन वह और भी सब कुछ भूल जाएगा। यहाँ तक कि अपना नाम, अपनी पहचान, अपनी भाषा और साँस लेना भी।

अच्छा बस इतना हुआ कि चारुदत्त की शादी उसके पिता ने अपनी जिन्दगी रहते कर दी थी। धीरे-धीरे चारुदत्त के पिता और बाद में माँ का निधन हुआ। और फिर इस तरह हम इस कहानी को सीधे ले चलते हैं चारुदत्त सुनानी के जीवन में। यहाँ से हम चारुदत्त के जीवन की बात करेंगे और उसके नाम के लिए हम सिर्फ सुनानी का प्रयोग करेंगे।

सुनानी : दिल्ली में अगर लाल किला है, कुतुबमीनार है तो वह क्यों नहीं रह सकता

सुनानी को जब उसके पिता दिल्ली लेकर आए थे तब उसकी उम्र लगभग बारह-तेरह साल की थी और तब से वह लगभग दिल्ली में काम कर ही रहा है। कभी इस गैरेज तो कभी उस गैरेज। कभी रिक्शा तो कभी ठेला। बढ़ती उम्र के साथ

दिल्ली में नींद

जब वह गठीला जवान हुआ तब उसके अन्दर जोश भरा हुआ था। अपने पिता को नशे में डूबते और बर्बाद होते देख तो उसे गुस्सा आना चाहिए था, उसे खीझ होनी चाहिए थी परन्तु सुनानी को अपने पिता से कोई शिकायत नहीं थी। वह अपने मन में सोचता था कि समुद्र की उन मछलियों में जरूर कोई चालाक मछली रही होगी जिसने पिता की आँखों में इस दिल्ली के ख़्वाब को बुन दिया होगा। सुनानी अपने पिता की इस तनहाई को शिद्दत से महसूस करता था। वह जानता था पिता के समुद्र और उन मछलियों से प्यार की इन्तहा को। इसलिए वह इस अलगाव के दुख को भी जानता था। वह अपने पिता को देखता था। यहाँ उनके द्वारा की जानेवाली और फिर असफल होनेवाली कोशिश को भी देखता था और दुखी होता था। सुनानी डोंगी पर बैठ समुद्र में दूर तक निकल जानेवाले पिता का एक संतुष्ट चेहरा याद करता और फिर काम पर निकल जाता। सुनानी नशे के चंगुल में जकड़ते जा रहे पिता को जानता था परन्तु वह सच यह भी जानता था कि एक हारा हुआ और व्यथित मनुष्य कब तक जिन्दा रह सकता है। सुनानी सब कुछ जानते हुए भी पिता को नशे की छूट देता था।

हाँ अब जब मैं उसकी यहाँ कहानी लिख रहा हूँ तब पिछले दस-बारह वर्षों से वह एक कबाड़ जैसी दुकान में काम कर रहा है। या कह लें यह एक ऐसी दुकान है जहाँ कारों की या तो मरम्मत होती है या फिर उन्हें पूरी तरह बिगाड़ ही दिया जाता है।

यह दिल्ली का एक बाहरी इलाका है जहाँ अभी तक लम्बी दूरी से चलकर आती एक मेट्रो का एक किनारा खत्म हो जाता है। मेट्रो के यहाँ पहुँचने पर यह घोषित किया जाता है 'यह फलां स्टेशन है। इस मेट्रो की यह यात्रा यहीं समाप्त होती है।' इस स्टेशन से भी लगभग आठ किलोमीटर दूर जब बस से जाया जाए तब आती है यह कबाड़ जैसी दुकान। बहुत लम्बी दूरी तक यह सुनसान इलाका है। ऐसा नहीं है कि इस इलाके में इस जैसी कोई एक दुकान है कि कुछ अजीब लगता हो। एक साथ इस तरह की चार-पाँच बिगाड़ने या मरम्मत करने की दुकानें यहाँ है। इसलिए जब इस इलाके में कभी आप आएँगे तो आपको यहाँ कबाड़ ही कबाड़ दिखेगा। ऐसा जैसे यह जिन्दगी भी एक कबाड़ है। इसे ठीक-ठीक दुकान कहा जाए या फिर गैरेज जैसी कोई चीज, पता नहीं। परन्तु हाँ यह अवश्य सत्य है कि सुनानी इन दस-बारह वर्षों में इस दुकान की धुरी बन चुका है। यूँ तो काम करनेवाले वहाँ और भी हैं परन्तु सुनानी तो सुनानी है।

वास्तव में वे गाड़ियाँ जो एक्सीडेंट में या फिर पुरानी होने पर बिलकुल थकुचा सी जाती हैं वे यहाँ आती हैं। गाड़ियों में थोड़ी-मोड़ी चोट हो तो वे तो कहीं

भी निकल जाएँ लेकिन गाड़ियों को इतनी चोट लग जाए कि उसके सँभल जाने की सारी संभावनाएँ खत्म हो जाएँ तब वे यहाँ पहुँचती हैं। यूँ समझिए जब रूमाल को मरोड़ दिया जाए और उस पर इस्त्री फिराकर हम उसे एकदम फ्रेश कर लें।

"असी ते लांड्री खोल रखी है जी। लांड्री विच मुड़ी तुड़ी-गड्डी दे जाओ होर फेर देखो साड्डा कमाल। असी ऐनु नोट वर्गा कड़क बनां दांगे।" ऐसा सुनानी के दुकान के मालिक सरदार मोंटी सिंह अपनी दाढ़ी में हाथ फिराते हुए कहते थे।

"हम तो कहते हैं तुसी बेफिकर होके गाड़ी चलाओ जी। गाड़ी की गारंटी हमारी। गाड़ी तुम कैसी भी हालत में ले आओ जी हम उसे ए-वन करके आपको लौटाएँगे। हाँ अपनी जान की चिन्ता आप करो। बाकी वाहेगुरु की कृपा।" सरदार मोंटी सिंह ऐसे बोलते जैसे लोग गाड़ियों को ठोंकते इसलिए नहीं हैं कि उन्हें अपनी जान से ज़्यादा अपनी गाड़ी की चिन्ता रहती है।

दिल्ली में एक दिल्ली गेट है और दिल्ली गेट के पास है एक ख़ूनी दरवाजा

सुनानी ने दिल्ली में अपने पैर जमाने के लिए बहुत संघर्ष किया। उसने रिक्शा, ठेला सब चलाया लेकिन अब लगभग ग्याहर-बारह साल से वह इसी गैरेज में था मोंटी सिंह के यहाँ। एक तरह से कहिए इस गैरेज को बनाने में सुनानी की बड़ी भूमिका थी।

'तब तो यहाँ इक्का दुक्का लोग दिखते थे। एकाध गाड़ियाँ।' सुनानी थोड़ा अतीत में डूबने लगता। 'तब तो यहाँ एक जामुन का पेड़ भी था।'

'यह पहली दुकान है इस तरह की इस एरिया में। फिर देखा-देखी कितनी खुलती गईं।'

जब सुनानी इस गैरेज में काम पर लगा था तब कुछ नहीं पता था उसे इस बारे में। लेकिन तब दादा थे यहाँ। बंगाली दादा। दादा ने तब सुनानी को अपना शिष्य बनाया। और फिर सुनानी एक आज्ञाकारी शिष्य की तरह धीरे-धीरे सब सीखता चला गया।

शुरू में सुनानी गाड़ी के खोले गए हिस्से और चोटिल हिस्से पर जब हथौड़ी मारता तो उससे जख्म और निशान दूर क्या होगा और दूसरा जख्म उभर आता।

"बाबू मोशाय। मोहब्बत करना सीखो। हम जो चोट यहाँ देता है वह जख्म भरने के लिए देता है ना कि जख्म देने के लिए।" दादा की नसीहत आज भी भूल नहीं पाया सुनानी।

दादा कहते, "हम कलाकार लोग हैं। और कलाकार का काम है जखम को खतम करना। हाँ यह अलग बात है कि हमारी कदर किसी को नहीं है।" दादा ऐसा कहते और एक अतल गहराई में खो जाते। लेकिन फिर वे वापस लौटते, "लेकिन तुम बोलो कला के बिना बचेगी यह दुनिया।" सुनानी को दादा की कितनी बातें समझ में आतीं पता नहीं लेकिन दादा बोलते तो उसे बहुत अच्छा लगता था।

लेकिन दादा वहाँ बहुत दिन टिक नहीं पाए। दादा की पत्नी वहाँ बंगाल के गाँव में कैंसर से पीड़ित हो गईं और दादा को सुनानी को कला की इस दुनिया में अकेले छोड़कर जाना पड़ा। सुनानी अकेला हुआ लेकिन उसने अपनी स्मृति से दादा को कभी विस्मृत नहीं होने दिया।

सुनानी अपने मन के भीतर अपने गुरु को बसा कर धीरे-धीरे अपने आप को सँभालने की कोशिश करने लगा। और फिर वह धीरे-धीरे परफैक्ट होता चला गया।

सुनानी ने धीरे-धीरे गाड़ियों के शरीर पर उभरे गहरे जख्म को निकालना सीख लिया। वह प्राय: लोहे की हथौड़ी के साथ लकड़ी के हथौड़े को रखता था और गाड़ियों के उस हिस्से को गाड़ी से अलग कर अपनी गोद में रख आहिस्ते-आहिस्ते उस हथौड़ी से उसके जख्म को निकालता था।

सुनानी गाड़ियों के चोटिल हिस्से को पहले अपने अलग-अलग तरह के हथौड़ों से दुरुस्त करता फिर जब वह लगभग समतल हो जाता तब उसे मसाले से भरकर उसे पेंट किया जाता था। लेकिन सुनानी का काम सिर्फ चोटिल हिस्से को दुरुस्त करना था।

जैसा कि मैंने पहले भी कहा कि यहाँ या तो गाड़ियों को दुरुस्त किया जाता था या फिर नष्ट कर दिया जाता था। मोंटी सिंह को गाड़ियों के इस जख्म को निकालना बिलकुल नहीं आता था। वह इस के लिए अब पूरी तरह से सुनानी पर निर्भर था। ऐसा नहीं है कि उसके यहाँ काम करनेवाला सिर्फ सुनानी ही है। सुनानी के अतिरिक्त उसके यहाँ चार और कारीगर काम करते थे। लेकिन सुनानी को वह अब बहुत अनुभवी मानता था। हाँ लेकिन मोंटी सिंह ने इसमें महारत हासिल कर रखी थी कि गाड़ी की कंडीशन को देखते ही वह बता देता था कि वह सँभलने लायक है या फिर नष्ट करने लायक।

जो गाड़ियाँ नष्ट करने लायक होती थीं उन्हें मलबे में तब्दील कर दिया जाता था। जो पाट्र्स नये लगाने पड़ते थे उन पुराने जर्जर पाट्र्स को भी मलबे में फेंक दिया जाता था। मलबा यानी कबाड़। कबाड़ जब बहुत सारा इकट्ठा हो जाता था तब उसे बेचा जाता था। तब तक वह उस गैरेज के पीछे वाले हिस्से में

पहाड़ की तरह बनता जाता था। एक पहाड़, दो पहाड़, तीन पहाड़। पहाड़ों के बीच ठक-ठक की आवाज़ एक कोरस बनाती थी।

स्त्रियों की चुप्पी में भी एक आवाज़ होती है

सुनानी की पत्नी का नाम था मृगावती। मृगावती उड़ीसा की ही थी। सुनानी के पिता अपनी मृत्यु से पहले यह एक अच्छा काम कर गए थे। नहीं तो सुनानी सोचता है कि उससे कौन करता शादी। मृगावती की लम्बाई कम थी और वह बहुत ग़रीब घर की थी। एक तरह से कहिए कि सुनानी के पिता उड़ीसा से सिर्फ मृगावती को लगभग बस लेकर ही आए थे। परन्तु सुनानी ने अपने जीवन में अपनी पत्नी का मान कभी कम नहीं होने दिया। सुनानी ने हमेशा सोचा कि उसकी शादी हो गई यही क्या कम है! मृगावती बहुत सुन्दर तो नहीं थी। उसके चेहरे पर से उसकी ग़रीबी झाँकती थी। लेकिन सुनानी के लिए मृगावती रूपसी थी। जब सुनानी के पिता अपने साथ मृगावती को घर ले आए तब सुनानी की ख़ुशी का ठिकाना नहीं रहा था।

मृगावती जब इस घर में आई तो सुनानी के परिवार की हालत एकदम जर्जर थी। लेकिन मृगावती खुद इतने ग़रीब घर से आई थी कि उसके लिए यह सब ठीक ही था। परन्तु मृगावती को अपना घर, अपना परिवेश, अपने लोगों के छूटने का दुख तो था ही।

जब सुनानी ने मृगावती को पहली बार देखा तो सबसे पहली बार उसकी निगाह उसके बालों पर गई। मृगावती के बाल घुंघराले और सुनहरे थे। सुनानी उन घुंघराले बालों पर मोहित सा हो गया था। तब पहली बार में ही सुनानी ने अपने मन में यह ख़्वाब बुन लिया था कि वह इन घुंघराले बालों में अपनी उँगलियों को फँसा कर रख छोड़ेगा। एकाध दिन में जब तक थोड़ी रस्म अदा करके मृगावती से उसकी शादी नहीं हो गई तब तक मृगावती सुनानी की माँ के साथ ही सोयी। सुनानी की माँ जो रात में बहुत खाँसती थी और सोये-सोये बहुत तेज साँसें लेती थी।

शादी की रस्म के बाद जब पहली बार सुनानी अपनी पत्नी के साथ किराये के उस छोटे से कमरे में सोया तब उसके अरमानों को जैसे पंख लग गए थे। जिन घुंघराले बालों के लिए सुनानी उतावला हो रहा था हैरानी की बात यह है कि जब सुनानी ने मृगावती को अनावृत किया तो यह देखकर हैरान रह गया कि मृगावती के दोनों स्तनों के अग्रभाग पर एक-एक ठीक वैसा ही घुंघराला बाल

था। वैसा ही घुंघराला और वैसा ही सुनहरा। सुनानी को तो लगा जैसे उसके हाथ खजाना लग गया हो। उसने सोचा ये तो बगीचे से निकली दो लताएँ हैं। सुनानी पहले उन दोनों बालों को एक-एक कर थोड़ी देर तक निहारता रहा और फिर उन दोनों स्तनों के दोनों बालों को एक-एक करके मुँह में ले लिया और इस बहाने...।

"ये दोनों मेरे हैं मेरे। मेरे दो कबूतर। मैं इन्हें बहुत प्यार करूँगा।" सुनानी ने धीरे से यह कहा लेकिन उसके मुँह से यह आवाज़ बहुत स्पष्ट नहीं निकल पाई क्योंकि उसका मुँह तब भरा हुआ था। सुनानी ने जब अन्त में उसे कसकर पकड़ लिया तब मृगावती चुप थी और शान्त पड़ी हुई थी। एकदम निस्तेज।

सुनानी के जीवन के वे सुनहरे दिन थे। जिन्दगी से उसकी शिकायत खत्म होती जा रही थी। उसने तब यही सोचा 'जीवन इतना बुरा भी नहीं।' सुनानी अपने काम पर जाता और आते वक्त अपनी पत्नी के लिए थोड़ा सा उजास ले आता। और फिर घर में मौका पाकर उन लताओं से उलझा रहता। या फिर अपने कबूतरों से खेलता।

लेकिन धीरे-धीरे सुनानी ने मृगावती के साथ रहते-रहते यह जान लिया था कि वह एक चुप्पा स्त्री है। मृगावती घर में रहती थी और चुप रहती थी। वह प्राय: बस हाँ और ना से ही काम चलाती थी। वह घर का सारा काम अपने कन्धे पर निपटाती लेकिन बोलती कुछ नहीं थी।

"आज सिर में तेज दर्द हो रहा है" ऐसा सुनानी बोलता और मृगावती चुप रहती।

"खाना खिला दो" ऐसा सुनानी कहता और मृगावती उसके सामने खाना परोस देती।

"अब सो जाते हैं हम" ऐसा सुनानी बोलता और मृगावती सचमुच सो जाती।

उस दिन जब मृगावती के ऊँचे होते पेट को देखकर सुनानी ने जब यह कहा था कि "तुम्हारे पेट में क्या छोटा सुनानी है?" मृगावती ने तब भी कुछ खास प्रतिक्रिया जाहिर नहीं की थी और उस दिन सचमुच सुनानी बहुत हतप्रभ रह गया था।

लेकिन मृगावती के जीवन में यह भी बहुत ही अजीब था कि वह जो जगे हुए में एक-एक शब्द को इतना सोचकर बोलती थी वही मृगावती अक्सर रात को गहरी नींद में धाराप्रवाह बोलती थी। धाराप्रवाह, ऊलजूलूल पता नहीं क्या-क्या। कभी लगभग चीखते हुए कहती कि "मैं डूब जाऊँगी, बचा लो मुझे।" फिर कसकर सुनानी को पकड़ लेती। कभी कहती, "मैं कहती थी न कि रस्सी टूट जाएगी। डूब

गई न बाल्टी।" कभी कहती, "साँस नहीं आ रही है घुटकर मर जाऊँगी मैं।" कभी कहती, "मुझे छोड़ दो मैं कहीं नहीं जाऊँगी। झुनिया तो वहीं छूट गई।"

सुनानी ने पहले जब ये आवाज़ें सुनीं तो वह अन्दर से डर गया था। उसे लगा पता नहीं क्या यह पागल है। या फिर यह कि क्या वह मरनेवाली है। लेकिन धीरे-धीरे समय बीतने के साथ वह उसकी इस आदत का आदी हो गया। मृगावती बोलती तो सुनानी उसे जोर से झकझोर देता और फिर वह करवट बदलकर सो जाती।

ख़ैर मृगावती चाहे जैसी भी थी लेकिन सुनानी के जीवन में तीन प्यारे बच्चे उसी ने दिये। और सच में इस घर को घर तो उसी ने बनाया।

"वह नहीं रहती तो घर लौटने का मन ही क्यों करता।" ऐसा सुनानी कहता तो उसके चेहरे पर एक संतुष्टि का भाव आ जाता।

एक दिन सुनानी ने आसमान की अलगनी पर एक पिंजरा टाँग दिया था

वह जो लम्बी दूरी से चली आ रही मेट्रो यहाँ आकर खत्म होती है और जहाँ से सुनानी का गैरेज सीधे लगभग सात-आठ किलोमीटर है, उसी मेट्रो के करीब से दक्षिण की तरफ महज आधे किलोमीटर की दूरी पर एक बड़ी सी झोंपड़पट्‌टी है। झोंपड़पट्‌टी यानी एक बड़ी सी जगह में छोटे-छोटे दड़बे जैसे ढेर सारे घर। अगर आप कभी ऊँचे फ्लाईओवर से ऐसे घरों को एक साथ देखें तो सारे मकानों की ऊँचाई लगभग बराबर दिखेगी। सभी घरों की छतों पर ईंटों से दबाई गई काली प्लास्टिक या फिर चदरे जैसी कोई चीज। और सबसे बड़ी बात यह कि आपको इरामें कोई गली नहीं दिखेगी। लगेगा जैसे दो घरों के बीच कोई भी जगह नहीं है। फिर एक सवाल कि लोग पीछे के घरों में क्या एक घर से होकर जाते हैं।

इस मेट्रो स्टेशन से दक्षिण की तरफ जानेवाली सड़क के ठीक किनारे ही है यह झोंपड़ों का अम्बार। इस मुख्य सड़क से जब इस झोंपड़ों की दुनिया में उतरेंगे तब सबसे पहले मुहाने पर दिखेगी एक चाय की दुकान। दो-तीन बेंच। चाय के कुछ गिलास। एक चूल्हा और चाय के बुलबुले। थोड़ा सा आगे जाकर ही जहाँ नित्य क्रिया करने के लिए लम्बी-लम्बी ट्रॉली जैसे टायलेट रखे हुए हैं उससे दो कदम आगे बढ़ने पर ही है सुनानी का एक छोटा सा घर। वह भी घर क्या, छत के ऊपर रहने की कोई छोटी सी जगह। यह सुनानी का अपना है। नितांत अपना। इस दिल्ली में सुनानी जिस पर गर्व कर सकता है और जिसे वह अपनी बाँहों में समेट सकता है।

सुनानी के पास इस दिल्ली जैसे महानगर में उसका अपना छोटा सा आशियाना है। नीचे के एक बड़े से कमरे की छत उसकी अपनी है। उसने सिर्फ उस छत को खरीदा था जिस पर उसने एक छोटा सा कमरा अपने लिए बनवाया और उसके आगे दीवार की थोड़ी सी आड़ बनवाई जिसमें एक तखत बिछ सके। नीचे वाले कमरे की ऊँचाई बहुत नहीं है इसलिए सुनानी को अपने कमरे में जाने के लिए बहुत सीढ़ियों को चढ़ना नहीं पड़ता है। यूँ समझें सामान्य घरों की तुलना में कम से कम पाँच-सात सीढ़ियाँ कम। लोहे की एक सीढ़ी सुनानी को बाहर से सीधे उठाकर उसकी छत पर पहुँचाती है। उस लोहे की सीढ़ी पर ढलुवा पाट रखे हुए हैं।

सुनानी के पिता ने अपने जिन्दा रहते इस बड़े शहर में एक झोपड़ी तक भी नहीं खरीदी थी। लेकिन पिता के निधन के बहुत दिनों के बाद सुनानी ने इस महानगर में पाँव रखने की जगह तलाश ली। जब दो बेटियों के पिता, अपने बेटे सुनानी को माँ ने इस महानगर में एक ठौर के लिए बहुत बेचैन देखा तब घोर विपत्ति में काम आने के लिए रखे गए रुपयों को उन्होंने सुनानी के हवाले किया। जब सुनानी की माँ ने एक बन्द डिब्बे से कुछ हजार रुपये निकालकर सुनानी के हाथ में रखे थे तब सुनानी आश्चर्यचकित था।

"तुम्हारे पिता इतने बुरे नहीं थे बस उनकी जिन्दगी में प्यार की बहुत अहमियत थी।" ऐसा सुनानी की माँ ने अपने बेटे को अपनी भाषा में तब बहुत भावुक होकर कहा था। ये रुपये सुनानी के पिता के ही कमाए हुए थे। जिन्हें सुनानी की माँ ने अपने पास बचाकर और छुपाकर रखे थे। इसलिए उन रुपयों को देते हुए उन्होंने सुनानी से यह जरूर उम्मीद रखी थी कि वह पिता से नफ़रत न करे।

अब आप इसे सुनानी की समझदारी कहें या फिर दूरदृष्टि कि उसने इन पैसों को लेकर कुछ अच्छा और कुछ ठोस करने की बात सोची। ये पैसे पर्याप्त नहीं थे। परन्तु सुनानी ने अपने जीवन में इकट्ठे इतने पैसे भी पहली बार देखे थे। लेकिन तब उसके लिए सबसे बड़ा सहारा बनकर आए थे सरदार मोंटी सिंह के पिता सरदार जगताप सिंह। तब वे जीवित थे और दुकान पर आते थे। सुनानी उन पैसों के साथ परेशान था। तब सरदार जगताप सिंह ने उसे कुछ पैसे दिए इस झोंपड़पट्टी में अपनी एक ठौर बनाने के लिए। सुनानी नहीं भूलता कभी उन्हें। उसने कई वर्षों में चुकाए थे वे रुपये। सरदार जगताप सिंह गुजर गए लेकिन सुनानी आज भी नहीं भूलता वह बात कि "यह शहर बहुत अजीब है पुत्तर जी। यहाँ आसमान में भी एक पिंजरा टाँगने की जगह मिल जाए तो टाँग ले।"

सुनानी का प्रवेश जब इस घर में हुआ तब वह अपनी माँ, पत्नी मृगावती और दो बेटियों के साथ था। तीसरे बच्चे के रूप में मृगावती ने बेटे को इसी घर में जन्म दिया था।

सुनानी के इस कमरे में एक खिड़की थी जिससे दिखता था एक छोटा आसमान। दरवाजे पर कपड़े का एक पर्दा टंगा हुआ था। कमरे के भीतर कुछ बर्तन थे और खाना बनाने की थोड़ी सी जगह और कुछ संसाधन। एक कोने में कुछ मूर्तियाँ थीं। इसमें जगन्नाथ जी की भी मूर्ति थी। मृगावती सुबह सुनानी के जाने के बाद पूजा करती थी और चुपचाप ईश्वर का पाठ किया करती थी।

इस पूरी झोंपड़पट्टी में लगभग सात-साढ़े सात सौ घर होंगे। और इतने घरों में से शायद पाँच या सात ही उच्चकुलीन लोग होंगे जिनके पास नित्य क्रिया से निपटने के लिए कोई नियत बनवाई गई जगह होगी। नहीं तो सबके लिए एमसीडी की तरफ से ट्रॉलीनुमा टॉयलेट थे। बच्चे सड़क किनारे ही निवृत्त होते थे। इसलिए इस कॉलोनी में प्रवेश करने के लिए काफी सँभलकर चलना पड़ता था।

सुनानी अपने गैरेज से लौटता तो यहाँ प्रवेश करते ही अजीब सी बदबू उसकी नाक में भर जाती।

इस तरह के घरों में और इस तरह के मोहल्ले में (वैसे इसे मोहल्ला कहना बहुत अजीब है) जो जिन्दगी होती है उससे हम सब वाकिफ़ हैं इसलिए यहाँ मैं उस पर कुछ भी कह कर उसे दुहरा नहीं रहा हूँ। बस इतना समझा जाए कि यह दिल्ली जो कि एक विशाल शहर है उसमें यह भी जिन्दगी का एक रंग है। जहाँ हवा है, पानी है, मिट्टी है, भोजन है और जीवन है परन्तु सब बहुत ही कम है।

लेकिन सुनानी ने जब यह घर खरीदा तो उसकी ख़ुशी का ठिकाना नहीं रहा। उसे पहली बार यह एहसास हुआ कि इस बड़े से शहर में उसके पास भी पैर रखने की एक जगह है। जो उसकी अपनी है। नितांत अपनी। जहाँ पर वह अपना जूता उतार सकता है। अपनी बुश्शर्ट उतार सकता है। अपना पसीना सुखा सकता है और जहाँ पर वह अपने चेहरे को उतार कर रख सकता है रात भर आराम कर लेने के लिए।

सुनानी जब इस घर में आया तब उसकी दो बेटियाँ थीं। बड़ी बेटी तब पाँच-छह साल की थी और छोटी बेटी दो साल की। तब सुनानी की माँ जिन्दा थी और जिसका निधन बाद के दिनों में इसी घर में हुआ। इस घर ने सुनानी की जिन्दगी को ख़ुशियों से भर दिया था। सुनानी जब अपने गैरेज से लौटता तो उसका मन बहुत आह्लादित रहता। घर पर उसके दोनों बच्चे अपने पिता का

इन्तज़ार करते। सुनानी अपनी दोनों बेटियों के साथ उनकी ख़्वाबों की दुनिया में उतरता और उनके साथ ढेर सारी मस्तियाँ करता। उस छोटे से कमरे की उस खिड़की के पास बिस्तर पर लेट कर सुनानी अपने बच्चों को आसमान का टुकड़ा दिखलाता। आसमान में ढेर सारे तारे थे और सुनानी खिड़की से हाथ बढ़ा कर एक मुट्ठी तारे उस कमरे में लाकर बच्चों के सामने रख देता। बच्चे उन तारों के साथ खेलते तो सुनानी को बहुत अच्छा लगता था। छोटी वाली बेटी उन तारों में से कुछ तारों को गुम कर देती तो सुनानी मुस्करा देता था।

यह घर, यह जगह भले ही जितनी तकलीफदेह हो परन्तु सुनानी के लिए यह एक ऐसी जगह थी जहाँ आकर वह अपने सारे दुखों को भूल जाता था। वह यहाँ पैर रखता तो ऐसा लगता जैसे उसकी सारी थकान गायब हो गई है। सुनानी अपने कोबा में कभी एक टुकड़ा उजास, तो कभी एक चुल्लू पानी और कभी एक मुट्ठी मिट्टी भर कर लाता और उस छोटे कमरे के कोने में रख देता था। उसके बच्चे सुनानी का इन्तज़ार करते। सुनानी बच्चों के इन्तज़ार में शामिल था और वह इस इन्तज़ार का बहुत सुख भी लेता था।

पत्नी इस घर में अपने बच्चों के साथ रम गई थी। उसने बोलना और सोचना शुरू तो नहीं कर दिया था परन्तु नींद में उसके दुख थोड़े कम हो गए थे। वह रात में सोती थी तो सो जाती थी। अगर सुनानी कभी जगने के लिए कहता था तो वह जग भी जाती थी।

सही मायने में कहा जाए तो सुनानी अपने इस छोटे से घर में तमाम कष्टों के बावजूद सुख से रह रहा था।

आम आदमी की जिन्दगी में दुख दस्तक देता ही देता है

सुनानी की जिन्दगी में सब ठीक चल रहा था परन्तु उसका यह दुख तब बढ़ गया जब उसके घर में तीसरे बच्चे ने जन्म लिया। सुनानी की पत्नी जब तीसरी बार गर्भवती हुई तब सुनानी की माँ जिन्दा थी और इस आस में थी कि एक बेटा पैदा हो। सुनानी की माँ की ईश्वर ने सुन तो ली परन्तु...।

सुनानी की पत्नी मृगावती जब गर्भवती थी तब वह पास की सरकारी डिस्पेन्सरी में एक-दो बार गई थी। उस डिस्पेंसरी में मृगावती को कई बार सुई लगाई गई थी। सुनानी की माँ कहती है उसमें ही कोई सुई ऐसी अवश्य लगायी गई थी जिसने यह इतना बड़ा अपराध कर दिया था।

सुनानी का तीसरा बच्चा जो कि एक बेटे के रूप में पैदा हुआ और जिसका नाम बाद में सुनानी ने शुकान्त सुनानी रखा वह वास्तव में एक डरपोक बच्चा था। जब वह पैदा हुआ तब उसके चेहरे पर एक खिंचाव था जिसको समझना बहुत आसान नहीं था। परन्तु सुनानी के मन में एक शंका ठहर गई थी। वह उस बच्चे को देखकर गम्भीर हो गया था। सुनानी की पत्नी हमेशा की तरह कुछ नहीं बोली थी।

ज्यों-ज्यों शुकान्त बड़ा होता गया उसके चेहरे का खिंचाव बढ़ता गया और उसकी आँखें फटने लगीं। वह किसी भी चीज को आश्चर्य से देखता था और आश्चर्य से उसकी आँखें सामान्य से बहुत बड़ी हो जाती थीं। वह हर आवाज़ और हर खटके से डर जाता था। और जब वह डरता था तब उसके चेहरे का खिंचाव और बढ़ जाता था। अगर आवाज़ बहुत तेज और डरावनी हो तो शुकान्त बहुत असामान्य हो जाता था। उसके चेहरे पर तब एक बहुत ही अजीब तरह की विकृति आ जाती थी और उसकी आँखों की पुतलियाँ उलट जाती थीं। उसके ओंठ के दोनों कोर लार से भीग जाते थे।

शुकान्त का जब जन्म हुआ तब उसके पिता सुनानी को उसकी इस समस्या को लेकर सिर्फ एक आशंका थी लेकिन ज्यों-ज्यों उसकी उम्र में वृद्धि हुई उसका डर बढ़ने लगा और सुनानी की आशंका सच में बदलने लगी। वह एक बरतन के गिरने से या फिर पानी के चलने मात्र से डर जाता था और रोने लगता था। वह उस झोपड़ी में टंगे उस कैलेण्डर के उड़ने से जब डरने लगा था तब सुनानी ने प्रयास के साथ उस झोपड़ी से हर उस चीज को हटा दिया था या फिर उसमें सुधार ला दिया था जिससे थोड़ी भी आवाज़ निकल सकती थी। शुकान्त की नींद बहुत पतली थी और वह अपनी नींद में भी इन आवाज़ों को महसूस कर लेता था।

सुनानी की माँ जब तक जिन्दा रही वह तमाम झाड़-फूंक वाले बाबाओं का चक्कर लगाती रही परन्तु इससे कोई फर्क आया नहीं। बाबा कहते कि इस पर कोई बुरा साया है और वह इसकी या यह किसी और की जान लेकर ही जाएगा। सुनानी की माँ ने एक दिन सुनानी से कहा था कि यह बुरा साया कोई और नहीं है इसकी माँ है जो अपने जबरदस्ती खरीदकर लाए जाने का बदला ले रही है। और एक दिन यह इसे खाकर ही मानेगी।

परन्तु सुनानी ने इन बकवासों पर कोई ध्यान नहीं दिया था। वह अपनी पत्नी को प्यार करता था और उसकी पत्नी अपने बच्चों को बहुत प्यार करती है, ऐसा वह हमेशा मानता था। सुनानी ने अपनी माँ की बातों की तरफ ध्यान नहीं दिया और फिर माँ सदमे में एक दिन मर गई।

शुकान्त की दोनों बहनें स्कूल जाती थीं और चूँकि वह एक डरपोक बच्चा था इसलिए उसे स्कूल भेजना सुनानी के लिए सम्भव नहीं था। चूँकि शुकान्त की माँ एक चुप्पा औरत थी इसलिए जब तक कि दोनों बहनें नहीं आ जाएँ घर में एकदम शान्ति बनी रहती थी। मृगावती चुप रहती थी और शुकान्त डरा हुआ चुप बैठा रहता था। ऐसा अक्सर होता था कि सुबह से लेकर दोनों बहनों के स्कूल से आने तक दोनों माँ-बेटा एक शब्द भी नहीं बोलते थे। वे दोनों बैठकर सिर्फ एक-दूसरे की शक्लें देखते रहते थे।

"तुम्हें इससे कुछ बात करनी चाहिए।" ऐसा सुनानी अपनी पत्नी से कई बार कह चुका था। परन्तु मृगावती बस चुप रहती थी।

ऐसा नहीं है कि मृगावती अपने बेटे को प्यार नहीं करती थी या फिर ऐसा भी नहीं है कि उसने ऐसा करने की कोशिश कभी नहीं की। वास्तव में मृगावती ने कोशिश तो कई बार की कि वह उससे बात करे लेकिन सिर्फ एक-दो शब्द से कुछ नहीं होनेवाला था। और बाद के दिनों में ऐसा होने लगा था कि शुकान्त शान्त रहता था और मृगावती एक शब्द भी कभी बोल देती तो वह और डर जाता था। वह अपनी माँ से डरने ना लगे इसलिए मृगावती चुप ही रहती थी। परन्तु मृगावती ने अपने पति सुनानी से अपने चुप रहने के पीछे के कारण को कभी बतलाया नहीं था।

सुनानी ने अपने उस छोटे से घर में एक छोटा सा टेलीविजन लगा रखा था। टेलीविजन सामने की दीवार पर था जिसके सामने पर्दा खींच दिया जाए तो टेलीविजन की पिक्चर साफ दिखने लगती थी। माँ और बेटा जब घर पर होते थे तब टेलीविजन तो चलता था लेकिन माँ अपने बेटे के कारण टेलीविजन की आवाज़ को खोल नहीं पाती थी। टेलीविजन पर सिर्फ पिक्चर चलती रहती और दोनों माँ बेटे सामने चुपचाप बैठे होते।

शुकान्त के लिए उसके पिता सुनानी एक जीवन रेखा की तरह थे। इस दुनिया में शुकान्त अगर किसी भी इनसान पर थोड़ा-बहुत भरोसा करता था तो वे उसके पिता थे। उसे लगता था कि बस पिता ही हैं जो उसे बचा सकते हैं। पिता जब गैरेज से आते तब शुकान्त उनसे चिपट जाता था। सुनानी अपने साथ उसे बाहर घुमाने ले जाता था। उसके कानों में रुई डालता था और उसके हाथ को अपनी बाँहों में जकड़े रहता था। वह शुकान्त को रात में अपने पास ही सुलाता था। रात में सुनानी हलके-हलके बातें किया करता था और शुकान्त बिलकुल चुपचाप सुनता रहता था।

"दादा क्या मैं जिन्दा नहीं बचूँगा?" शुकान्त ने जब पिता के सीने से चिपटकर धीमे से यह सवाल पूछा था तो सुनानी को लगा कि उसका कलेजा कट कर गिर

जाएगा। उसने सोचा वह कितना मजबूर पिता है। और इस सवाल के समय भी शुकान्त की उम्र बहुत बड़ी नहीं थी। बमुश्किल पाँच वर्ष। पाँच वर्ष में इतना कठोर सवाल।

बेटी को अभी यह पता नहीं था कि उसका शरीर जवान हो रहा था

सुनानी की दो बेटियाँ थीं। एक थी सूर्यप्रभा और दूसरी थी चन्द्रप्रभा। बड़ी बेटी सूर्यप्रभा नवीं में पढ़ती थी और उसकी उम्र जब चौदह वर्ष की रही होगी तभी पहले उसके एक पैर में फिर दूसरे पैर में भी गांठें निकल आई थीं। गांठें ऐसी कि चलने में ऐसा महसूस हो जैसे किसी ने दोनों ही पैरों में कीलें ठोंक दी हों। सूर्यप्रभा के लिए धीरे-धीरे चलना मुश्किल सा हो गया था। उसका स्कूल जाना जब बन्द होने लगा तब पिता के कहने पर उसकी माँ उसे सरकारी अस्पताल तक ले गई। जहाँ एक कम्पाउंडर मिला और एक डॉक्टर। डॉक्टर लगातार फोन पर बात करने में व्यस्त था। बहुत लम्बी कतार थी। और डॉक्टर ने सभी मरीजों को लगभग बात करते-करते ही देख लिया। जब सूर्यप्रभा की बारी आई तब डॉक्टर को अचानक कहीं जाने की याद हो आई। डॉक्टर ने उसकी पर्ची को देखकर कम्पाउंडर की तरफ इशारा करते हुए कहा ऐसे जैसे यह सब तो आम रोग है इसे तो तुम भी देख लोगे। कम्पाउंडर लगभग चालीस साल के करीब का था। जब डॉक्टर ने उसकी तरफ आश्वस्ति भरी निगाह से देखा तो उसे बहुत गर्व महसूस हुआ। उसने सोचा डॉक्टर भी मानने लगा है कि वह बहुत होशियार है।

कम्पाउंडर ने सबसे पहले मृगावती से सूर्यप्रभा की उम्र पूछी। सूर्यप्रभा को लगा कि शायद माँ बता पाए या नहीं इसलिए उसने झट से बतला देना चाहा। परन्तु मृगावती ने तुरन्त कहा, “14 साल।”

“इसका बर्थ सर्टिफिकेट लेकर आई हो?”

“तुम्हारे पास बीपीएल कार्ड है?”

“राशन कार्ड में इस बेटी की सही उम्र लिखी हुई है?” कम्पाउंडर ने ये सब बातें पूछ कर कहना यह चाहा कि ‘नहीं तो तुम्हें यहाँ इलाज के सारे पैसे देने होंगे।’ कम्पाउंडर की घनी मूँछें थीं और उसमें दो सफेद बाल थे।

मृगावती पैसों के नाम से डर गई और उसने सोचा वह यहाँ से चली जाएगी। लेकिन फिर कम्पाउंडर ने कहा कि “मैं तुम्हारा बीपीएल वाले में नाम चढ़ा दूँगा क्योंकि मैं इसे देख रहा हूँ। मैं बहुत दयालु हूँ और मुझसे किसी का दुख देखा नहीं जाता है।”

"तुम बस अगली बार सिर्फ राशन कार्ड की कॉपी ले आना।"

"कोई और देखता तो तुम्हें सारे पैसे देने पड़ते।" कम्पाउंडर ने हलकी मुस्कान के साथ ऐसा कहा और सूर्यप्रभा से स्टूल पर बैठ जाने को कहा। उसकी माँ वहीं खड़ी थी।

कम्पाउंडर के कहने पर सूर्यप्रभा ने दोनों पैर सामने किए तो उसने सलवार को घुटने तक उठाने के लिए कहा। सूर्यप्रभा थोड़ी हिचकी तो कम्पाउंडर ने उसकी शक्ल को देखा।

"यह देखना होगा कि इन गांठों की जड़ कहाँ तक है।"

मृगावती वहीं खड़ी थी और चुप थी।

कम्पाउंडर ने कहा, "ये गांठें पेट की गर्मी से बनती है। देखना होगा गर्मी कहाँ तक चढ़ गई है।" उसने सूर्यप्रभा को दूसरे कमरे में जाकर लेट जाने को कहा। उस कमरे का दरवाजा इसी कमरे से जुड़ा हुआ था और उस पर हरे रंग का एक गन्दा सा पर्दा लटका हुआ था। हरे रंग का वह पर्दा काफी मोटे कपड़े का था और उस कमरे में बिस्तर, पर्दा उठाकर अन्दर जाने के बाद बायीं ओर था।

जब सूर्यप्रभा चली गई तो पीछे से कम्पाउंडर गया। मृगावती साथ चलने को हुई तब कम्पाउंडर ने उस स्टूल की ओर इशारा किया और कहा तुम यहीं बैठ जाओ, अन्दर बैठने की जगह नहीं है। कम्पाउंडर ने जब कमरे के अन्दर प्रवेश किया तब अस्पताल के उस बिस्तर पर सूर्यप्रभा सहमी सी बैठी हुई थी। लेकिन कम्पाउंडर के यह कहने पर वह थोड़ा सहज हो गई कि "कोई बात नहीं आराम से लेट जाओ। बस थोड़ा सा चेक कर लूँ। सब ठीक हो जाएगा। मैं अभी दवाई लिख दूँगा।"

सूर्यप्रभा जब उस बिस्तर पर लेट गई तब उसने महसूस किया कि यह बिस्तर दूर से देखने में जितना नरम दिख रहा था उतना है नहीं।

कम्पाउंडर ने पास आकर सूर्यप्रभा के बिना पूछे झट से उसकी कमीज को ऊपर कर दिया और उसके पेट को देखने लगा। पेट को उसने अपने हाथों से सहलाया और इधर-उधर हलका-फुलका दबाया। फिर उसने सूर्यप्रभा को कहा "पेट तो ठीक लग रहा है। साँस लेने में कठिनाई तो नहीं होती। तुम्हारी साँस फूल तो रही है।" उसने सूर्यप्रभा के चेहरे को बहुत करीब से देखा।

"कमीज को ऊपर करो। तुम्हारी साँस तो देखनी ही होगी। यह तो ज़्यादा ही तेज है।"

सूर्यप्रभा ने कमीज को पकड़कर हलका-हलका ऊपर करना शुरू किया। कम्पाउंडर ने थोड़ा तीखे आवाज़ में कहा, "दिखाएगी नहीं तो इलाज क्या अपने

आप ही हो जाएगा।" फिर उसने उसके हाथ में पकड़ी कमीज को अपने हाथ में लेकर पूरी कमीज को ऊपर गले तक कर दिया। कम्पाउंडर ने देखा कमीज के नीचे बनियान जैसी कोई चीज ही नहीं है।

कम्पाउंडर का हाथ काँपने लगा। उसकी साँसे तेज हो गईं लेकिन उसने अपने को सँभाला। उसने कहा, "पाजामा बहुत टाइट पहने हो थोड़ा ढीला करो। पेट फूल रहा है।" सूर्यप्रभा ने पाजामे के नाड़े को थोड़ा ढीला किया और कम्पाउंडर ने बहुत जल्दबाजी में उसे थोड़ा नीचे सरका दिया। उसके सामने सूर्यप्रभा का पूरा शरीर था और फिर वह थोड़ी देर तक यहाँ-वहाँ हाथ सहलाता रहा। सूर्यप्रभा बहुत अजीब स्थिति में फँसी हुई थी। कम्पाउंडर का चेहरा खिंचता चला जा रहा था। अचानक उसने अपने एक हाथ को नीचे किया और फिर उसने दूसरे हाथ से सूर्यप्रभा की छाती को कसकर पकड़ लिया। सूर्यप्रभा अचानक उठकर बैठ गई। कम्पाउंडर के चेहरे पर पसीने की बूँदे चुहचुहा गईं।

सूर्यप्रभा ने अपने कपड़े ठीक किये और वह बाहर आ गई।

बाहर उसकी माँ उसी स्टूल पर ज्यों की त्यों बैठी हुई थी। सूर्यप्रभा कुछ बोल नहीं पाई। उसकी माँ कम्पाउंडर के इन्तज़ार में थी। कम्पाउंडर ने बाहर आने में ज़्यादा वक्त नहीं लिया। जब वह बाहर आया तो सूर्यप्रभा ने देखा कि वह काफी संयत था। उसने सूर्यप्रभा की माँ से कहा, "इसके पेट में बहुत गैस है। अगली बार इसके पेट और इसकी छाती का एक्सरे निकालना होगा। तुम चिन्ता नहीं करो। यहाँ मैं कोई पैसा नहीं लगने दूँगा।" ऐसा कहते हुए तब कम्पाउंडर की निगाह सिर्फ उस पर्ची पर थी। उसने पर्ची पर तब तक के लिए एक-दो दवाइयाँ लिख दी थीं।

मृगावती वहाँ से निकली तो वह उस कम्पाउंडर के एहसान के तले दबी हुई थी। लेकिन सूर्यप्रभा चुप थी। जब आगे मृगावती ने सूर्यप्रभा से उस अस्पताल में चलने के लिए कहा तो उसने साफ मना कर दिया। मृगावती ने कुछ नहीं कहा। जब सुनानी ने मृगावती से इसकी वजह पूछी तो उसने बस इतना कहा वह नहीं जाना चाहती। बाद में मृगावती उसे अपने साथ एक झोला छाप डॉक्टर के पास ले गई। झोला छाप डॉक्टर ने अपने उपचार में उसका ऑपरेशन किया और उन गांठों को गर्म नुकीले औजार से निकाला। उससे हुआ यह कि सूर्यप्रभा के दोनों पैरों में चार-चार, पाँच-पाँच गड्ढे हो गए।

डॉक्टर ने दो-तीन पाउडर देकर सूर्यप्रभा को विस्तार से उपचार बतलाया। उस उपचार में कपड़े की बाती बनाकर उसे उस पाउडर के मसाले में भिगोकर आग में जलाना था। और फिर उस अधजले कपड़े को उन छेदों में अन्दर की ओर

ठूँसना था। सूर्यप्रभा इस उपचार से तड़प उठती थी। गर्म कपड़े को किसी नुकीली चीज से उस जख्म के अन्दर ठूँसना प्राण निकालनेवाला था। लेकिन सूर्यप्रभा ने यह भी नियमित रूप से किया। इस उपचार का अन्त यह रहा कि जख्म तो धीरे-धीरे भर गए लेकिन ये गांठें पूरी तरह कभी ठीक नहीं हो पाईं। हर छह-सात महीने पर जब लगता कि अब सब सामान्य होने को है तब वे गांठ फिर से उभर आतीं। और फिर यही सब प्रक्रिया और इतने ही कष्ट। धीरे-धीरे सूर्यप्रभा ने इन गांठों की चिन्ता करना छोड़ दिया। गांठों की चिन्ता करना मतलब इलाज की चिन्ता करना। गांठ होती तो वह अपना चलना-फिरना बन्द कर देती। उसने अपनी इन गांठों के साथ ही जीना सीख लिया था।

इस तरह सूर्यप्रभा का स्कूल छूट गया। पढ़ाई छूट गई तो घर में सिर्फ सोना और टीवी देखना ही काम बच गया। इस घर में वह अपनी माँ और अपने बड़े होते भाई के साथ दिन भर रहती थी। सूर्यप्रभा दिन भर बस यूँ ही लेटी रहती या फिर टेलीविजन देखने की कोशिश करती। पूरी लड़ाई अब इस बात की थी कि टेलीविजन चले तो उसमें आवाज़ हो या ना हो। आवाज़ बन्द न हो इसके लिए सूर्यप्रभा पूरी लड़ाई छेड़ देती। लेकिन आवाज़ हो तो शुकान्त डरकर रोने लगता था।

आसमान में टंगा यह पिंजरा वाकई पिंजरा ही हो गया था।

यह झोपड़ी सुनानी के लिए जन्नत की तरह भले ही हो लेकिन एक वक्त आया जब उसे इस घर से दिक्कत शुरू हो गई। बच्चे बड़े होने लगे और यह इलाका इन बच्चों के लिए नासूर होने लगा। सुनानी की सबसे ज़्यादा चिन्ता के केन्द्र में उसकी बड़ी हो रही बेटियाँ थीं। बेटियाँ बड़ी होने लगीं तो उनका शरीर इस घर, इस झोंपड़पट्टी में समाने से बाहर हो गया।

बेटियाँ बड़ी हो रही थीं तो साथ में उसका शरीर भी जवान हो रहा था। बड़ी हो रही बेटियों का अपनी नित्यक्रिया के लिए बाहर जाना और यूँ लाइन में लगना सुनानी के दिल पर बहुत कचोट मारता था। यूँ एक औरत होने के नाते उसकी पत्नी ने भी ये सब कष्ट सहे थे या सह रही थी लेकिन बेटियाँ, जिन्हें वह बहुत प्यार करता था, के हिस्से के इन कष्टों को सहना उसके लिए बहुत मुश्किल था।

सुनानी जिस घर में रहता था उसके सामने सिर्फ कपड़े का घेरा बनाकर नहाने की एक जगह बना दी गई थी। यह स्नानघर न तो उसका अपना ही था और न ही इसका घेरा इतना मजबूत ही था कि उसके भीतर के दृश्य अनदेखे रह

जाएँ। स्नानघर जैसी इस जगह में स्त्रियाँ स्नान करती थीं। लेकिन इस कपड़े का घेरा इतना ऊँचा नहीं था कि स्त्रियाँ खड़ी हो सकें। स्त्रियाँ इस स्नानघर में बैठकर ही स्नान करती थीं और बैठकर ही कपड़े बदल लेती थीं। सुनानी अगर चाह भी ले तो इस स्नानघर को कुछ मजबूत नहीं कर सकता, क्योंकि यह जगह उसकी अपनी नहीं थी। सड़क किनारे की इस ज़मीन पर सिर्फ इन पर्दों के सहारे ही काम चलाया जा सकता था।

सुनानी के भीतर का पुरुष इस स्नानघर को देखकर बहुत दुखी रहता था। वह जानता था कि इस स्नानघर में बेटी की जवान होती देह को ढँकने का कोई साधन नहीं है। वह किसी से कह नहीं पाता था लेकिन उसने कई बार इस इलाके के लम्पट लड़कों को बेटी के स्नान करने जाने का इन्तज़ार करते देखा था।

उस दिन की बात सुनानी कैसे भूल सकता है जब बहुत बुरा हुआ था। सोमवार का दिन था। वह काम पर जाने के लिए निकल रहा था और बाहर मौसम बहुत खराब था। उसके हाथ में एक झोला था जिसमें उसका दोपहर का भोजन था। इस दोपहर के भोजन में तीन सूखी रोटियों के साथ आलू के कुछ भुने हुए टुकड़े थे। उसने कुछ लड़कों को ताक-झाँक करते देखा तो यह समझ लिया कि स्नानघर में बेटी है। वह सीढ़ी से नीचे उतर रहा था तब पानी के गिरने की हल्की आवाज़ उसके कान में आ रही थी। लेकिन जब वह स्नानघर के समीप से गुजर रहा था तब यह आवाज़ बन्द हो गई थी। उसने देखा कि उसके रुकते ही सड़क के सारे लफंगे दूर भाग गए थे। वह कुछ पल हिचका लेकिन उसकी नजर अनायास ही उस स्नानघर की तरफ चली गई। आखिर कितनी जर्जर हालत है इस स्नानघर की।

पानी की आवाज़ थम चुकी थी। मौसम बहुत खराब था ऐसा लगता था कि अभी बारिश हो जाएगी। सुनानी ने जब नजर को घुमा कर उस तरफ किया तो अचानक लगा कि वह स्नानघर के बहुत करीब है और स्नानघर बिलकुल ही बेपर्दा हो गया है। सुनानी की निगाह जवान हो रही बेटी पर गई जो अब कपड़ा पहनने की स्थिति में थी। उसने अपनी जवान हो रही बेटी को बहुत दूर तक अनावृत देख लिया था। यह अच्छा था कि उस बेपर्दा वाली जगह से बेटी की निगाह अपने पिता पर नहीं गई थी।

लेकिन पिता सुनानी!

सुनानी को अचानक लगा कि उसके पाँव काँपने लगे हैं। दोनों पाँवों का भार अचानक बहुत बढ़ गया। उसने तुरन्त भाग जाना चाहा। परन्तु पैर बहुत तेज नहीं

उठ पाए। उसे लगा कि उसके पेट में एक बहुत कठोर गोला बन गया है। एक कठोर गोला जो ऊपर की ओर उठ रहा हो। उसके पेट में बहुत ज़ोर का मरोड़-सा उठा और वह कुछ दूर जाकर सड़क किनारे ज़मीन पर बैठ गया।

'इस जिन्दगी को होना ही था तो क्या ऐसा होना था' सुनानी ने शुद्ध उड़िया में अपने मन के भीतर ये शब्द बड़बड़ाए।

यह वही दिन था जब से सुनानी का उस घर में रहना एक सज़ा की तरह हो गया था। उसे लगने लगा था जैसे उसने अपने जीवन में वह कर दिया है जिससे उसका छुटकारा नहीं है। वह अपने आप से नजरें चुराने लगा था।

लेकिन इसके बाद भी सुनानी सिर्फ अपने जीवन को कोस भर ही सकता था, उसके पास इसका कोई समाधान नहीं था। उसका वेतन महज छह हजार रुपये था। और छह हजार में दिल्ली में खाने के अलावा सिर्फ सिर दर्द की गोलियाँ खाई जा सकती थीं। बेटियाँ बड़ी हो रही थीं लेकिन सुनानी के यहाँ पैसों की रफ्तार रुकी हुई थी।

परन्तु इस घर में इतनी समस्याएँ होने के बावजूद तब सुनानी के पाँव के नीचे की ज़मीन खिसक गई थी जब यह बात अचानक उस पूरे इलाके में फैल गई कि यह ज़मीन, जिस पर कि उनके छोटे-छोटे ख़्वाब धँसे पड़े हैं, उस ज़मीन के भीतर एक अकूत खजाना है। इस अकूत खजाने को हासिल करने के लिए इस ज़मीन को पहले समतल करना होगा और फिर इसमें चमचमाती रोशनी वाली ढेर सारी दुकानें खोली जाएँगी। ढेर सारे नए ख़्वाब पलेंगे। ढेर सारी ख़्वाहिशें और ढेर सारे अरमान यहाँ अपना आकार लेंगे।

यह कहा गया कि यह अनधिकृत ज़मीन है इसलिए सरकार इसे कभी भी समाज कल्याण के लिए ले सकती है।

यह ख़बर इस इलाके में आग की तरह फैली।

"यहाँ लाशें बिछेंगी।" कुछ लोगों ने कहा।

"यहाँ हमारी लाशें बिछेंगी।" एक आदमी ने इसे थोड़ा सुधार दिया।

"तो अभी कौन सा जिन्दा हो।" एक लौण्डे ने मजे लेते हुए कहा।

"अभी कम से कम जिन्दा होने का एहसास तो है।" एक बुजुर्ग ने बात को सँभाल लिया।

"हाँ सो तो है। एक सिगरेट पी लें जरा।" उस लौण्डे ने फिर मजा लिया।

सुनानी ने जब इस ख़बर को सुना तो सोचा 'इस धरती पर क्या सुई की नोक भर जगह नहीं बची कहीं हमारे लिये।'

बहुत दिनों के बाद उस रात और उस रात के बाद कई रातों तक सुनानी की पत्नी ने रात में नींद में कुछ कहना चाहा।

'श्मशान में कुत्ता रो रहा है।'

'सीढ़ी में मेरा पैर अटक गया है। मैं गिर रही हूँ।'

'ये सारे घर टूटेगें तो कितने साँप निकलेंगे?' आदि-आदि।

यह अन्देशा और डर बहुत दिनों तक बना रहा कि आज रात नहीं तो कल रात बुल्डोज़र आनेवाला है। लोग झुंड बनाकर पहरा देने लगे। लोग कहते जो आएगा उसे कौन-सा हम छोड़ देंगे। उस पर कुत्ता छोड़ देंगे। वहाँ के लौंडे-लपाटे कहते, "सालों को मार-मार कर पूरा शरीर बर्बाद कर देंगे।"

कई-कई रातें ऐसे गुजरीं कि लोग रात-रात भर सोये नहीं। कभी मामला ठंडा पड़ जाता तो कभी फिर वही शोर-गुल।

सुनानी का चेहरा उन दिनों एकदम काला पड़ गया था। उसे रोज अपने गैरेज जाते वक्त ऐसा लगता कि जब वह शाम को लौटेगा तब वह यहाँ मलबे का ढेर पाएगा। रात को वह सोता तो लगता कि जब वह सुबह उठेगा तो वह किसी और ग्रह पर होगा। कैसे और पता नहीं क्या-क्या होगा।

लेकिन इसे उस झोंपड़पट्टी के लौंडों-लपाटों का डर कहिए या फिर वोट बैंक का चक्कर, न तो इस इलाके में कोई नोटिस ही आया और न ही कोई पुलिस वाला।

हाँ कुछ ही दिनों में यह ख़बर जरूर आई कि यह ज़मीन सरकार लेना तो चाहती है लेकिन वह इसके बदले पक्का मकान देगी। पक्का मकान यानी पक्की छत और पक्की सड़कें और पक्के शौचालय।

सुनानी ने इसे जब सुना तो उसकी ख़ुशी का ठिकाना नहीं रहा। सुनानी के मन में सबसे पहले बड़ी हो रही बेटियों का ख़याल आया। उसे लगा अब बड़ी हो रही बेटियाँ सुरक्षित रहेंगी।

अब यहाँ से होती है कहानी की असली शुरुआत

घर की समस्या के समाधान के उछाह में सुनानी ने यह सोचा ही नहीं कि घर कहाँ और कितनी दूर मिलेगा।

सरकार को शायद वह ज़मीन किसी 'जनकल्याण' के काम के लिए बहुत जल्द देनी थी। उस पर शायद कुछ ज़्यादा ही दबाव था। इससे फायदा यह हुआ

कि एक साल के भीतर ही इन लोगों को घर मुहैया करा दिया गया। अभी घर पूरी तरह तैयार भी नहीं थे लेकिन इन्हें वहाँ स्थानान्तरित कर दिया गया।

इस झोंपड़पट्टी में जितने घर थे सभी को घर तो मिल नहीं सकता था क्योंकि इनमें से बहुत से लोग ऐसे थे जिनके नाम पर घर था ही नहीं। जिनके नाम सूची में थे उन्हें घर मिले और जिनके नहीं थे उन्हें बस वहाँ से बेदखल किया गया।

वह जगह जहाँ ये घर बनाए गए थे वह दिल्ली का दूसरा किनारा था। एकदम सुनसान। दूर-दूर तक न तो कोई घर और न ही कोई आवाज़ाही। वहाँ तो ख़ैर क्या, उसके आसपास भी कोई मेट्रो अपना आखिरी पड़ाव नहीं लेती थी। बस इतना समझ लीजिए कि बस उस नये घर से कुछ ही दूर चला जाए कि दिल्ली खत्म। बस उस रास्ते से कुछ बसें गुजरती थीं जो अपने अन्तिम पड़ाव में दिल्ली को खत्म करने चल देती थीं।

यूँ समझा जाए कि अभी तक सुनानी जिस झोपड़ी में रह रहा था यह घर उसके ठीक विपरीत दिशा में था। और ये पुराने घर ज़ितना ही मुख्य इलाके में थे ये नये घर उतने ही सुनसान इलाके में।

सुनानी को जब घर मिला और उसने उस घर को जाकर देखा तो उसे बहुत ख़ुशी हुई। यह घर छोटा ही सही लेकिन पक्का था। पक्की सी जिन्दगी। उसने अपने परिवार को वहाँ अच्छी जिन्दगी जीते हुए देखा और बहुत सुरक्षित महसूस किया। सुनानी ने घर को देखकर अपने सिर को ऊपर उठाकर ईश्वर को धन्यवाद दिया और सोचा, 'सचमुच यह दिल्ली बहुत अनोखी है। बहुत सारे रंग हैं इसके।'

सुनानी उस घर को देखकर लौटा तब चन्द्रप्रभा ने बहुत उत्साह से पूछा था, "हमारा नया घर कैसा है?"

सुनानी ने उत्तर देने से पहले सूर्यप्रभा की तरफ देखा था। और फिर उसके चेहरे पर एक संतुष्टि का भाव आ गया था। फिर उसने जवाब दिया था, "एकदम चकाचक। वहाँ तुम्हारे खेलने की जगह भी है।"

सुनानी जिस एक मुद्दे को अभी अपने परिवार के बीच उठाना नहीं चाहता था उसे वह बहुत ही बेहतर तरह से जानता था। वह जानता था कि जिस गैरेज में वह काम कर रहा है उससे उस घर की दूरी इतनी अधिक है कि वहाँ आना-जाना रोज सम्भव नहीं है।

सुनानी ने अपने मन में पहले दिन ही सब समझ लिया था। अपने गैरेज से निकलो तो पहले बस, फिर मेट्रो और फिर एक और बस। उसने आने-जाने का बस का किराया जोड़ लिया था। दोनों तरफ के कम से कम हुए अस्सी

रुपये। उसने अपने मन में हिसाब लगाया। अस्सी रुपये के हिसाब से पच्चीस दिन के हुए दो हजार। उसने मन में सोचा अब तक बढ़कर हुए वेतन के बावजूद क्या वह दो हजार रुपये किराये पर खर्च कर पाएगा? क्या वह बचे हुए साढ़े चार हजार में घर का खर्च चला पाएगा? आज पहली बार सुनानी को लगा कि दिल्ली कितनी बड़ी है। एक किनारे पर बैठो तो दूसरे को छूना सम्भव न हो पाए। उसने सोचा दिल्ली सिर्फ दूर नहीं है बल्कि दिल्ली में दूरी भी है।

सुनानी जब अपने घर को छोड़ रहा था तब उसकी आँखों से आँसू गिर रहे थे। उसे अपनी माँ की बहुत याद आ रही थी कि कैसे उसकी माँ ने अपनी जमा पूँजी में से इस घर का आधार रखा था। लेकिन दूसरी तरफ एक सुकून भी था। वहाँ बेटियाँ और परिवार सुरक्षित था। उनका भविष्य सुरक्षित था।

लेकिन सुनानी की चिन्ता के केन्द्र में था शुकान्त। शुकान्त जो अपने पिता के बिना एक दिन काटने की सोच भी नहीं सकता, वह कैसे रहेगा? सुनानी ने शुकान्त की तरफ देखा तो रोना छूट गया। शुकान्त अब लगभग आठ साल का होने को था लेकिन कौन कहेगा उसे आठ साल का। आठ साल का घर में चुपचाप दुबक कर बैठे रहनेवाला एक बच्चा। सुनानी ने शुकान्त को गले लगा लिया और उसकी आँखों से आँसू निकल आए। शुकान्त भी शायद समझ रहा था, उसके शरीर में एक कम्पन थी।

"दादा अगर मेरी नींद में राक्षस आ गया तो मैं क्या करूँगा? वह मुझे मार खाएगा क्या?" शुकान्त ने अपने दादा को बस इतना ही कहा और दादा ने सब समझ लिया।

"मैं सारे राक्षसों को यहीं पकड़कर रख लूँगा। कोई तुम्हारे पास आ ही नहीं पाएगा।" सुनानी ने कहा लेकिन उसे अपने कहे पर भरोसा नहीं हुआ।

सुनानी अपने बेटे के लिए सब कुछ सोच सकता था। परन्तु उसके पास विकल्प सिर्फ दो ही थे। एक या तो इधर ही कहीं नौकरी ढूँढ ली जाए या फिर अलग रहना ही दूसरा एकमात्र विकल्प था। जहाँ सुनानी का नया घर था वहाँ से कई किलोमीटर दूर-दूर तक कोई अवसर नहीं था। और अगर कुछ नज़दीक करने के लिए कोई और नौकरी करनी भी पड़े तो सुनानी के पास विकल्प ही क्या था? सुनानी को इस कलाकारी के सिवाय आता ही क्या था? और अब वो उम्र भी कहाँ रही कि वह कुछ नया सीख ले। और नया कुछ करने का जोखिम ले भी तो इतनी तनख़्वाह कौन देगा। और तनख़्वाह के बिना बच्चों के पेट कैसे पलेंगे? वो तो भला हो उस दादा का जिसने यह हुनर सुनानी के हाथ में दे दिया। सुनानी ने अचानक सोचा पता नहीं अभी कहाँ होंगे दादा।

सुनानी ज्यों-ज्यों इस पुराने घर को छोड़ने के करीब जा रहा था उसके अन्दर अपने परिवार के छूटने का डर बढ़ता जा रहा था। वह अपने सारे विकल्पों पर सोच लेना चाहता था।

सुनानी के गैरेज का मालिक सरदार मोंटी सिंह एक अच्छा आदमी था। वह सुनानी की समस्या को समझता था। मोंटी सिंह यह कदापि नहीं चाहता था कि सुनानी उसके गैरेज को छोड़कर जाए लेकिन वह जानता था कि वह एक मजबूर पिता है। सुनानी के ऊपर मोंटी सिंह के पिता और खुद उसका बहुत एहसान था इसलिए खुद सुनानी भी नहीं चाहता था कि जीते जी उसे ऐसा करना पड़े। परन्तु उसकी मजबूरी उसकी इनसानियत से बड़ी थी। मोंटी सिंह ने उसे इस बात की इजाज़त दे दी कि वह कोई काम ऐसा देख ले जहाँ से वह अपने घर लौट सकता हो। तब मोंटी सिंह ने ठीक अपने पिता की तरह बहुत गहरी बात कह दी थी "जो शाम को अपने घर नहीं लौट पाता है उसका जीना भी कोई जीना है। शाम को अपने घर तो पंछी-पखेरू भी लौटते हैं। तू तो जीता-जागता बन्दा है यारा।" सुनानी ने देखा मोंटी सिंह में उसके पिता का अक्स दिख रहा था। मोंटी सिंह ने सुनानी को चार दिनों की छुट्टी दी घर को सँजोने और अपनी नौकरी पर विचार करने के लिए।

इन चार दिनों में सुनानी ने एड़ी-चोटी का जोर लगा दिया। लेकिन सुनानी इस समय हाशिये पर फेंका हुआ एक ऐसा आदमी था जिसके लिए इस धरती पर कोई जगह बनाई ही नहीं गई थी। उसने सारे विकल्पों पर विचार कर लिया। लेकिन उसका यह घर इतने सुनसान इलाके में था कि वहाँ कोई गुंजाइश नहीं थी। आसपास के सारे इलाके जहाँ से वह अपने घर लौट सकता था वहाँ कोई ऐसी स्थिति बन नहीं पा रही थी कि वह अपनी बनी बनाई नौकरी छोड़ दे।

इन चार दिनों की मोहलत की आखिरी रात सुनानी अपने नए घर में शुकान्त से चिपट कर सोया हुआ था। उसके बगल में मृगावती निश्चिन्त सोयी हुई थी। लेकिन सुनानी की आँखों से आँसू झड़ रहे थे। सुनानी उठकर वहीं बिस्तर पर ही बैठ गया। उसने देखा शुकान्त ने गहरी नींद में भी उसको कसकर पकड़ रखा है। शुकान्त के चेहरे पर डर की एक गहरी छाया थी।

बाहर दूर-दूर तक सन्नाटा पसरा हुआ था। उसे यहाँ का यह सन्नाटा बहुत सुकून दे रहा था। यह इलाका जहाँ ये घर बसाए गए थे उसके चारों तरफ छोटे-छोटे पहाड़ थे। यह पथरीला इलाका था और उन पत्थरों के बीच उगे हुए छोटे-मोटे पौधे। इन घरों के चारों ओर एक घेरा बनाकर इसे सीमित किया गया था। उससे

थोड़ा आगे चलकर सड़क थी जिससे बसें जाती थीं और रात में बड़े-बड़े ट्रक। अब जब से ये घर बसाए गए हैं वहीं सड़क किनारे टीन की चदरे पर बसों के नम्बर लिखकर पेड़ पर टाँग दिया गया है। यहाँ बसें रुकने लगी थीं। यह बस स्टॉप बन गया था लेकिन ये घर उस सड़क से इतनी दूरी पर थे कि वहाँ बसों की आवाज़ नहीं के बराबर ही आ पाती थी। इन घरों के पीछे और अगल-बगल जहाँ तक नजर जाती थी वहाँ तक एक सन्नाटा था। पहाड़ के छोटे-छोटे टुकड़े और उनके बीच उगे हुए छोटे-छोटे पौधे।

सुनानी उस दिन सुबह-सुबह जब जाने को तैयार हुआ तो वह हारा हुआ सा लग रहा था। अपने साथ उसने एकाध कपड़े रख लिये। और आगे क्या होगा पता नहीं। लेकिन उस दिन अचानक सुनानी ने इस इलाके की खामोशी को देखकर अपने मन में सोचा कि यह जगह जहाँ आवाज़ कहीं भी नहीं है, उसके बेटे के लिए बहुत सुरक्षित है। कोई आवाज़ नहीं है इसलिए कोई डर भी नहीं। सुनानी ने सोचा यहाँ उसके बेटे को कान में रुई डालने की जरूरत नहीं पड़ेगी।

सुनानी ने जब अपने मालिक सरदार मोंटी सिंह से यह साझा किया कि उसके पास अब इसके अलावा कोई चारा नहीं है, मोंटी सिंह ख़ुश हो गया। सुनानी ने जब यह सोचा था कि वह अपने सोने की व्यवस्था वहीं करेगा, तब उसके मन में यह एक डर था कि अगर मालिक ने उसे अपने गैरेज में सोने तक की इजाज़त नहीं दी तब वह क्या करेगा? यूँ तो गैरेज में इतनी जगह थी कि उसमें एक आदमी पड़ा ही रहेगा तो क्या फर्क पड़ जाएगा। लेकिन मालिक तो मालिक है वह चाहे अपनी जगह का इस्तेमाल करने दे या न दे। लेकिन सरदार मोंटी सिंह ने आगे बढ़कर साथ देने का वादा किया। और यह कहा कि "अरे बादशाहो, यह गैरेज तुम्हारा है, तुमने सींचा है इसे। इसमें पूछना क्या है!"

दिल्ली, मनुष्य, कीड़ा और कीड़े जैसी जिन्दगी

इस आदत को डालने में सुनानी को वक्त लगा कि अब काम खत्म करने के बाद उसे कहीं जाना नहीं है। हाँ उसके लिए यह मुश्किल हो गया था कि वह कैसे यह निर्णय ले कि कहाँ से उसके काम का वक्त शुरू होता है और कहाँ खत्म। शाम को अब वह प्राय: देर तक ही काम करता था। वैसे भी वह करता क्या।

सुनानी के लिए सबसे मुश्किल था अकेले खाने की व्यवस्था करना। उसने अपने जीवन में कभी भी अपने हाथों से खाना बनाया नहीं था। माँ के बाद मृगावती

ने अपने हाथों सारी जिम्मेदारी निभाई थी। उसने लकड़ी रखकर थोड़ा-बहुत खाना बनाने की व्यवस्था वहाँ की थी परन्तु प्रायः वह इधर-उधर ही खाता था। इधर-उधर ठेले-साइकिल पर अजीब-अजीब सी तली हुई चीजें।

सुनानी का यह गैरेज जिस इलाके में था वह अँधेरा घिरने के बाद काफी सुनसान हो जाता था। एकाध लोग ही इधर-उधर दिख जाएँ तो दिख जाएँ। उस गैरेज में सिर्फ एक छोटा सा कमरा था जिसमें काफी सामान भरा हुआ था। उसी में एक कुर्सी और एक टेबुल था जिस पर मोंटी सिंह बैठता था। इस कमरे की चाबी मोंटी सिंह अपने पास रखता था। सुनानी गैरेज में खुले आकाश के नीचे उन कबाड़ के पहाड़ों के बीच सोता था। वहाँ उसे सोते हुए देखना ऐसा लगता था जैसे वह पहाड़ों के बीच एक घाटी में सोया हुआ है। सुनानी के साथ वहाँ जो चार और लोग काम करते थे उनमें गिरिजा को उसका दुख समझ में आता था इसलिए वह कभी-कभार कह भी देता था कि दादा आज मैं यहीं रुक जाता हूँ। परन्तु सुनानी कहता "नहीं जो घर जा सकते हैं उन्हें तो घर जाना ही चाहिए।" सुनानी शाम को काम खत्म करने के बाद अक्सर सड़क किनारे आ जाता और उधर से गुजरनेवाली बसों को देखता। बसों में यात्री अपने-अपने घरों को जा रहे हैं। सुनानी ऐसा सोचता और उन्हें देखकर वह बहुत ख़ुश होता। वह आसमान में पक्षी के झुंड को भी घर की तरफ लौटते हुए देखता तो उसे बहुत ख़ुशी होती। वह उन पक्षियों को देखता और उन पक्षियों के चेहरे की मुस्कुराहट को भी देखता।

सुनानी को देर रात तक नींद नहीं आती थी। वह उस घाटी में सोते हुए आसमान को देखा करता था। आसमान में एक चाँद था और ढेर सारे तारे। उसी आसमान में शुकान्त का चेहरा भी था। शुकान्त का उदास चेहरा। सुनानी आसमान में टंगे अपने बेटे के चेहरे से घंटों बतियाया करता। वह शुकान्त से माफी माँगता और शुकान्त रोने लगता।

"तुम मेरे लिए अनमोल हो। लेकिन मैं क्या कर सकता हूँ। तुम्हें अपने आप जीना सीखना होगा।" सुनानी अपने मन में ऐसा सोचा करता था।

सुनानी जब गहरी नींद में होता तो उसे सपने आते। सपने में वह शुकान्त को अपने साथ घुमा रहा होता, उसे झूला झुला रहा होता कि बाहर एक जोरदार धमाका होता और शुकान्त वहीं ज़मीन पर लोटने लगता। उसकी आँखें अजीब सी बाहर आ जातीं और उसकी देह अकड़ जाती। सुनानी अपने सपने से घबरा कर उठता और देखता कि उसके माथे पर पसीने की बूदें हैं।

सुनानी ने एक बार सपना देखा था कि वह सोया हुआ है और साथ में मृगावती सोयी हुई है। एकदम चुप्प। और सुनानी उन दोनों कबूतरों से खेल रहा है। सुनानी ने महसूस किया कि वे दोनों अब मुरझा से गए हैं।

लगभग एक वर्ष बीतने को था। इस बीच सुनानी और उसके परिवार का जीवन यूँ ही चलता रहा था। जो जहाँ थे वे उसी हालत में अपनी उम्र में बड़े हो रहे थे। सुनानी यूँ ही खाने और सोने के बीच जीवन बिता रहा था। शुरू में दो-चार बार तो सुनानी जल्दी-जल्दी घर गया लेकिन उसे लगा कि अगर ऐसा वह लगातार करता रहे तो खर्च के हिसाब से बहुत ही मुश्किल में पड़ जाएगा। अब उसने अपने को महीने में एक बार या फिर अधिकतम दो बार तक सीमित कर लिया था।

वह इलाका चूँकि इतना सुनसान था और सारी सुविधाएँ चूँकि दूर थीं इसलिए बहुत सारी दिक्कतें थीं। सुनानी की दूसरी बेटी चन्द्रप्रभा जो अब तक स्कूल जा रही थी यहाँ आकर उसका भी स्कूल बन्द हो गया। अब उस घर में चारों रहते थे और बस रहते थे।

सुनानी ने देखा कि शुकान्त अकेले में एकदम मुरझा गया था। वह शान्त हो गया था। जब शुरू में सुनानी एक-दो बार घर गया तो शुकान्त को लगा जैसे साँस मिल गई हो। लेकिन धीरे-धीरे वह अपने पिता से इतना ज़्यादा चिढ़ गया था कि वह बिलकुल शान्त हो गया था। वह अब अपने पिता के आने और जाने पर कोई प्रतिकिया नहीं देता था। सुनानी ने देखा उसका चेहरा और खिंचता जा रहा था। उसकी आँखें धीरे-धीरे और चौड़ी होती जा रही थीं। लेकिन वह बस अपने घर में चुपचाप पड़ा हुआ रहता था। यह इलाका बनिस्पत शान्त था इसलिए चन्द्रप्रभा कभी-कभी उसे बाहर चलने को कहती भी थी परन्तु वह कहीं नहीं जाता था। धीरे-धीरे सुनानी का घर जाना इतना कम हो गया कि उसे बहुत कुछ पता भी नहीं चल पाता था। हाँ मोबाइल पर चन्द्रप्रभा से रोज एक छोटी सी बातचीत हो जाती थी। सुबह काम पर बैठने से पहले सुनानी एक फोन अवश्य करता था और लगभग हर दिन उस फोन पर चन्द्रप्रभा ही होती थी। वह पापा के करीब थी और स्वस्थ भी। सुनानी का उस फोन पर रोज का एक सवाल जरूर रहता था कि शुकान्त कैसा है। और लगभग रोज ही चन्द्रप्रभा जवाब देती कि "ठीक नहीं है।" सुनानी इस जवाब को पहले से जान रहा होता था लेकिन ऐसा सुनकर वह दुखी होकर फोन रख देता था।

परिवार से इस अलगाव के बाद भी सुनानी का जीवन और यह कहानी सामान्य चल रही होती यदि सुनानी के जीवन में यह तूफान न खड़ा हुआ होता।

दिल्ली में नींद

उन दिनों सुनानी के चिन्ता के केन्द्र में उसकी बड़ी बेटी सूर्यप्रभा थी जो शादी के लायक हो गई थी। परन्तु सुनानी अपनी बेटी के बारे में कुछ सोच पाता उससे पहले ही उसका शरीर एक अजीब सी उलझन में फँस गया। सुनानी बीमार होने लगा था यह तो उसे बाद में पता चला लेकिन इस बीच वह बहुत दिनों तक एक अजीब सी उलझन में फँसा रहा था।

सुनानी अपनी गोद में गाड़ी के दरवाजे वाले हिस्से को लेकर उसे समतल बनाने के अपने हुनर में लगा हुआ था कि उस दिन अचानक उसे लगा जैसे सिर के अन्दर कुछ चल रहा है यहाँ से वहाँ और वहाँ से यहाँ। पहले कुछ दिनों तक तो उसे ऐसा लगा कि शायद यह कमजोरी है जिसके कारण यह एक तरह की झनझनाहट है। ऐसा होने के बाद कुछ देर वह अपने काम से उठ जाता कुछ घूमता-टहलता और फिर काम पर बैठ जाता। पहले तो ऐसा कभी-कभार होता था परन्तु धीरे-धीरे इसकी रफ्तार बढ़ती चली गई। सुनानी काम पर बैठता, ठक-ठक की आवाज़ शुरू होती और उसके सिर में यह कुछ चलने की प्रक्रिया शुरू हो जाती।

सुनानी इसे अपनी शारीरिक कमजोरी मानता रह जाता अगर उसके शरीर में सिर्फ यह झनझनाहट जैसा ही होकर रह जाता। परन्तु सुनानी के लिए आश्चर्य तब हो गया जब अचानक एक दिन वह काम करते-करते झटके से रुक गया। रुक गया मतलब एक पॉज की तरह। पॉज ऐसा जैसा किसी वीडियो को चलते-चलते अचानक रोक दिया जाए। और फिर उसे थोड़ी देर में फिर प्ले कर दिया जाए। काम करते-करते एकबारगी एक दिन सुनानी को लगा वह सुन्न हो गया। और सही बात तो यह है कि उसे इस बात का अन्दाजा भी तब लगा जब वह इस सुन्नपन से बाहर निकला। तब उसे महसूस हुआ कुछ हुआ था। वह तब जिस स्थिति में होता उसी स्थिति में दस-बीस सैकेंड के लिए रह जाता। धीरे-धीरे यह समय भी बढ़ने लगा था परन्तु यह कभी भी एक मिनट से ज़्यादा नहीं हुआ। सुनानी के साथ एक बार यह हुआ तब यह एक बार भर होकर नहीं रह गया बल्कि इसकी भी प्रक्रिया जैसी शुरू हो गई।

सुनानी अपने जीवन में यूँ अटकने लगा है इसका पता सामान्यतया लोगों को नहीं लग पाता था परन्तु उसके जीवन में ऐसा दिन भर में एक-दो बार होता जरूर था। सुनानी के साथ में काम करनेवाले गिरिजा ने इसे महसूस कर लिया था। उसने एक दिन कहा, "दादा यह क्या हुआ? गाड़ी अटक कैसे गई।" तब सुनानी बिलकुल झेंप सा गया था। लेकिन सुनानी ने उससे अपने इस दर्द को साझा किया इस विश्वास के साथ कि वह इसे औरों से छुपाए रखने में उसका साथ देगा।

उसे यह डर था कि कहीं मोंटी सिंह इसी कारण से उसे नौकरी से निकाल न दे। तब से सुनानी के इस दर्द का एक राज़दार यह गिरिजा हो गया। वह यूँ अटकता तो गिरिजा हर सम्भव कोशिश करता कि वह इस स्थिति से उसे उबार ले। परन्तु सुनानी अपने इस अटकने के इस डर के साए के साथ ही तब से जीने लगा था।

लेकिन सुनानी की मुख्य समस्या जितना उसका यूँ अटकना था, उससे ज़्यादा बड़ी समस्या उसके सिर में होनेवाली यह झनझनाहट थी। यह समस्या उसके लिए ज़्यादा बड़ी इसलिए थी कि उसकी यह समस्या उसके काम, उसके रोजगार से जुड़ी हुई थी। वास्तव में वह जितना भी हथौड़ा चलाता उसके सिर में यह झनझनाहट उतनी ही बढ़ जाती। धीरे-धीरे उसे ऐसा लगने लगा था जैसे उसके सिर में अचानक कई नसों में एक साथ एक अजीब सी सनसनी शुरू हो गई थी।

सुनानी को जब मस्तिष्क में सनसनी होती तो वह बहुत विचलित होने लगता। उसके साथ दिक्कत यह थी कि वह अपने काम में इस कारण से न तो कोताही कर सकता था और न ही वह एक लम्बी छुट्टी ले सकता था। सुनानी ने तब यह सोचना शुरू किया था 'काश उसके पिता ने उन मछलियों से प्यार करना नहीं छोड़ा होता तो आज उसकी स्थिति यह नहीं होती। काश उसके जीवन में यह दिल्ली नहीं आई होती।'

गिरिजा के दबाव डालने पर ही सुनानी इस बात के लिए तैयार हुआ था कि वह अस्पताल जाकर डॉक्टर को दिखा आए।

यह वहीं के पास का सरकारी अस्पताल था जहाँ सुनानी को सुबह-सुबह जाना पड़ता था। अस्पताल में लम्बी लाइन थी। उसकी दीवारों पर पान की पीक के निशान थे। वहाँ के कर्मचारी बहुत कड़क थे और वे बहुत ही कर्कश आवाज़ में बीमारों के नाम पुकारते थे। जिस पर्ची पर सुनानी का इलाज होना था उसका रंग गुलाबी था। लेकिन डॉक्टर प्रशान्त अच्छा डॉक्टर था। जिस डॉक्टर प्रशान्त ने सुनानी को देखा था वह अभी बहुत अनुभवी नहीं था और उसके बाल भी अभी सफेद नहीं हुए थे। परन्तु वह अपने काम से बहुत प्यार करता था और यह केस उसके लिए बहुत ही नया और रुचिकर था। उसके लिए अभी तक डॉक्टरी का पेशा सिर्फ पैसे कमाने का धंधा नहीं बन पाया था। वह पहले तो यह समझ ही नहीं पाया कि ऐसा हो कैसे सकता है। परन्तु उसने केस की तह तक जाना चाहा।

सरकारी अस्पताल में जो जाँचें मुफ्त में हो सकती थी सुनानी ने उन्हें अवश्य करवाया। तमाम प्रकार की जाँच से जो बातें सामने आईं उन्हें देखकर और इस निष्कर्ष पर पहुँचकर हम-आप नहीं डॉक्टर प्रशान्त भी चक्कर खा गया था। जांच

का निष्कर्ष यह था कि सुनानी के सिर में कुछ कीड़े घुस गए थे। डॉक्टर ने एक्सरे में जिन कीड़ों को सुनानी को दिखलाया वह निगेटिव की शक्ल में उन कीड़ों की परछाईं भर थी। सुनानी ने उस निगेटिव में अपनी खोपड़ी को देखा और उस खोपड़ी में कीड़ों के निशान। उँगली से थोड़े छोटे कीड़े ऐसे लगते जैसे अपनी ढेर सारी टाँगों के साथ वे अभी चल पड़ेंगे। सुनानी ने देखा खोपड़ी में कुछ और भी धब्बे थे जो खोपड़ी के अपने हिस्से थे। उसने सोचा इन्हीं हिस्सों के सहारे वह सपना देखता है। सपना जिसमें उसका शुकान्त आता है अपने दुख के साथ।

सुनानी अपनी इस तकलीफ के बारे में अपने घर में कुछ बतला नहीं सकता था। वह इस बीच एक बार अपने घर गया और उसने वहाँ काफी सुकून महसूस किया।

लेकिन सुनानी की तकलीफ यहीं खत्म नहीं हुई। धीरे-धीरे यह बीमारी बढ़कर उसके पूरे सिर को अपनी गिरफ्त में ले चुकी थी। उसके पूरे सिर में घाव जैसे दाने उभर आए और उसमें अजीब तरह की खुजली होने लगी थी। इन छोटे-छोटे घावों के मुँह खुले हुए थे और भरी गर्मी में सुनानी इन घावों के साथ तड़प उठता था। जब इन घावों के साथ सुनानी अपने घर गया तब उसकी बेटियों ने यह जानना अवश्य चाहा कि ये क्या हैं। मृगावती ने इन घावों की ओर देखा, वह थोड़ी आश्चर्यचकित हुई और फिर चुप हो गई।

सुनानी ने जितना ही जानना चाहा उतना ही उलझता चला गया कि ये कीड़े उसके मस्तिष्क के भीतर गए कैसे? कैसे जी रहे हैं वे वहाँ? क्या खाते होंगे वे वहाँ? सुनानी ने डॉक्टर से जानना चाहा तो डॉक्टर प्रशान्त ने समझाने की कोशिश की—

"सड़क किनारे का खाना बहुत हानिकारक होता है। सड़ी हुई चीजों को खाने से कीड़े पैदा हो जाते हैं माथे में। जैसे पेट में पैदा होते हैं कीड़े। खराब पानी भी कारण हो सकता है।"

लेकिन सुनानी ने धीरे-धीरे जान लिया है इसका राज भी। उसने जान लिया है कि ये जो कबाड़ के पहाड़ हैं, जिनके बीच सोता है वह उन्हीं पहाड़ों में से निकलते हैं ये कीड़े। ये रात में निकलते हैं और इस अँधेरी सुरंग में अपना घर बना लेते हैं।

धीरे-धीरे हालात ये हो गए थे कि सुनानी के जीवन में ये तीनों कष्ट एक साथ चल रहे थे। वह अपने काम में मशगूल होता तो परेशान हो जाता। जब तक वह अन्य काम कर रहा होता जैसे कि गाड़ियों के कुचले हुए पार्ट्स को खोलना या फिर उन्हें लगाना तब तक उसे दिक्कत कम होती। लेकिन जब वह अपने सामने उन हिस्सों को रखकर उन पर अपनी हथौड़ी चलाना शुरू करता उसके माथे में शान्त बैठे ये कीड़े उत्तेजित हो जाते। वे यहाँ-वहाँ चलना शुरू कर देते। सुनानी

अपने मस्तिष्क के भीतर इन कीड़ों के चलने को बारीकी से महसूस कर पाता था। इन कीड़ों के चलने की कोई आवाज़ होती हो या नहीं परन्तु सुनानी को लगता जैसे ये कीड़े अपने चलने की एक आवाज़ भी उसके मस्तिष्क में छोड़ते जाते हैं।

सुनानी जब धूप में इन लोहे के पाट्र्स के साथ काम कर रहा होता तो उस समय उसका माथा एकदम गर्म हो जाता और ऐसा लगता जैसे उसके इन घावों के रास्ते गर्मी उसके माथे के भीतर घुस रही है।

डॉक्टर कहता है कि "ये जख्म इन्हीं कीड़ों के द्वारा गर्मी पैदा करने से होते हैं।"

जबकि सुनानी को लगता है कि जब यह गर्मी इन्हीं छेदों से अन्दर जाती है तब ये कीड़े गर्मी से बेचैन होने लगते हैं।

दिल्ली में नींद

दिल्ली में सोना कौन चाहता है? दिल्ली सोने का नहीं जागने और सुख लेने का शहर है।

"दिल्ली में अगर सोओगे तो सारी ख़ुशियाँ छूट जाएँगी।" कहता था मेरा अय्याश दोस्त सत्या।

"अँधेरे में ही तो जगमगाती है रोशनी।" इसमें जोड़ता था सानू।

"और इसी जगमगाती रोशनी में ही तो चमकती है देह।" कहती थी मायरा। तो ऐसा लगता था जैसे कह रहे हों सब "चार बज गए लेकिन...।"

लेकिन इसी बीच फुटपाथ पर सोया मजदूर कहता है, "अँधेरे में ही छुपाए जाते हैं आँसू।"

"अँधेरे में ही तो छुपता है कालापन।" धीरे-धीरे बुदबुदाता हूँ मैं।

"नहीं तो क्यों लिखते 'अँधेरे में', कविवर मुक्तिबोध।" कहती है यह मेरी अन्तरात्मा।

लेकिन सुनानी इस दिल्ली में रहकर भी सोना चाहता है। दिल्ली में लोग सोना नहीं चाहते लेकिन उन्हें नींद परेशान करती है। पर सुनानी सोना चाहता है और नींद है कि आती ही नहीं। वह खूब काम करता है, अपने शरीर को खूब थकाना चाहता है, चूर कर देता है कि तब हारकर नींद तो आएगी। लेकिन नींद है कि आती ही नहीं।

सुनानी दिन भर अपने को सँभालते-सँभालते और काम करते-करते इतना अधिक थक जाता कि उसे लगता था कि वह रात में सोयेगा तो बस सारी थकान

उतर ही जाएगी। परन्तु वह रात में सोने जाता तो उसके मस्तिष्क के सारे कीड़े जग जाते। वह ज्योंही अपने आप को आरामदेह स्थिति में लाता और उसके सारे स्नायुतंत्र सोने की स्थिति में आते कि वे कीड़े जग जाते। और फिर उसके सिर के भीतर यहाँ से वहाँ तक दौड़ लगाने लग जाते। कीड़े दौड़ लगाते तो सुनानी उठकर बैठ जाता।

एक कीड़े की उम्र एक मनुष्य की उम्र से कम होती है या ज़्यादा—पता नहीं

सुनानी और उसके मस्तिष्क में पल रहे इन कीड़ों के बीच जो जंग जैसी चल रही थी उसमें क्या यह सम्भव था कि ये कीड़े शान्त हों और उसी समय को चुरा कर वह सो जाए। ऐसा प्राय: नहीं के बराबर ही हो पाता था। और इस तरह कई दिन गुजरे और सुनानी सो नहीं पाया। सो नहीं पाया इसलिए उसके अन्दर एक बेचैनी समाने लगी। उसका चेहरा काला पड़ने लगा और उसकी आँखें धँसने लगीं। उसके बाल बिखरे-बिखरे रहते थे और चूँकि चेहरे का रंग बिलकुल ही उड़ गया था इसलिए वह पागल सा दिखने लगा था।

अब सवाल यह था कि इसका इलाज क्या है और सवाल यह भी है कि क्या सुनानी ने यह सवाल अपने डॉक्टर से नहीं पूछा होगा? सुनानी ने अपने डॉक्टर से यह सवाल पूछा था और शान्त बैठ गया था। डॉ. प्रशान्त जो कि उम्रदराज नहीं था और उसके बाल अभी सफेद नहीं हुए थे, वह बहुत अनुभवी भी नहीं था लेकिन वह सीखना चाहता था। इसलिए उसने इस केस पर काफी विचार किया। उसने सीनियर डॉक्टर से परामर्श भी लिया और कुछ वक्त लेने के बाद वह जिस निष्कर्ष पर पहुँचा उस पर चल पाना सुनानी के वश की बात नहीं थी।

डॉक्टर प्रशान्त ने कहा इन कीड़ों को सिर्फ ऑपरेशन के द्वारा ही मस्तिष्क से निकाला जा सकता है। और सिर का ऑपरेशन मामूली ऑपरेशन तो है नहीं। डॉक्टर प्रशान्त यह कह कर दो बातों की तरफ इशारा करना चाह रहा था। एक तो यह कि, यह एक बड़ा ऑपरेशन है और यह किसी बड़े हॉस्पिटल में ही सम्भव है। सरकारी अस्पताल में सम्भव तो है परन्तु वहाँ भी यह ऑपरेशन एकदम मुफ्त नहीं हो सकता। एकदम मुफ्त क्या, ठीक-ठाक पैसा लग जाएगा। फिर कम से कम दो-तीन महीने का आराम।

सुनानी ने सोचा कहाँ से लाएगा वह इतने सारे पैसे? कैसे करेगा वह तीन महीने तक आराम? कौन कमा कर देगा इन तीन महीनों में घर चलाने लायक पैसे?

डॉक्टर प्रशान्त के द्वारा कही जो दूसरी बात थी वह ज़्यादा डरावनी थी। यह मस्तिष्क का ऑपरेशन है। बड़े डॉक्टर ही करेंगे तो सब अच्छा होना भी चाहिए लेकिन...। सुनानी इस 'लेकिन' को सुनकर चकरा गया था। डॉक्टर प्रशान्त ने कहा, "एक प्रतिशत डर तो कैजुअल्टी का रहता ही है। दिमाग सुन्न भी हो सकता है। पेशेन्ट कोमा में भी जा सकता है।" सुनानी कैजुअल्टी को समझ नहीं पाया। डॉक्टर प्रशान्त ने तब खुल कर कहा, "मौत भी हो सकती है। इससे कोई डॉक्टर कैसे इनकार कर सकता है।" मौत शब्द सुनकर सुनानी को लगा जैसे वह अभी ही वहीं मर चुका है। वह वहीं ज़मीन पर बैठ गया। उसने अपने सिर को दीवार पर टिकाया तो दिमाग के अन्दर भी थोड़ी हलचल हुई।

डॉक्टर प्रशान्त ने माहौल को बहुत गम्भीर देखा तो उसे थोड़ा हल्का करना चाहा। "अरे ऐसा कुछ नहीं होगा। डरो मत। यह तो उनका रोज का काम है। लेकिन डॉक्टर को बतलाना तो पड़ता ही है।" लेकिन सुनानी के दिमाग में यह 'मौत' शब्द जैसे टंग गया था।

सुनानी सोचता है 'चलो मैं ना भी डरूँ लेकिन मेरा परिवार, क्या होगा उसका? कौन जिन्दा रखेगा शुकान्त को और कौन करवाएगा शादी इन दोनों बेटियों की?'

पर सुनानी के सामने अब सवाल यह था कि आगे क्या?

सुनानी काम करता रहा और उसके मस्तिष्क में डॉक्टर प्रशान्त की बातें घूमती रहीं। होने को तो ठीक हो ही सकता है लेकिन कैजुअल्टी भी हो सकती है। मर भी सकता है आदमी। सुनानी गाड़ियों की बॉडी पर ढेर सारे जख्म देखता रहा और सोचता रहा। वह हथौड़ी चलाता रहा और सोचता रहा।

सुनानी को लगा कि जो गाड़ियाँ उसके पास इस जर्जर हालत में पहुँचती है उनमें और एक मनुष्य की जिन्दगी में कितनी समानता है। सरदार मोंटी सिंह कहता है जो गाड़ियाँ ठीक नहीं हो सकतीं उन्हें नष्ट कर दो। डॉक्टर प्रशान्त कहता है होने को तो सब ठीक हो जाए परन्तु होने को सब नष्ट भी हो सकता है। सुनानी की गोद में गाड़ी का एक बिलकुल ही बिगड़ा हुआ भाग पड़ा हुआ है। वह उस पर बहुत ही करीने से हथौड़ी चलाने लगता है। उसने अपने मन में कहा 'ठीक क्यों नहीं हो सकता है। ठीक तो सब कुछ हो सकता है, बस ठीक करनेवाला कलाकार अच्छा होना चाहिए।' अपने आप से जद्दोजहद करते हुए सुनानी ने कुछ विचार कर लिया अपने मन में। उसने अपने मन में सोचा 'इस जीवन को नष्ट होना ही है तो हार कर क्यों नष्ट हो।' इसलिए उसने अपने मन में कुछ निर्णय लिया।

यह बहुत दिलचस्प है कि सुनानी जब अगली बार डॉक्टर से मिला तो उसने एक बहुत ही नायाब सा प्रश्न सामने रखा।

"अगर कीड़े हैं तो कीड़ों की कोई उम्र भी तो होती होगी। वे मर भी तो जाएँगे?" डॉक्टर प्रशान्त निस्सन्देह सुनानी से सहानुभूति रखने लगा था, नहीं तो कौन डॉक्टर इतना वक्त देता एक मरीज को।

डॉक्टर प्रशान्त पहले थोड़ी देर तक तो इस प्रश्न के बाद सोच में पड़ गया था परन्तु उसने सोचकर और अपना पूरा डॉक्टरी दिमाग इस्तेमाल कर कहा, "अब इस कीड़े की उम्र क्या है यह तो पता नहीं। परन्तु कीड़े की कोई न कोई उम्र होती तो अवश्य होगी। तो क्या इन्तज़ार करोगे तुम उनके मर जाने का?"

और अगर तुम मर गए उनसे पहले तो? डॉक्टर प्रशान्त थोड़ा चिढ़ सा गया था क्योंकि उसे लगने लगा था कि सुनानी बस मरने ही वाला है।

सुनानी चुपचाप सुनता रहा लेकिन डर को उसने पीछे छोड़ दिया था। उसने लगभग अतल गहराई में खोते हुए धीमे से कहा, "और मेरे पास उपाय ही क्या है।" यह वाक्य सुनानी ने इतने धीमे से कहा था कि डॉक्टर प्रशान्त भी सुन नहीं पाया। प्रशान्त के प्रश्नवाचक निगाह से पूछने पर सुनानी ने कहा, "एक मरा हुआ आदमी क्या दुबारा मरेगा सर। एक ग़रीब जिन्दा है यही क्या कम बड़ा भ्रम है कि उससे जीवित बचे रहने का उपाय पूछा जाए।"

"सारे कीड़े मिलकर खा लेंगे मुझे। कोई बात नहीं। मर जाऊँगा। इसमें भी कोई बात नहीं। इतने सारे कीड़े ऐसे भी तो खा ही रहे हैं मुझे।" सुनानी बहुत गहराई से बोल रहा था और प्रशान्त सिर्फ सुन रहा था।

"सारे कीड़े खा लेंगे मुझे। मर जाऊँगा मैं। मेरा बेटा शुकु भी मर जाएगा।" सुनानी ने बिना यह जाने बोला कि डॉक्टर प्रशान्त भला क्योंकर जानने लगे उसके बेटे शुकान्त को।

डॉक्टर प्रशान्त जानता था कि उसके प्रोफेशन में भावुकता का कोई स्थान नहीं है परन्तु वह बहुत भावुक हो गया। उसने अपना हाथ सुनानी के कन्धे पर रख दिया और महसूस किया कि वह कन्धा एक कमजोर कन्धा है। उसने कहा, "वैसे तो किसी भी बीमारी को रोकना इतना आसान नहीं है परन्तु मैं कुछ दवाइयाँ दूँगा। यह बीमारी बढ़नी तो नहीं चाहिए।

"बस समझ लो अब तुम्हारे और तुम्हारे भीतर बसनेवाले इन कीड़ों के बीच जंग जैसा कुछ है। वे जब तक तुम्हारे भीतर हैं वे तुम्हें खाते रहेंगे। अब दौड़ सिर्फ इस बात की है कि पहले तुम हारते हो या कि वे। वे तुम्हें खाते रहेंगे और अगर

तुम मर गए तो जीत उनकी। लेकिन वे थक कर एक-एक कर अपनी आयु को प्राप्त करते रहे तो तुम्हारी जीत और यह जीवन तुम्हारा।"

"यह तुम्हारी जिन्दगी की रेस है। तुम्हें इसे जीतना ही चाहिए।" प्रशान्त की आवाज़ में एक जोश था जो वह चाहता था कि सुनानी के दिल में घर कर जाए।

लेकिन डॉक्टर प्रशान्त ने हिदायतें भी दीं।

"यह ध्यान रहे ऐसी कोई चीज कभी भी मत देखना जिसमें तुमको तुम्हारा ही अक्स दिखे। जैसे शीशा या फिर पानी।" कहने का तात्पर्य यह था कि पानी और शीशे में अपने अक्स को देखने से ये कीड़े और ज़्यादा उत्तेजित हो जाते थे जबकि उन्हें अब धीरे-धीरे सुलाना ही मकसद था।

"हो सके तो कोई मुलायम काम हाथ में ले लो। ज़्यादा आवाज़ और ज़्यादा कठिनाई तुम्हारे लिए अब ठीक नहीं।" यह एक ऐसी हिदायत थी जिसने सुनानी को उदास कर दिया।

सुनानी जब प्रशान्त के पास से गया तो उसके अन्दर गजब का जोश भर गया था। उसे जीवित रहने का एक अच्छा रास्ता मिल गया था या फिर कह लें एक नयी चुनौती। उसने डॉक्टर प्रशान्त की हिदायतों को ध्यान में रखा और फिर जुट गया अपनी इस बहुत अजीबोग़रीब प्रतियोगिता में। वह प्रतियोगिता जो एक मनुष्य और कीड़ों की प्रजाति के नामालूम कीड़े के बीच थी।

हाँ इस बीच सुनानी को ध्यान आया कि पिछले दो-तीन दिनों से न तो उसने चन्द्रप्रभा से बात ही की है और न ही पिछले दो-ढाई महीने से वह घर ही जा पाया है। उसने इसी उत्साह के साथ घर चला जाना सही समझा। चन्द्रप्रभा ने फोन पर बतलाया कि शुकान्त की तबीयत ठीक नहीं है और यह कि वह बिलकुल शान्त होता जा रहा है। सुनानी के लिए शुकान्त की यह ख़बर कोई नई नहीं थी इसलिए वह उससे विचलित नहीं हुआ।

'आवाज़ भी एक जगह है' के बदले 'आवाज़ की भी एक जगह है' (मंगलेश डबराल की कविता की पंक्ति में थोड़ा बदलाव करते हुए)

तमाम दूरी के बावजूद सुनानी को अपना यह नया घर बेहद पसन्द था। वह यहाँ रह नहीं पाता था लेकिन जब कभी वह यहाँ आता तो यहाँ की खामोशी उसे बहुत भली लगती थी। अपने काम पर रहते हुए सुनानी को हर घड़ी अपने घर और परिवार की चिन्ता रहती और सबसे ज़्यादा बीमार बेटे शुकान्त की। परन्तु इस इलाके की

यह एक खामोशी ही थी जो उसे सुकून देती थी। वह अपने मन में सोचता 'ईश्वर हर बुरे में कुछ अच्छा अवश्य करते हैं।'

वह खुद भी जब कभी यहाँ रहता इस खामोशी की ख़ुशियाँ मनाता। वह इस खामोशी में खामोश रहता और सिर्फ इस खामोशी को बोलने देता।

उस दिन अपनी आधे दिन की छुट्टी के साथ जब सुनानी घर आया तो घर पहुँचते-पहुँचते धूप कम हो गई थी लेकिन बनिस्पत ही क्योंकि अभी धूप पूरी खत्म नहीं हुई थी। मौसम में उमस थी और उसके कान के पीछे से पसीना अभी भी चू रहा था। उसकी बनियान पीठ पर पसीने के कारण चिपकी हुई थी।

पिछले कई महीनों से परेशान रहने के बाद आज सुनानी बहुत उत्साहित था। आज उसे लग रहा था जैसे उसने रास्ता ढूँढ लिया है। उसने पूरे रास्ते सोचा था कि अच्छा सोचने से हमेशा अच्छा होता है। वह आज अपने घर बहुत ही प्रसन्न मन से जा रहा था। पूरे रास्ते की चिल्लपों की परेशानी के बावजूद आज वह चिढ़ा हुआ नहीं था क्योंकि उसे मालूम था कि वह बस अभी-अभी खामोशी के आगोश में जानेवाला है। वह बहुत ख़ुश था इसलिए उसने सोचा था कि आज वह अपने बच्चों के साथ इस खामोशी में कुछ वक्त गुज़ारेगा। वह चाहता था कि शुकान्त के मन में जो कड़वाहट भर रही है वह आज उसे दूर करने की कोशिश अवश्य करेगा। वह अपने मन में हल्के से शुद्ध उड़िया में बुदबुदाया, "प्यारा बच्चा।" लेकिन उत्साह में इतनी जोर से बुदबुदाया कि बगल का आदमी पूछ बैठा, "क्या है?" और सुनानी झेंप गया।

बस स्टॉप पर बस से उतरते ही गर्म हवा के झोंके ने सुनानी का स्वागत किया। सड़क पर अभी भी बहुत शोर था, गाड़ियों के सांय-सांय निकलने की आवाज़ थी। जब उसने उस सड़क को छोड़ा और जहाँ से उसे उम्मीद थी कि अचानक यह आवाज़ उसका साथ छोड़ने लगेगी और खामोशी की बाँहों में धीमे-धीमे वह घुसता चला जाएगा, वास्तव में सुनानी के साथ वहाँ बहुत बड़ा धोखा हुआ। उसके ख़्वाबों के ठीक उलट वहाँ आज खामोशी नहीं बल्कि बहुत ही कर्कश आवाज़ थी। ऐसी कर्कश आवाज़ कि जैसे कान का पर्दा फट जाए।

सुनानी अपने घर की तरफ बढ़ रहा था और यह शोर उसकी ओर बढ़ रहा था। अचानक उसे लगा कि वह शोर के एकदम पास आ गया है। या कहें कि वह शोर की गिरफ्त में आ गया है। उसने देखा, उसके घर की जो चहारदीवारी थी जिसके बगल में दोनों तरफ छोटे-छोटे पहाड़ थे, जिनमें छोटे-छोटे पौधे उगे हुए थे और जहाँ गजब की एक खामोशी पसरी हुई रहती थी, उस जगह को लोहे के

कँटीले तार से घेर दिया गया था। उस घेरे के अन्दर दो-तीन क्रेन जैसी गाड़ियाँ लगी हुई थीं। उन गाड़ियों का काम था उन पत्थरों को तोड़कर उस जगह को समतल बनाया जाना। उन गाड़ियों में आगे एक नुकीली पेंसिल जैसी लोहे की बनी हुई चीज थी। गाड़ी में बैठा ड्राइवर गाड़ी को अपने पास से संतुलित कर उन पहाड़ों में धँसाता था और फिर वह पेंसिल जैसी नुकीली चीज उस पत्थर में घर्र-घर्र करके धँसती चली जाती थी। आवाज़ इतनी तेज और इतनी कर्कश कि नस फट जाए। वह लोहे की पेंसिल पहले पत्थर को फाड़ती थी और फिर उसे टुकड़ों में तब्दील करती थी। इस लोहे और पत्थर के बीच का संघर्ष इतना कठिन था कि गाड़ी तक काँप जाए। ड्राइवर बहुत मुश्किल से संतुलन बनाकर रखे हुए था।

इस कर्कश आवाज़ ने सुनानी के मन को एकदम से विचलित कर दिया। उसके मस्तिष्क में घर बना बैठे सारे कीड़े बहुत उत्तेजित हो गए। सुनानी को लगा जैसे उसका सिर फट जाएगा। उसने अपने सिर को पकड़ लिया और वह वहीं बैठ गया। उसके माथे में जो फोड़े थे उनमें एकदम से जलन उठी। उसने सोचा जैसे उसके सिर में आग लग गई है।

किसी तरह घर पहुँच कर सुनानी ने जो देखा उसको देखकर उसे लगा जैसे वह पागल ही हो जाएगा। बिस्तर पर शुकान्त जोर-जोर से छटपटा रहा था और उसकी माँ और बहनों ने उसके पैरों और हाथों को कसकर पकड़ रखा था। ऐसा लग रहा था जैसे शुकान्त कहीं भाग जाना चाह रहा है। वह दांत भींचे हुए था। उसकी आँखों की पुतलियाँ उलटी हुई थीं। उसके मुँह में झाग बन रहा था और पूरे मुँह पर झाग फैला हुआ था।

शुकान्त ने अपने पिता को देखा तो उसे लगा जैसे उसे नया जीवन मिल गया हो। सुनानी ने दौड़कर शुकान्त को अपने में समेट लिया। उसने उसके दोनों कानों को अपने दोनों हाथों से कसकर दबा दिया। सुनानी बिस्तर पर बैठा हुआ था और शुकान्त अधलेटा था। सुनानी ने उसे कसकर पकड़ रखा था। थोड़ा वक्त लगा और फिर शुकान्त को नींद आ गई।

यह किसी को पता नहीं चला कि सुनानी ने शुकान्त को कसकर पकड़ रखा था और तनाव के कारण सुनानी खुद ही अपने दौरे का शिकार हो गया था। वह एक मिनट तक के लिए अटका रहा। लेकिन वहाँ खड़े उसके परिवार के सदस्य में से कोई भी यह शक नहीं कर पाया कि सुनानी एक मिनट अटक कर वापस भी आ चुका था।

लेकिन शुकान्त को संयत करने के बीच सुनानी भूल गया था कि उसकी क्या हालत है। ज्योंही शुकान्त को नींद आई सुनानी भी वहीं बिस्तर पर ढेर हो गया।

जब अँधेरा घिरा और मशीन का काम बन्द हुआ तब सुनानी को भी राहत मिली। सूर्यप्रभा और चन्द्रप्रभा की बातों से जो जानकारी मिली वह यह थी कि जब से यहाँ यह काम शुरू हुआ है शुकान्त पूरे दिन यूँ ही तड़पता रहता है। वह पैर पटकता रहता है और यहाँ से कहीं भाग जाना चाहता है। पूरा दिन हमारा यूँ ही बीतता है उसे पकड़कर रखने में। सुनानी ने देखा दोनों बेटियाँ बड़ी हो रही हैं। सूर्यप्रभा जवान हो गई थी। सुनानी ने देखा कि सूर्यप्रभा अभी भी अपने पैर की गांठों से परेशान थी और वह चल नहीं पा रही थी। वह दीवार के सहारे चल पा रही थी या फिर वह बहुत ही आहिस्ता से अपना पाँव ज़मीन पर रख रही थी। सुनानी ने सूर्यप्रभा की तरफ देखा और गहन चिंता में खो गया।

सुनानी ने महसूस किया कि यह एक बन्द कमरा है और इसमें रहनेवाले चार जन बस धीरे-धीरे अपनी उम्र को जी रहे हैं। जी रहे हैं या फिर जीने को मजबूर हैं।

शुकान्त सोया हुआ था। सुनानी ने उसे देखा। ऐसा लग रहा था जैसे कई दिनों के बाद वह चैन की नींद सो पा रहा था। उसने देखा शुकान्त बहुत थका हुआ लग रहा था। उसके शरीर का अब विकास नहीं हो रहा था इसलिए वह अपनी उम्र से काफी छोटा लगने लगा था। उसके हाथ-पाँव सूखकर अजीब से होते जा रहे थे और उसका चेहरा अब डरावना लगने लगा था।

सुनानी जो सोचकर आया था वह यहाँ एकदम से उल्टा हो गया। इसलिए उसने यहाँ से अचानक भाग जाना चाहा। वह चाहता तो अपनी छुट्टी को एक दिन और बढ़ा कर यहाँ रुक सकता था। परन्तु आज वह अपने आप को सँभाल नहीं पा रहा था।

उसने सुबह घर से निकलते हुए देखा अभी पत्थर तोड़ने का काम शुरू नहीं हुआ था। अभी वहाँ सन्नाटा पसरा हुआ था। उसे बहुत अच्छा लगा लेकिन उसने तुरन्त वहाँ से भाग जाना चाहा। वहाँ एक बोर्ड अवश्य लगा हुआ था जिस पर अंग्रेज़ी में कुछ लिखा हुआ था। वह जितना समझ पाया, उससे ऐसा लगा जैसे यह ज़मीन किसी बड़ी कम्पनी को दी जा रही है जो यहाँ बड़ा कारखाना जैसा खोलेगी शायद। कारखाना या फिर कुछ और, पता नहीं क्या।

राजेश जोशी की एक कविता है 'रात किसी का घर नहीं'

सुनानी घर से भागकर आ तो गया लेकिन यहाँ आकर भी वह बेचैन ही रहा। उसे अब हमेशा ऐसा लगता जैसे उसके बिना उसका बेटा मर जाएगा।

सुनानी के लिए तनाव लेना बहुत खतरनाक था। डॉक्टर के अनुसार वह जितना तनाव लेगा उन कीड़ों को खत्म करना उतना ही मुश्किल होगा। सुनानी चाहता था कि तनाव नहीं ले परन्तु बार-बार उसके बेटे का चेहरा उसके सामने आ जाता। उसे घर से लौटकर आए हुए एक सप्ताह गुजरने को था परन्तु इस सप्ताह में उसने अपने आपको इतना तनाव में रखा था कि ऐसा लगता था जैसे वह अपने आप को इस चुनौती में क्या रखेगा, उसकी मौत तो ऐसे ही हो जाएगी।

सुनानी के पास जो काम होता था उसमें वह अपने को डुबोये रखने की कोशिश करता था। उसे उस बंगाली दादा की बात हमेशा याद रहती थी कि 'वह तो एक कलाकार है। और कलाकार का काम तो इस दुनिया को संवारना है।' सुनानी हमेशा चाहता था कि वह अपने काम में कभी कोताही नहीं करे।

जब गैरेज में चोटिल गाड़ियाँ आतीं तो उसकी सबसे बड़ी मुसीबत होती कि वह उन हिस्सों को खोलने के लिए कैसे जाए क्योंकि गाड़ियों में शीशे लगे होते थे। और वह चाहता था कि जितना कम से कम हो सके वह अपनी शक्ल देखे। वह किसी को बतलाना नहीं चाहता था इसलिए उसकी मुश्किल ज़्यादा थी। गिरिजा समझता था तो वह साथ भी देता था। सुनानी के कहने पर गिरिजा गाड़ी के शीशे को पहले कपड़े से ढक देता था। फिर सुनानी वहाँ काम करता था।

सुनानी पानी पीता तो आँख मूंद कर। उसने उसके बाद से कभी अपनी शक्ल किसी शीशे में देखी नहीं थी। उसे पता नहीं था अब उसकी शक्ल कैसी हो गई है।

अपनी इन एहतिहातों से सुनानी को ऐसा लगने लगा था कि एक दिन सारे कीड़े मर जाएँगे और वह बच जाएगा। सुनानी सोचता था कि वह बच जाएगा पर उसका बेटा कैसे बचेगा? वह सोचता 'क्या वाकई ऐसी कोई जगह है जहाँ कि कोई आवाज़ नहीं हो?'

अब चन्द्रप्रभा का रोज खुद ही फोन आता, "पापा अब घर आ जाओ। बचा लो इसे पापा। यह मर जाएगा। अब इसकी तड़प देखी नहीं जाती।"

सुनानी ने सोचा एक दिन वहाँ जाकर यह समझने की कोशिश वह जरूर करेगा कि यह आवाज़ आखिर कब तक के लिए है। सुनानी वहाँ पहुँचा तो सब वैसा ही था। कष्ट कम इसलिए था क्योंकि सुनानी भी अपने काम को पूरा करके ही गया था। बस थोड़ा ही पहले निकला था। इसलिए जब तक वह वहाँ पहुँचा अँधेरा घिरने को था और वहाँ से सारे मजदूर जाने को थे। वहाँ की कर्कश आवाज़ बन्द हो चुकी थी। हाँ, सारी मशीनें वहीं खड़ी थीं।

मजदूरों के पास जाकर सुनानी ने पूछा "क्या इस शोर के बिना पत्थर नहीं काटा जा सकता?"

तब मजदूरों को लगा था कि यह कोई पागल है। "हाँ तू रोज रात में छेनी-हथौड़ी से काट लिया कर।" एक मजदूर ने हँसते हुए कहा था। सुनानी ने देखा उस कँटीले तार के अन्दर इस तरह की गाड़ियाँ खड़ी थीं।

"क्या हम अब शोर के बिना कभी नहीं रह पाएँगे?" यह आखिरी सवाल था सुनानी का।

मजदूरों में एक थोड़े प्रौढ़ मजदूर ने कहा "यह दुनिया अब शोर के बिना कुछ नहीं है बेटा। शोर के बिना सिर्फ मरा जा सकता है।"

सुनानी अपने मन में बुदबुदाया, 'यह शोर ही तो मृत्यु है।'

उस दिन जो उसने अपने बेटे की हालत देखी वह पिछली बार से भी बदतर थी। सुबह वह निकलने लगा तो शुकान्त कातर निगाह से उसे देख रहा था। सुनानी की आँखों से आँसू झड़ने लगे थे और वह झटके से निकल आया था।

अपने सारे कष्टों के साथ जैसे-तैसे सुनानी गैरेज पर दिन तो काट लेता था लेकिन सबसे मुश्किल था रात काटना। यह सोचना भी कितना अजीब लगता है कि सुनानी रात में सो ही नहीं पाता था। उसने कभी पाँच-दस मिनट की झपकी ले ली तो ले ली, इससे ज़्यादा सोना उसके लिए अब सम्भव नहीं था।

रोज शाम को जब अँधेरा घिरने लगता तब सुनानी का मन करता कि वह सब कुछ छोड़छाड़ कर घर भाग जाए। लेकिन वह जानता था कि वह मजबूर है।

सुनानी रात में सोता नहीं था और चूँकि सोता नहीं था तो भटकता था। वह पैदल बहुत दूर तक निकल जाया करता था या फिर ज़मीन पर लकीरें खींचता था। उसने देखा था कि दिल्ली की रात भी रोशनी भरी होती है। रात में गाड़ियाँ चलती हैं। रात में नशा होता है। और रात में भी यह शहर अपने पूरे शबाब पर होता है।

तमाम एहतिहातों के बाद सुनानी कितना ठीक हो पाया था यह तो कहा नहीं जा सकता था। और ना ही ठीक-ठीक यह कहा जा सकता था कि कीड़े और उसकी जंग में कौन आगे चल रहा था और कौन पीछे। परन्तु सुनानी को पता नहीं चल रहा था लेकिन धीरे-धीरे उसकी याद्दाश्त खत्म होने लगी थी। धीरे-धीरे उसका सिर ज़्यादा चकराने लगा था। धीरे-धीरे वह ज़्यादा अटकने लगा था।

और बड़ी बात यह थी कि अब सरदार मोंटी सिंह को धीरे-धीरे यह पता लगने लगा था कि सुनानी के दिमाग में गड़बड़ी हो गई है। लेकिन यह गड़बड़ी किस स्तर तक है अभी समझ नहीं आया था।

दिल्ली में नींद

वह एक भयंकर रात थी। लेकिन मौसम सुहावना था। सुनानी मुख्य सड़क पर भटक रहा था। बेहद गर्मी के बाद शाम को हल्की बारिश हुई थी। यह बारिश के खत्म होने के बाद का समय था। सड़क पर पानी की चमक अभी बाकी थी और मिट्टी की सौंधी ख़ुशबू अभी फ़िज़ा में घुली हुई थी। सुनानी भटकते हुए दूर निकल आया था, उस तरफ जिस तरफ मेट्रो लाइन थी। सड़क के ठीक बीचोंबीच पाए के सहारे मेट्रो लाइन को ऊँचा उठा दिया गया था। पाए के ऊपर मेट्रो की चौड़ी पाट थी और उस पाट के ठीक नीचे की ज़मीन जो कि सड़क के ठीक बीच में थी वह थोड़ी ऊँची थी और वह सूखी हुई थी। सुनानी ने महसूस किया कि दिन भर घर्र-घर्र की आवाज़ करनेवाली यह मेट्रो की पाट अभी शान्त लेटी हुई थी। सुनानी उस मेट्रो लाइन के ठीक नीचे वाली पाट जो कि सड़क से थोड़ी ऊँची थी उस पर चढ़ गया और उस पर चलना शुरू कर दिया। दोनों ओर की सड़कों पर गाड़ियों की आवाज़ थी।

सुनानी का सिर आज शाम से ही भारी लग रहा था और उसने महसूस किया कि उसे आज रह-रह कर चक्कर भी आ रहे थे। इस खुली जगह में मौसम की ठंडक को महसूस करना सुनानी को थोड़ा राहत दे रहा था। उसने देखा उस खुली पटरी पर लोग निश्चिन्त सोये हुए थे। आज मौसम में थोड़ी ठंडक थी इसलिए उनकी नींद में एक गहराई थी। सुनानी को उन लोगों को यूँ गहरी नींद में सोये देखना अच्छा लग रहा था। वह अपने आप को उन लोगों से टकराने से बचाते हुए चल रहा था।

वह सीधा आगे बढ़ता रहा और एक जगह आकर रुक गया। उसने देखा एक परिवार था। माँ-बाप और उनके तीन बच्चे। जहाँ वे सोये थे वहीं एक छोटा सा कनात तना हुआ था। लेकिन पूरा परिवार उस कनात से बाहर खुले में सो रहा था। कनात के बगल में जलावन वाला चूल्हा था जिसकी आग बुझ चुकी थी। वहाँ कुछ जूठे बर्तन रखे हुए थे।

बेटी सबसे बड़ी थी। वह एक किनारे सोयी हुई थी। माँ के साथ सबसे छोटा बेटा चिपट कर सोया हुआ था। बाप के साथ बीच वाला बेटा जो पाँच-छह साल का होगा, बेख़बर सोया हुआ था। बाप दूसरे किनारे में था जिसके साथ ही लगा हुआ मेट्रो का एक पिलर था। सुनानी ने इस परिवार को देखा और उसे बहुत अच्छा लगा। वह मेट्रो के उसी पिलर से रगड़ खाते हुए वहीं बैठ गया और एकटक देखने लगा। उसने आसमान की ओर देखा, आसमान साफ था। उसने अपनी कमीज की जेब से मोबाइल निकाल कर देखा। उस पर एक मिस्ड कॉल

थी। उसने मोबाइल के अन्दर प्रवेश कर देखने की कोशिश की। यह कॉल उसके घर से थी। उसने सोचा पता नहीं कैसे छूट गई। उसके मन में एक आशंका तैर गई। उसने मोबाइल में ही समय देखा रात के सवा दो बज रहे थे। उसका मन किया कि वह अभी पलट कर अपने घर फोन कर ले। लेकिन फिर सोचा शुकान्त की नींद खराब होगी और वह घबरा जाएगा। और फिर उसने सामने निश्चिंत सोये उस परिवार को भी देखा। बीच वाले बच्चे ने अब अपनी बाँहों में अपने पिता को बहुत ही प्यार से जकड़ लिया था।

सुनानी वहीं बैठा रहा और देखता रहा। सुनानी को अपना बचपन याद हो आया। कैसे वह अपने पिता के साथ समुद्र की लहरों से खेला करता था। कैसे उनके साथ वह डोंगी में दूर तक निकल जाया करता था। और कैसे पिता ने अपने हाथों से उसे मछलियों को सहलाना सिखलाया था।

उसे याद आए अपने बच्चों के साथ बिताए गए पल। कैसे वह अपनी उस झोपड़ी जैसे घर की खिड़की से उन्हें तारे दिखाया करता था। कैसे उसके काम से लौटने तक बेसब्री से इन्तज़ार करते थे बच्चे। फिर शुकान्त का दर्द याद आया और उसकी तड़प भी। उसकी उलट जाती पुतली और झाग से भरा हुआ मुँह। सुबह घर से निकलते वक्त की उसकी कातर आँखें। उस छटपटाती हुई स्थिति में पिता को कसकर पकड़ना सुनानी को अभी याद आया तो उसका मन बेचैन हो गया।

सुनानी के सिर में जोरदार चक्कर आने लगा। उसने अपने सिर को उस पिलर से सटा दिया। पर कुछ फर्क नहीं पड़ा। उसे लगा जैसे उसके सिर में जोर-जोर से कोई चक्कर लगा रहा है। और उसी रफ्तार में उसका सिर भी घूम रहा है। ऐसा लग रहा था जैसे उसका सिर अभी खुल जाएगा। उसने वहाँ से उठ जाना चाहा। वह उठा और उठते हुए पहले पिता के साथ प्यार से सोये उस पाँच साल के बच्चे के माथे पर अपना हाथ फेरा। बच्चे ने पिता को अभी भी कसकर पकड़ रखा था। उसकी नींद अभी भी बहुत गहरी थी।

सुनानी को पता नहीं क्या हुआ। उसने वहीं पास पड़ी हुई एक ईंट को उठाया और उसे तोड़कर उसके टुकड़े कर लिए। फिर उसने उन टुकड़ों से मेट्रो के उस खम्भे पर कुछ लिखना शुरू कर दिया। आंय-बांय। पता नहीं क्या-क्या। उसने वहाँ कुछ चित्र बनाए। बस, गाड़ी, रिक्शा और एक लम्बी सड़क। उसका हाथ जहाँ तक आराम से पहुँच सकता था उसने वहाँ तक चित्र बनाए, फिर दूसरा खम्भा, फिर तीसरा खम्भा। वह तब तक चित्र बनाता रहा जब तक कि उजाला न हो जाए। और हर चित्र में बस, और सड़क जरूर थे। उसके आखिरी चित्र में

एक बच्चा था। बच्चे के छोटे-छोटे बाल थे। बच्चे के गाल पिचके हुए थे और उस बच्चे की आँखें मुंदी हुई थीं।

उजाला होने के बाद और अपने आखिरी चित्र बना लेने के बाद सुनानी हँसने लगा। जोर-जोर से नहीं बिलकुल कुटिल मुस्कान। वह मुस्कराता हुआ अपने गैरेज में पहुँच गया। उसने आज कुछ खाया भी नहीं, बस मुस्कराता रहा। वह गिरिजा का इन्तज़ार करता रहा। गिरिजा के आते ही उसने मुस्कराना छोड़ दिया और दौड़कर गिरिजा के पास चला गया।

सुनानी गिरिजा के पास गया और गिरिजा के बिना सँभले ही बोलना शुरू कर दिया। गैरेज में अभी सिर्फ सुनानी के अलावा गिरिजा ही था। वह सुनानी के कारण थोड़ा जल्दी आता था। सुनानी गिरिजा के पास गया और चिल्लाना शुरू कर दिया।

"तुम्हें क्या लगता है घर जाने नहीं दोगे तो क्या मुझे रोक लोगे? तुम उन कबूतरों को रोक पाए घर जाने से? तुम उन चींटियों को रोक पाए? बड़े आए रोकनेवाले?"

"तुम्हें क्या लगता है मैं मर जाऊँगा। इतना आसान नहीं है मरना।" सुनानी अपनी रौ में बोल रहा था और गिरिजा को कुछ भी समझ में नहीं आ रहा था।

सुनानी गिरिजा के बहुत पास चला गया। गिरिजा को पहली बार सुनानी से डर लगा और वह छिटक कर दूर चला गया। सुनानी ने अपनी आवाज़ को धीमा किया, "डर मत। मैं हूँ मैं। तू डर क्यूँ रहा है? मुझे नहीं पहचानता? मैं हूँ सुनानी। चारुदत्त सुनानी।"

मैंने एक रास्ता निकाला है। बस तू एक कुदाल ले आ।" गिरिजा बस चुप्प सुन रहा था। गिरिजा चुप था तो सुनानी खीझ भी रहा था।

वह गिरिजा पर झल्ला उठा, "तू क्या अपने को इस दुनिया का मालिक समझता है? यह धरती तेरी है? यह आसमान तेरा है? यह मिट्टी तेरी है? फिर तो यह कबाड़ भी तेरा ही होगा।" सुनानी ने वहाँ पड़े हुए गाड़ियों के कुछ टुकड़ों को हाथ से उठाया और उन्हें दम लगाकर दूर फेंक दिया।

"तुम मुझे अपनी सड़क पर नहीं चलने दोगे तो कोई बात नहीं। मैं अपना एक अलग रास्ता बना लूँगा। बस एक कुदाल ले आ।"

गिरिजा अभी तक जवाब नहीं दे रहा था। लेकिन वह मौके की गम्भीरता को समझ जरूर रहा था।

लेकिन इस बार गिरिजा ने डरते हुए पूछा, "दादा, कुदाल का क्या करोगे?" वह सावधान भी था। उसे लगा सुनानी उस पर झपट्टा मार देगा।

पर सुनानी एकदम शान्त होकर उसके करीब आया और फुसफुसाते हुए बोला, "एक सुरंग बनाऊंगा।"

"सुरंग!" गिरिजा ने चौंक कर सुनानी की ओर देखा तो सुनानी और चौकन्ना हो गया।

"हाँ रोज रात में सुरंग बनाऊंगा। किसी को पता भी नहीं चलेगा। सरदार साहब को भी पता नहीं चलेगा। बस तू मत बतइयो।" सुनानी ने ऐसे कहा जैसे इसे राज़ की तरह रखने की हिदायत दी जा रही हो।

"बस पाँच-छह रातों में सुरंग तैयार। फिर मैं रोज घर जाऊँगा। रोज। रोज जाकर मैं अपने बेटे के पास सो जाया करूँगा।" सुनानी ने कहा और उसकी आँखों से आँसू निकल आए।

"फिर मेरा बेटा कभी नहीं रोयेगा।"

"पर घर तो बहुत दूर है दादा।" गिरिजा ने समझाना चाहा।

सुनानी ने अब गिरिजा पर एकदम झपट्टा मार दिया। उसकी गरदन को पकड़ लिया और कहा, "घर मेरा है...तू ज़्यादा जानता है। तू मुझे घर जाने देता क्यों नहीं? मेरे बेटे ने तेरा क्या बिगाड़ा है?" थोड़ी देर में सुनानी ने गिरजा को छोड़ दिया और फिर वहीं बैठ गया।

"तू क्या चाहता है कि मेरा बेटा मर जाए?" सुनानी ने गिरिजा के पैर पकड़ लिए। ऐसा लग रहा था जैसे गिरिजा ही वह व्यक्ति है जो उसे सुरंग बनाने की अनुमति देगा।

गिरिजा चुपचाप खड़ा था और सुनानी वहीं ज़मीन पर बेचैनी में लोटपोट हो रहा था।

कहानी खत्म होने पर कुछ यथार्थ और कुछ शक-शुबहा

इसमें न तो आपको और न मुझे कोई शक है कि जब सुनानी सामान्य हुआ होगा तो गिरिजा ने उसे माफ कर दिया होगा। क्योंकि वह जानता है कि दादा बीमार हैं। और यह भी कि दादा अब क्या बचेंगे। और बीमार आदमी का क्या बुरा मानना।

यह शक आपको भी होगा और मुझे भी है कि सुनानी अपनी बीमारी को अब भला और कितने दिनों तक अपने मालिक सरदार मोंटी सिंह से छुपा पाएगा। अब वह घड़ी बहुत नज़दीक ही है। शायद तब सरदार मोंटी सिंह उसे उस नौकरी से निकाल देगा। और सुनानी का नौकरी से निकलना! फिर आगे क्या-क्या होगा— मैं और आप दोनों जानते हैं।

यह सन्देह आपको भी है और मुझे भी कि सुनानी का लगभग जिन्दा लाश बन चुका बेटा पता नहीं कब तक उस कर्कश आवाज़ को झेल पाएगा? कब तक अपनी छटपटाहट के साथ वह जिन्दा रह पाएगा? पता नहीं क्या होगा उसका?

लेकिन अभी का यथार्थ यह है कि गिरिजा ने सुनानी को कुदाल लाकर दे दी है और सुनानी रात में कुदाल ले कर निकल जाता है। अपने गैरेज के पीछे वाले इलाके में जाकर उसने एक सुरंग खोदना शुरू कर दिया है। वह रोज वहाँ घंटों मेहनत करता है और उजाला होने पर अपने गैरेज में अपने काम पर लौट आता है। वह रोज गिरिजा को बताता है कि अब वह अपनी मंजिल से बस थोड़ी ही दूर है। उधर ज्योंही उसका घर निकल आएगा वह अपने घर चला जाएगा। सुनानी कहता वह एक दिन उसको भी अपने साथ अपने घर ले जाएगा।

यह शक आपको भी है और मुझे भी कि यह सुरंग कितने दिनों तक इस दुनिया से छिप पाएगी।

लेकिन अभी सच यही है कि अगर रात के घुप्प अँधेरे में आप आएँ और दिल्ली के इस इलाके में जाएँ तो वहाँ आपको सुनानी सुरंग खोदता हुआ मिल जाएगा।

बस दो गुजारिश आपसे अवश्य हैं कि आप उसे देखें लेकिन चुपके से। और यह भी कि कोई उसे यह न बतलाए कि उसका घर इस सुरंग से बहुत दूर है। दूर बहुत दूर। सुनानी अभी सुरंग खोद रहा है और हमें इस सुरंग को बचाना तो चाहिए ही। बस इतना ही।

नरम घास, चिड़िया और नींद में मछलियाँ

एक

5:20 पर पहुँचनेवाली गाड़ी 7:35 पर पहुँचनेवाली थी।

प्लेटफॉर्म पर बैठने की जगह नहीं थी। अनुराग अपने हाथ में 'बिजनेस टुडे' को मोड़कर थामे हुए था। वह जब यहाँ पहुँचा था तब सात बजकर पाँच मिनट हुए थे और उसने मैगजीन कॉर्नर जाकर बिजनेस टुडे के इस नए अंक को इस उम्मीद के साथ खरीदा था कि वह इसी के सहारे समय काटेगा। 7:35 हो गए थे परन्तु अभी भी गाड़ी की कोई उद्घोषणा नहीं थी। गाड़ी के पहुँचने का समय नज़दीक आ गया था तो अनुराग का अब उस पत्रिका को पलटने का मन नहीं कर रहा था। प्लेटफॉर्म पर बहुत गन्दगी थी और वहाँ एक बच्चे के रोने की आवाज़ भी थी। बच्चा अनवरत रो रहा था और उसकी माँ चुप बैठी हुई थी। अनुराग उस रोने की आवाज़ से थोड़ा दूर था और सीढ़ी के सहारे तिरछा खड़ा होकर पटरी पर दौड़नेवाले चूहे को देख रहा था। पटरी पर दो मोटे-मोटे चूहे थे जो बार-बार बिल के बाहर-भीतर कर रहे थे।

अनुराग की उम्र चालीस के करीब होगी और लम्बाई बहुत ज़्यादा नहीं थी। चेहरे पर मूंछ नहीं थी। उसकी जेब में चश्मा था परन्तु उसे वह हरदम नहीं पहनता था।

प्लेटफॉर्म पर जितने भी डिस्प्ले थे, सारे खराब थे। उनमें पीले रंग में कुछ लिखा तो आ रहा था लेकिन वह इतना बिखरा हुआ था कि उससे कोई अर्थ बन नहीं पा रहा था। अनुराग मन में सोच रहा था कि पता नहीं 'बी टू' किधर पड़ेगा। पहले उसने सोचा कि जब गाड़ी रुकने लगेगी तब वह 'बी टू' ढूँढ लेगा। फिर

उसे लगा कि पिता यहाँ प्लेटफॉर्म पर उतरते ही उसे नहीं देखकर घबरा जाएँगे। उसे अचानक याद आया कि जब बचपन में अपने पिता के साथ वह दुर्गा मेला देखने जाता था तब एक मिनट को भी पिता की उँगली नहीं छोड़ता था। अचानक अनुराग के मस्तिष्क में दुर्गा मेला में पिता के साथ घूमने का दृश्य घूम गया, और उसके चेहरे पर एक हलकी सी मुस्कान आ गई।

लेकिन इस वक्त पिता काफी बीमार हैं और उनकी हालत पता नहीं कैसी है, ऐसा सोचते हुए वह अचानक अजीब सी बेचैनी महसूस करने लगा। उसने इधर-उधर नज़र घुमाना शुरू किया। सामने सामान ढोनेवाले एक ठेले पर एक कुली बैठा हुआ दिखा। कुली ने 'बी टू' के लिए थोड़ा और पीछे जाने के लिए कहा।

अनुराग ने पीछे की तरफ चलना शुरू किया तभी उसका फोन बज गया। उसने जेब से मोबाइल निकाला। वहाँ शेफाली की तस्वीर के नीचे शेफाली नाम भी लिखा था। शेफाली उसकी पत्नी का नाम है, ऐसा उसने सोचा नहीं होगा किन्तु बताने के लिए यहाँ कहानी में यह लिखा जा रहा है कि उसने उस वक्त अपने मन में ऐसा सोचा। उसने हरे वाले बटन की तरफ स्क्रीन को खिसका दिया।

"क्या हुआ गाड़ी आई नहीं क्या?" शेफाली ने पूछा।

"दो-ढाई घंटे लेट है।" शेफाली से बात करके अनुराग की वह खीझ थोड़ी कम हुई जो इस प्लेटफॉर्म की व्यवस्था ने उसके भीतर भर दी थी।

"राजधानी भी?"

"अरे यार बहुत बुरा हाल है। अभी तो कोई अनाउंसमेंट भी नहीं है। तुम घर पहुँच गईं ना?" अनुराग को अचानक याद नहीं आ रहा था कि अभी ठीक-ठीक कितने बजे हैं लेकिन उसने प्लेटफॉर्म के बाहर झाँककर देखा और पत्नी से यह सवाल कर दिया। बाहर अँधेरा घिर आया था।

"साढ़े सात बज रहे हैं अनुराग। बच्चों को पढ़ा रही हूँ।" शेफाली ने कहा लेकिन अनुराग को उसकी आवाज़ में थोड़ी थकावट महसूस हुई।

"हूँ..." पता नहीं क्यों लेकिन अनुराग के मुँह से निकला।

"आते वक्त स्टेशनरी से एक थर्मोकोल की शीट और कुछ सितारे ले आओगे? हाँ थोड़े से गुगली आइज़ भी ले आना। अवनी को प्रोजेक्ट बनाना है।"

अनुराग चुप रहा।

"...छोड़ो मैं ही देखती हूँ।" शेफाली ने कहते हुए एक गहरी साँस छोड़ दी।

शेफाली ने फोन रखा तो अनुराग को याद आया कि वह आज गाड़ी लेकर नहीं आया है। यहाँ गाड़ी पार्किंग की इतनी परेशानी है कि वह हिम्मत नहीं करता है। उसने मोबाइल में ऊबर निकालकर उस पर उँगली रखी और वहाँ दो-तीन मिनट के अन्तराल में ही ढेरों गाड़ियाँ दिखने लगीं। उसने सोचा बाहर निकल कर बुक कर ली जाएगी।

बिना अनाउंसमेंट के गाड़ी प्लेटफॉर्म पर प्रवेश करने लगी। कुलियों की भागादौड़ी गाड़ी के प्रवेश करने के पहले ही बढ़ गई थी। अनुराग भी चौकन्ना हो गया यह देखने के लिए कि 'बी टू' बोगी किधर लगेगी।

दो

फुच्चु मास्साब नीचे वाली बर्थ पर लेटे थे और उनकी कमर में दर्द था। साँस चढ़ रही थी और पेट काफी फूला हुआ था। लेकिन बाहर अँधेरे के बाद जब अचानक बहुत रोशनी दिखने लगी तब उन्होंने तकिये के सहारे अपने सिर को थोड़ा ऊँचा उठा लिया। खिड़की के बाहर ऊँची-ऊँची इमारतें और ढेर सारी रोशनी उन्हें चकाचौंध कर रही थी। रोशनी के इस सैलाब को देखकर फुच्चु मास्साब के मन में एक अजीब सी घबराहट हो गई। उन्होंने अपने पाँव के पास बैठे टुनटुन को पूछा "अन्नु स्टेशन पहुँच गया होगा ना?" यह अन्नु अनुराग से बना है। टुनटुन ने हाँ में सिर हिलाया तब फुच्चु मास्साब को थोड़ी राहत महसूस हुई। टुनटुन सिर्फ फुच्चु मास्साब को दिल्ली पहुँचाने आया है।

सामने साइड अपर बर्थ पर एक लड़का बैठा था। वह पूरे रास्ते अपने कान में मोबाइल की लीड ठूँस कर मोबाइल में कुछ देखता और मुस्कराता आया था। साइड लोअर के जिस बर्थ के ऊपर वह लड़का अधलेटा था उसी खिड़की से फुच्चु मास्साब इस चमकीली दुनिया को देख रहे थे। पिछले तीन-चार घंटे से वह बर्थ खाली थी, उसका पैसेंजर गाड़ी से उतर चुका था। बगल वाली दोनों सीटों पर दो लड़कियाँ थीं जो लगभग पूरे रास्ते सोती आई थीं। वे सिर्फ खाना खाने के लिए जगी थीं और फिर सो गई थीं। लेकिन अब चूँकि गाड़ी नई दिल्ली पहुँचनेवाली थी इसलिए अब दोनों लड़कियाँ जग गई थीं और चुप बैठी हुई थीं।

नीचे की बर्थ पर सोई हुई लड़की जग तो गई थी परन्तु वह अभी भी सफेद चादर से सिर को छोड़कर पूरे शरीर को ढँके हुए थी। जो लड़की ऊपर

सो रही थी वह नीचे वाली बर्थ पर लेटी हुई लड़की के पैर के पास बैठ गई फिर उसने अपने मोबाइल का डाटा ऑन किया और लगातार उस पर मैसेजेज आने लगे। ऐसे जैसे सारे मैसेजेज अन्दर प्रवेश करने को रुके पड़े थे। टूं टूं, टीं टीं की अनवरत आवाज़ ने थोड़ी देर तक उस लड़की को भी असहज कर दिया। फुच्चु मास्साब टोपी पहने थे और कम्बल ओढ़े थे तो कम्बल और उस टोपी के बीच से सिर्फ उनकी शक्ल दिख रही थी। टोपी और कम्बल के बीच से फुच्चु मास्साब छोटे बच्चे की तरह मुँह निकालकर बहुत ही भौचक निगाह से उस लड़की को देख रहे थे। तब उस सोई हुई लड़की ने पैर से बैठी हुई लड़की को इशारे में हल्का सा धक्का दिया और फिर उस बैठी हुई लड़की ने या तो डाटा ऑफ कर दिया या फिर उस मोबाइल की आवाज़ को बन्द कर दिया।

फुच्चु मास्साब की तबीयत खराब थी इसलिए उनकी खाना खाने की रुचि बिलकुल खत्म हो गई थी। मास्साब इस तरह की गाड़ी में पहली बार बैठे थे जिसमें खाना भी परोसा जाता था। यह देखकर उन्हें बहुत सुखद आश्चर्य हुआ था परन्तु यह समय ग़लत था और वे कुछ खा नहीं पाए। हाँ, उन्होंने दोनों बार खाने के साथ दी जानेवाली आइस्क्रीम ज़रूर खाई। फुच्चु मास्साब ने सोचा था बेटे से मिलेंगे तो बतलाएँगे कि आइस्क्रीम अच्छी थी।

गाड़ी ने स्टेशन में प्रवेश किया परन्तु फुच्चु मास्साब अब भी शान्त लेटे हुए थे। उन्होंने कोई जल्दबाजी नहीं की। उन्हें अन्नु की सख़्त हिदायत याद थी कि गाड़ी यहीं खत्म ही हो जाएगी इसलिए कोई जल्दी नहीं है। अनुराग को यह मालूम था कि इस हिदायत से भी उन्हें कुछ फर्क पड़नेवाला नहीं था परन्तु आज फुच्चु मास्साब का स्वास्थ्य साथ नहीं दे रहा था। लोग उतरने के लिए बेताब थे परन्तु वह लड़का कान में लीड ठूँसे हुए अभी भी आराम से अपने मोबाइल को देख रहा था। फुच्चु मास्साब अब तक उठकर बैठ गए थे और उन्हें लगा था शायद वह लड़का या तो समझ नहीं पाया है कि उसका स्टेशन आ गया है और यह गाड़ी यहीं खत्म हो जाएगी या हो सकता है कि उनके पास ही ग़लत जानकारी हो, यह गाड़ी शायद आगे भी जाती हो। फुच्चु मास्साब ने उस लड़के की तरफ इशारा करके पूछा कि 'उसे उतरना नहीं है क्या?' लड़के ने उन्हें देखा और कोई जवाब नहीं दिया। हाँ फिर उसने अपने कान की लीड को समेटकर मोबाइल बन्द किया और अपने एक पिठ्ठू बैग को कन्धे पर लटका कर चल दिया।

तीन

अनुराग जब पिता को लेकर स्टेशन से बाहर चला तब उसे महसूस हुआ कि पिता काफी कमज़ोर हो गए हैं और उन्हें चलने में इस वक्त काफी तकलीफ हो रही है। अनुराग ने पिता को अपने कन्धे का सहारा दे रखा था। उसे यह अच्छा लगा कि गाड़ी सोलह नम्बर प्लेटफॉर्म पर लगी इसलिए सीढ़ी चढ़ने की समस्या नहीं रही। उसने अभी तक टैक्सी बुक नहीं की थी। उसे यह मालूम था कि ऊबर को आने में महज दो मिनट लगने हैं। पिता अनुराग के कन्धे का सहारा लिए हुए थे तो अनुराग को अच्छा लग रहा था। अनुराग ने पिता की तरफ घूमकर धीरे से कहा, "सब ठीक हो जाएगा।" फुच्चु मास्साब ने सुना और वे थोड़े रुआँसे से हो गए।

स्टेशन पर काफी भीड़भाड़ थी। फुच्चु मास्साब काफी धीरे-धीरे चल रहे थे और स्टेशन पर बहुत तेज चलने की जगह भी नहीं थी। स्टेशन के दरवाजे से वे लोग अभी निकले ही थे कि ऑटो और टैक्सी वालों का आक्रमण शुरू हो गया। बाहर अँधेरा था लेकिन ऐसा दूर देखने से ही पता चल सकता था क्योंकि वहाँ तो बड़े-बड़े हैलोजन से बहुत तेज रोशनी थी। फुच्चु मास्साब ने स्टेशन के बाहर इतनी रोशनी की कल्पना नहीं की थी, इसलिए उन्हें आश्चर्य हुआ। उन्होंने ऊपर जहाँ से रोशनी आ रही थी वहाँ देखा। हैलोजन बहुत ऊँचाई पर लगे थे। उन हैलोजन को देखते हुए उनकी रफ्तार थोड़ी धीमी हो गई इसलिए अनुराग ने उनको देखा और धीरे से कहा, "दिल्ली में रोशनी की कमी नहीं है।"

अनुराग उन ऑटो और टैक्सी वालों को पीछे छोड़ ऊबर बुक करना चाहता था इसलिए उन टैक्सी-ऑटो वालों से पीछा छुड़ाते हुए वह थोड़ी दूर निकल आया और पिता को वहीं ज़मीन पर बने डिवाइडर पर बैठा कर मोबाइल पर ऊबर बुक करने लगा। जो ऊबर अभी तक दो-तीन मिनट दिखा रही थी अब दस मिनट की वेटिंग दिखाने लगी थी। उसने इस वेटिंग को स्वीकार किया और गाड़ी बुक कर दी।

फुच्चु मास्साब यह समझ नहीं पा रहे थे कि उन्हें अब घर किस तरह जाना है। उन्होंने अपनी नजर दूर-दूर तक घुमाई, चारों तरफ छोटी-बड़ी गाड़ियाँ थीं, भीड़भाड़ थी, चिल्लपों थी, रास्ता कहीं नहीं था। उन्हें लग रहा था कि अनुराग अपनी गाड़ी लेकर आया है परन्तु अनुराग वहीं खड़ा था। वह गाड़ी लाने नहीं गया था। इतने ऑटो, टैक्सी को छोड़ देने का तर्क भी उन्हें समझ नहीं आ रहा था। टुनटुन वहीं खड़ा था उन्होंने टुनटुन को इशारा कर पूछा, "ऐतना तो गाड़ी है तो जाता काहे नहीं है?" टुनटुन इस सवाल को सुनकर भी अनमना-सा खड़ा रहा।

फुच्चु मास्साब ने अब फिर टुनटुन को इशारा कर कहा, “कहीं जाना नहीं, भुला जाएगा, बहुत भीड़ है।”

अनुराग ने कैब के लोकेशन का पीछा किया और उसे समझ में कुछ नहीं आया। उसने ड्राइवर को फोन किया और ड्राइवर ने कहा कि वह तो अभी कश्मीरी गेट के पास जाम में फँसा है, उसे कम से कम पैंतीस मिनट अभी और लगेंगे। साथ ही यह नसीहत भी कि आप इस बुकिंग को कैंसिल कर दो। अनुराग ने झल्लाकर कह तो दिया कि मैं तो नहीं कैंसिल करूँगा लेकिन उसके पास इसके अलावा कोई विकल्प नहीं था। गाड़ी कैंसिल कर वह ऊबर और ओला दोनों पर जाकर कैब की स्थिति का जायजा लेने लगा और वह आश्चर्यचकित था कि दोनों ही जगहों पर काफी व्यस्तता हो चुकी थी। ओला ने एक बार दस मिनट की वेटिंग दिखलाई और फिर सर्च करने निकला तो हुआ ढाक के तीन पात। कोई टैक्सी उपलब्ध नहीं।

फुच्चु मास्साब अनुराग को देख रहे थे और टैक्सी-ऑटो वाले उनके पास आकर उन्हें परेशान कर रहे थे। “कहाँ जाना है बाबा?” “साथ में कौन है बाबा?” लेकिन फुच्चु मास्साब चुप थे। जब किसी ड्राइवर ने यह कहा कि “अकेले हो क्या बाबा?” तब उनके पैरों में झुरझुरी हो गई। उन्होंने अनुराग की तरफ इशारा किया जो वहीं थोड़ी दूर खड़ा होकर मोबाइल में उलझा हुआ था। “हम बेटे के साथ हैं।” यह जवाब सुनकर वह व्यक्ति तो चला गया परन्तु फुच्चु मास्साब यह समझ नहीं पा रहे थे कि हो क्या रहा है? जब उलझन ज़्यादा ही बढ़ गई और उन्हें यहाँ यूँ बैठे रहने में तकलीफ होने लगी तब उन्होंने अनुराग को आवाज़ लगाई। इस समय तक अनुराग इन ओला-ऊबर के चक्कर से खीझ चुका था लेकिन वह शान्त मन से पिता के पास आया और बताया, “गाड़ी बुक कर रहे थे।” फुच्चु मास्साब समझे नहीं कि इतनी गाड़ियाँ जब यहाँ हैं तो कहाँ से गाड़ी बुक रहा है?

“ऑफिस से गाड़ी आएगा क्या?”

शोर बहुत था इसलिए अनुराग ने इशारे में ‘ना’ के लिए सिर्फ सिर हिलाया।

“तो ऐतना गाड़ी है तो चल काहे नहीं रहे हो?” फुच्चु मास्साब की आवाज़ बहुत थकी हुई सी लग रही थी।

अनुराग कुछ जवाब देता कि तब तक में उसका फोन बज गया।

“कहाँ पहुँचे?” शेफाली ने इस भाव से पूछा था कि अगर नज़दीक पहुँच गए हो तो चाय चढ़ा दें।

“कहाँ पहुँचे! अभी निकल ही नहीं पाया।”

"अरे क्यों?"

"कोई कैब ही नहीं है।"

"और पापा?"

"यहीं बैठे हैं।"

"कहाँ बैठे हैं?"

"यहीं बैठे हैं।"

"यहीं कहाँ बैठे हैं?"

"यहीं।"

"उनको तुमने वहाँ ज़मीन पर बैठा रखा है। अरे कैब नहीं मिल रही है तो टैक्सी कर लो। कब तक इन्तज़ार करोगे। उनकी तबीयत खराब है अन्नी।"

"हाँ-हाँ।"

अनुराग ने मोबाइल को अपनी जेब में डाल लिया और हारे हुए खिलाड़ी की तरह उन टैक्सी वालों की तरफ बढ़ गया। उन टैक्सी वालों की जमात ने हारे हुए खिलाड़ी की शक्ल को पहचान लिया था, इसलिए उन्होंने अनुराग का स्वागत नहीं किया। कोई टैक्सी, ऑटो जाने को तैयार नहीं था और एक-दो जाने को तैयार हुए तो जो कैब अनुराग ने छोड़ दिये थे उससे दो या ढाई गुना पैसा। अनुराग खीझ गया और वहाँ से भी लौट आने को हुआ। उसने जेब से मोबाइल निकाला और मन किया कि एक बार फिर से कैब की कोशिश वह कर ले। लेकिन उसने वहीं से पिता को देखा। पिता काफी थके लग रहे थे और अपने दोनों हाथों को पीछे कर अपने शरीर को किसी तरह पीछे खींच रहे थे। टुनटुन सामान की रखवाली करता हुआ वहीं साथ में बैठा हुआ था। अनुराग ने अन्ततः हार कर उस टैक्सी को फाइनल कर लिया।

फुच्चु मास्साब इस बात को अभी भी समझ नहीं पाए कि जब गाड़ी यहीं बुक करनी थी तो इतना वक्त बरबाद क्यों किया। लेकिन अनुराग को बहुत परेशान देखकर उन्होंने उससे कहा कुछ नहीं। फुच्चु मास्साब ने गाड़ी में बैठने में समय लिया। अनुराग ने उन्हें सहारा दे रखा था और उन्हें बैठाने की धीरे-धीरे कोशिश कर रहा था।

"के हो गया बाबू जी को?" ड्राइवर ने पूछा तो अनुराग ने कहा, "बीमार हैं।"

"नां नां हुआ के है?" ड्राइवर की आवाज़ थोड़ी कड़क थी।

"वही तो पता करने यहाँ आए हैं।"

'एम्स ले जाओ बाबूजी को ठीक हो जागा भई।"

"हुं'

फुच्चु मास्साब सीट पर बैठे और सिर को पीछे सीट पर फेंक दिया। और धीरे से कहा, "पानी पिला दो अन्नु।"

अनुराग ने अपने लिए अन्नु शब्द बहुत दिनों बाद सुना था। उसने पिता से ही पूछा, "पानी की बोतल नहीं है क्या?" और फिर अपने सवाल पर पछताने लगा। उसने ड्राइवर से थोड़ी देर रुकने के लिए विनती की। वैसे उसे उम्मीद थी कि ड्राइवर इस विनती को इतनी आसानी से स्वीकार नहीं करेगा लेकिन अन्देशे के विपरीत ड्राइवर ने इस बात का स्वागत किया और कहा—

"रुक जा भई, यहाँ इन्तज़ार ना कर सकूं। आगे साइड कर लेन दे।"

लेकिन गाड़ी को धीमा करते ही पीछे जाम लग गया। और पीछे से लगातार हॉर्न बजने की आवाज़ आ रही थी। पीं-पीं, पों-पों। ठीक पीछे जो गाड़ी थी वह अनवरत हॉर्न बजाय जा रही थी। जब वह टैक्सी धीरे-धीरे साइड लेने लगी तो हॉर्न की आवाज़ और बढ़ गई। फुच्चु मास्साब ने गाड़ी में बैठे-बैठे पीछे की गाड़ी को देखा, उसमें चश्मा लगाए एक लड़की बैठी थी जो हॉर्न पर हाथ रखे हुए थी और बहुत खीझी हुई थी।

अनुराग पानी की बोतल लेकर जब गाड़ी में बैठा तो वह मौसम में हल्की ठंड होने के बावजूद पसीने से भीग चुका था।

फुच्चु मास्साब ने सोचा था कि गाड़ी में बैठकर गाड़ी में मिली आइसक्रीम वाली बात को बेटे को बताएँगे लेकिन उन्होंने बेटे की तरफ देखकर कहा "बहुते दुबला गए हो।"

और फिर फुच्चु मास्साब ने अपनी आँखें बन्द कर सीट पर अपने आप को लगभग फेंक दिया। बाहर बहुत रोशनी थी परन्तु मास्साब ने उस रोशनी के लिए एक बार भी अपनी आँखें नहीं खोलीं।

चार

ठंडी हवा के झोंकों के शरीर से टकराते ही जब बांध पर गश खाकर अचानक फुच्चु मास्साब गिरे थे तो सबसे पहले उन्हें बतहुआ ने देखा था। बतहुआ तब गाय चरा रहा था और अपने मन में खेसारी लाल के गीत गुनगुना रहा था। दो गायों और एक बछड़े की पूरी जिम्मेदारी बतहुआ की है। बतहुआ के हाथ में एक लाठी

थी और गले में गमछा। मजबूत कद-काठी का बतहुआ लुंगी और गंजी में बहुत तगड़ा दिखता है। वह गीत गुनगुनाता है और आवाज़ बाहर नहीं आती है। बतहुआ बोल नहीं पाता है लेकिन सुनता है।

बतहुआ का नाम बतहुआ ही है शायद या फिर पता नहीं क्या। सब लोग बतहुआ ही कहते हैं। बचपन से वह कुछ बोला नहीं तो किसी को उसके नाम के बारे में विचार करने की जरूरत महसूस ही नहीं हुई। खुद कुछ बोला नहीं तो अपने नाम को कभी सुधरवा भी नहीं सका।

फुच्चु मास्साब बतहुआ को बहुत प्यार से रखते हैं। उन्हीं के साथ बतहुआ रहता है। मास्साब की देखरेख वही करता है। वही अच्छा-बुरा सब ध्यान भी रखता है। और यह कोई एकतरफा भी नहीं है। अगर बतहुआ बहुत ध्यान रखता है फुच्चु मास्साब का तो फुच्चु मास्साब भी उसको अपने सिर पर बैठा कर रखते हैं। दोनों में इतनी बनती है कि बतहुआ जो अपने मुँह से निकालता है फुच्चु मास्साब बहुत ही आसानी से समझ जाते हैं। उन दोनों को देखकर ऐसा लगता नहीं है कि बतहुआ बोल नहीं पाता है और फुच्चु मास्साब को उसकी बिना बोली हुई बातों को समझने में थोड़ी भी मशक्कत करनी पड़ती है।

फुच्चु मास्साब गश खाकर जब गिरे तो बतहुआ ने देखा और फिर दौड़ा उनके पास। और अपने मुँह से गूं-गूं की हृदयविदारक आवाज़ निकालकर मन्दिर पर बैठे कुछ लोगों को बुला लिया। मन्दिर के चबूतरे पर बैठे लोगों को बतहुआ की हृदयविदारक आवाज़ याद है। ऐसी आवाज़ जो कलेजा फाड़ दे। दौड़े-दौड़े लोग जब उस बांध पर पहुँचे तब बतहुआ फुच्चु मास्साब को अपनी गोद में लिए हुए था और जोर-जोर से गूं-गूं की आवाज़ निकाल रहा था।

दूर-दूर तक पसरी इस हरियाली और वहाँ से आनेवाली ठंडी हवा ने फुच्चु मास्साब की इस उम्र को अपना शिकार बना लिया है, सब लोगों ने सबसे पहले यही सोचा। 'सुबह की ठंडक से ज़्यादा खतरनाक शाम की ठंडक होती है,' ऐसा भी लोगों ने कहा।

पाँच

फुच्चु मास्साब की उम्र ठीक-ठीक कितनी है इसे पता करना तो अब असम्भव है। हाँ, पचहत्तर से अस्सी के बीच में ही कहीं समझिए। सरकारी दस्तावेज से देखेंगे

तो यह उम्र 76 के आसपास ठहरती है क्योंकि उनको अपनी नौकरी से अवकाश प्राप्त किए हुए लगभग 16 साल हो गए हैं। लेकिन जब उनसे असली उम्र पूछी जाती तो वे अपनी उम्र को किसी भूकम्प, किसी सूखे, किसी बाढ़ से जोड़कर अस्सी के करीब पहुँचा देते। उनसे बड़ी एक बहन थी। वे अक्सर कहते, "उस सूखे के वक्त तक बड़ी बहन का जन्म हो गया था और उससे तो मैं दो ही साल छोटा हूँ तो हुआ ना अस्सी साल का।" अब उस सूखे के इतिहास को ढूँढे कौन? चूँकि उस सूखे का सही-सही बरस किसी को पता नहीं है इसलिए मास्साब की उम्र भी धोखे में ही चल रही है।

फुच्चु मास्साब लम्बे हैं और दुबले-पतले भी। लेकिन अपनी पचहत्तर-अस्सी की इस उम्र में भी तंदरुस्त हैं। तंदरुस्त हों भी क्यों नहीं, पैदल इतना जो चलते हैं। सारे बाल एकदम सफेद हो चुके हैं। यहाँ तक कि भौहें भी। हाथ पर जो बाल हैं उसमें से भी बहुत सारे सफेद हो गए। दांत साबुत नहीं बचे हैं। बीच-बीच में कुछ बचे हैं ज़्यादातर टूट गए। जो बचे हैं काफी मजबूत हैं। यही समस्या भी है। जब तक वे उखाड़े नहीं जाएँगे नकली दांत फिट हो नहीं सकते। और उन्हें उखाड़ना आसान कहाँ।

यह गाँव एक बहुत ही छोटा सा गाँव है। अपने जिले से लगभग अड़तीस-चालीस किलोमीटर दूर। मुख्य तो नहीं लेकिन सड़क से जब कोई तीस-बत्तीस किलोमीटर चला जाता है तब अरिया एक जगह है जहाँ बस से उतरकर पैदल या साइकिल से इस गाँव में आया जाता है। लगभग आठ कोस। अरिया गाँव सड़क के उस पार है। इस पार खेत हैं। इसी खेत के बीच से कच्ची सड़क है जो मंझरी गाँव को जाती है। अरिया और मंझरी के बीच में कोई और गाँव नहीं है। अरिया उतरने के बाद और दस-बीस कदम चलने के बाद बरगद का एक पेड़ है। यह पेड़ कितना पुराना है इसे पता करना बहुत मुश्किल है। जितने लोग आज इस गाँव में जीवित हैं और जितने पुराने लोगों से सुनी-सुनाई बात में इस पेड़ का जिक्र आया है, यही आया है। उन्हें तो जब से होश है इस पेड़ को देख ही रहे हैं। पेड़ घना है और उसकी जड़ बहुत मजबूत है। मंझरी गाँव के लोग जब शहर जाते हैं तो अपनी साइकिल को यहीं इसी पेड़ के नीचे लगा जाते हैं। अरिया के इस चौक से उन्हें बस मिल जाती है और उनकी साइकिल इस पेड़ के नीचे आराम कर रही होती है। गाँव के लोग कहते हैं यह पेड़ उनके कुल का सबसे बुजुर्ग प्राणी है। जब इस गाँव की कनिया अरिया पर बस से दिन में उतर जाती तो पूरा दिन यहीं इसी पेड़ के नीचे गुजारती है। कनिया उतरती और सबसे पहले अपने इस बुजुर्ग को

प्रणाम करती। फिर शाम को अपने पति की साइकिल के कैरियर पर बैठकर मुँह ढांके चल देती गाँव की ओर। अब कुछ लोग सड़क पर से टमटम रिजर्व करके अपनी कनिया को अपने घर ले जाते हैं।

छह

फुच्चु मास्साब का नाम फुच्चु किसने रखा इसकी भी एक कहानी है।

मंझरी गाँव छोटा सा है। लेकिन इस तरफ थोड़ी-थोड़ी दूरी पर लगातार कई गाँव हैं। उन्हीं दो-तीन गाँवों को मिलाकर झुटार में एक प्राथमिक विद्यालय है। फुच्चु मास्साब उसी में मास्टर थे। उस प्राथमिक विद्यालय की दूरी फुच्चु मास्साब के घर से लगभग छह किलोमीटर है। वे स्कूल रोज पैदल आते-जाते थे। फुच्चु मास्साब ने जब से नौकरी पकड़ी तब से अवकाश प्राप्ति तक वहीं रहे। उस स्कूल ने फुच्चु मास्साब को बहुत कुछ दिया। पहचान, प्यार, सम्मान और सबसे अधिक बच्चों को दुलार करने का अवसर।

मास्साब बचपन से ही बहुत पढ़ाकू थे या नहीं यह तो विद्योत्तमा को नहीं पता लेकिन जब शादी करके वे आईं तो उन्होंने हमेशा उन्हें पढ़ते ही पाया था।

पिता की इकलौती बेटी होने के कारण विद्योत्तमा पिता की पलकों पर ही रहती आई थीं। छोटी सी उम्र में शादी हो गई तो भोलापन और चंचलता भी उसके चेहरे पर साथ ही आई। फुच्चु मास्साब ने जब विद्योत्तमा को देखा था तो लगा था जैसे किस्मत ने उनके हिस्से की सारी ख़ुशियाँ उन्हें एक ही बार में दे दी हों। विद्योत्तमा को देखते ही उनके प्यार में वे डूब गए थे और पूरी जिन्दगी वे उनके प्यार में डूबे ही रहे। विद्योत्तमा की ठुड्ढी पर जो तिल था फुच्चु मास्साब ने तब उसे छुआ था और कहा था, "हम त हियाँ हैं।" और फिर पूरी जिन्दगी पत्नी विद्योत्तमा की ठुड्ढी का तिल बने ही रहे।

शादी के कुछ महीनों बाद ही फुच्चु मास्साब को मास्टरी की नौकरी मिली। तब नौकरी का हाल कुछ और था। दसवीं पास नहीं की कि मास्टर में बहाली हो गई और वह भी अपने ही गाँव में। फुच्चु मास्साब स्कूल गए, नौकरी ज्वाइन की और लौटे तो अपनी पत्नी के लिए शखुए के पत्ते में पलटवा के यहाँ से गरम-गरम जिलेबी बंधवा के लेते आए। जिलेबी गरम थी और विद्योत्तमा ने दोना खोला तो कहा, "अरे एतना गरम जिलेबी कैसे ले आए, दौड़ते आए क्या?" फुच्चु मास्साब

झेंप गए लेकिन सच तो यही था। उन्होंने जिलेबी खाती हुई विद्योत्तमा को देखा, विद्योत्तमा के ठुड्ढी पर का तिल मुस्करा रहा था।

वैसे भी फुच्चु मास्साब अपने घर में दुलरवा ही थे लेकिन पत्नी अच्छी मिल गई और शादी के तुरन्त बाद नौकरी भी मिल गई तो और इतराने लगे। पत्नी दुलार करती और फुच्चु मास्साब दुलार बनते। लेकिन इसी दुलराने ने ब्रह्मदत्त नारायण सिंह को फुच्चु मास्साब में बदल दिया और पत्नी विद्योत्तमा ख़ुश हो गई। उन्हें अपने पति को पुकारने के लिए एक प्यारा सा नाम मिल गया।

गर्मी का मौसम था और रविवार का दिन था। शाम को जोर का अंधड़ उठा और घनघोर बारिश होने लगी। फुच्चु मास्साब ने घर में दिन भर पड़े-पड़े सोचा था कि शाम को जरा चौक तक घूम आएँगे और विद्योत्तमा के लिए आधा किलो मुरब्बा ले आएँगे। लेकिन इ बारिश ने सब बिगाड़ दिया। घनघोर बारिश हुई तो आँगन में फफोले पड़े और उन फफोलों को देखकर फुच्चु मास्साब का मन मचलने लगा। विद्योत्तमा से चुहल करते हुए कहा कि "बारिश में साथ में नहाएँगे।" लेकिन अम्मा के सामने विद्योत्तमा उस आँगन में कैसे नहा सकती थीं। ऐसा नहीं है कि फुच्चु मास्साब इस बात को समझते नहीं थे। लेकिन विद्योत्तमा से जानबूझकर मुँह फुला बैठे। विद्योत्तमा ई भोले बाबा को मनाने के लिए पकौड़े बनाने चली गईं। उन्होंने फुच्चु बाबू को कहा कि वे नहा लें और तब तक वह उनके लिए बथुआ, प्याज और गोभी के पकौड़े तल देती हैं। परन्तु फुच्चु बाबू फुच्च बने रहे। मुँह फुलाए मिट्टी का माधो। न बारिश में नहाए और न ही पकौड़े खाए। पकौड़े लेकर विद्योत्तमा आईं तो मुँह फुला कर कुप्पा।

विद्योत्तमा ने पकौड़े की प्लेट को उनके सामने रखा और कमरे से बाहर निकल गईं। बाहर बरामदे में। बरामदे के पार आँगन में बहुत तेज बारिश थी और उस बारिश में फफोले भी थे।

विद्योत्तमा अन्दर आईं तो फुच्चु बाबू दीवार से सटकर अपने बिस्तर पर अभी भी बैठे थे। वे लेटे नहीं, बैठे थे। तब विद्योत्तमा को हँसी आ गई और तब पहली बार उन्होंने फुच्च सम्बोधन का इस्तेमाल करते हुए कहा था, "एतना फुच्च बनने की कोई जरूरत नहीं है, हम आपही की सेवा में हैं, इ थरिया स्वीकार करिये। इतना सारा जो व्यंजन है उ हम आपही के लिए बना के लाए हैं।" और तब उनको भी हँसी आ गई थी। लेकिन इतनी आसानी से मानें तो मानें कैसे। उन्होंने शर्त रखी कि अपने हाथ से खिलाना होगा और इस शर्त पर विद्योत्तमा तैयार हो गईं। उसकी यह शर्त थी कि उन्हें शरम आती है इसलिए वे अपनी आँखें बन्द कर लें। फुच्चु

बाबू ने अपनी आँखें बन्द कर लीं। और फिर गोभी, प्याज और बथुआ के पकौड़े विद्योत्तमा ने अपने हाथ से उन्हें खिलाए।

और उस दिन से फुच्चु बाबू का यह नया नाम फुच्चु पत्नी विद्योत्तमा से तय हुआ। विद्योत्तमा शुरू में तो चिढ़ाने के लिए फुच्चु बोलने लगीं। लेकिन अपने बन्द कमरे में। धीरे-धीरे विद्योत्तमा ने देखा यही नाम उनके लिए प्रचलित हो गया। इतने वर्ष हो गए, अब तो विद्योत्तमा जिन्दा भी नहीं हैं। जब जिन्दा थी तब भी उसके लिए यह सवाल ही रह गया था कि आखिर जो नाम वह सिर्फ अपने बन्द कमरे में लेती थीं वह नाम धीरे-धीरे उस कमरे से निकल कर इतना लोकप्रिय आखिर हुआ कैसे कि आज फुच्चु मास्साब का असली नाम सिर्फ सरकारी रजिस्टर में ही है। यह रहस्य विद्योत्तमा को आखिर तक मथता रहा था।

फुच्चु मास्साब के स्कूल में सातवीं तक के बच्चे पढ़ते थे। स्कूल में तीन कमरे थे, एक प्रांगण था, एक चापाकल था और कुछ पेड़ थे। स्कूल में खल्ली भी थी। तीन कमरों में से दो में ब्लैकबोर्ड भी थे। दो कमरों में सिर्फ छठी और सातवीं तक की कक्षाएँ चलती थीं। नीचे की पाँच कक्षाएँ बरामदे में चलती थीं। या फिर ठंड के मौसम में उस प्रांगण में। फुच्चु मास्साब ने पूरी जिन्दगी यहाँ नौकरी की और ये तीन कमरे, तीन कमरे ही रह गए। अन्त के पाँच वर्षों तक वे यहाँ प्रधानाध्यापक भी रहे परन्तु तमाम कोशिशों के बावजूद ये तीन कमरे, तीन कमरे ही रहे। हाँ बच्चियों के लिए शौचालय बनवाने में उन्होंने अवश्य सफलता हासिल की। गाँव वाले इस शौचालय को फुच्चु मास्साब का बहुत बड़ा योगदान मानते हैं।

"उ पेशाब घरे कौनो सरकार बनवाया है? अरे उ मास्साब तो खुदे अपने पैसे से बनवाए हैं। सरकार कुछे करे लगा तब तो इ देशे चमक जाएगा।"

सात

लिफ्ट से बाहर निकल कर दायीं तरफ बढ़ने पर तीन फ्लैट एक साथ थे, दो आजू-बाजू और एक बीच में। बायीं तरफ के फ्लैट की तरफ अनुराग मुड़ा तो फुच्चु मास्साब ने उस फ्लैट को ग़ौर से देखा। बेल बजाकर जितनी देर इन्तज़ार होता रहा फुच्चु मास्साब उस दीवार के सहारे टिके रहे। दरवाजे पर एक नेमप्लेट लगी थी। फुच्चु मास्साब ने उस नेमप्लेट की तरफ देखा। उस पर क्रम से अनुराग, शेफाली, अद्वैत, अविका लिखा था। उन्होंने अपनी उँगलियों से उन नामों को छुआ।

पता नहीं क्यों लेकिन इस नेमप्लेट को देखकर अचानक उन्होंने अपने मन में अपने नाम को याद किया और उस समय अचानक उन्हें ऐसा लगा जैसे वे अपना नाम भूल गए हैं। उन्होंने अपने दिमाग पर जोर डाला लेकिन उन्हें अपना नाम याद नहीं आया। तभी दरवाजा खुल गया।

दरवाजा खुला तो अनुराग कन्धे का सहारा देकर पिता को अन्दर ले गया। अनुराग उन्हें सीधे भीतर वाले कमरे में ले आया और बिस्तर पर लिटा दिया। लेटते हुए एक जोर की आह निकली तो दोनों बच्चे सिहर गए। शेफाली ने सहारा देना चाहा लेकिन तब तक टुनटुन सामान कमरे में रखकर सहारा देने आ गया था। उनके लेटने के बाद शेफाली, अद्वैत, अविका ने पैर छुए। लेकिन फुच्चु मास्साब आँखें बन्द किए हुए थे इसलिए उन्हें कुछ पता नहीं चला। जब शेफाली चाय लेकर आई फुच्चु मास्साब आँखें मूँदे लेटे ही रहे। दोनों बच्चे वहीं सामने कुर्सी पर बैठे थे और शान्त थे। अनुराग ने पिता को जगाया। फुच्चु मास्साब जग गए। अनुराग ने उन्हें पीठ के सहारे से उठाया और पीछे एक मोटा तकिया लगा दिया। सामने ट्रे में चाय और बिस्कुट और कुछ नमकीन रखे थे। परन्तु फुच्चु मास्साब ने चाय के अतिरिक्त किसी भी चीज में कोई रुचि नहीं दिखलाई। बहुत ही मुश्किल से हाथ से चाय का कप उठाया और बहुत ही मुश्किल से उसे होंठ तक ले गए।

अनुराग को पिता के वे दिन याद आ गए जब वह गाँव जाता और पिता वहाँ हवा की तरह यहाँ से वहाँ साइकिल से दौड़ते रहते। उसे गाँव में घूम-घूम कर सबकी समस्याओं का निवारण करनेवाले पिता याद आ गए। मन्दिर पर बैठे पिता, सुबह-शाम दरवाजे पर बैठ होम्योपैथी की दवाओं के बीच दिमाग खपाते पिता, अपने तालाब में दूर-दूर से आनेवाले पक्षियों से बतियाते हुए पिता और अपनी गायों के आवाज़ लगाने पर दौड़कर उनके गले लग जानेवाले पिता। लेकिन आज पिता एकदम से निस्सहाय यहाँ लेटे हैं।

चाय के दो घूंट अन्दर गए तो फुच्चु मास्साब को थोड़ा सा होश आया।

शेफाली ने बिस्कुट वाली प्लेट ऊपर उठाकर उनकी तरफ बढ़ाई और ज़िद की तब उन्होंने उसमें से एक बिस्कुट उठा लिया।

"खाना तो पड़ेगा ही ना।' शेफाली ने कहा।

"नहीं..." उन्होंने 'नहीं' को थोड़ा लम्बा खींचा जिसमें बेहद दर्द था।

फिर उन्होंने बच्चों की तरफ इशारा किया कि उनके बैग को उनकी तरफ खींचकर ला दे। टुनटुन जो वहीं स्टूल पर बैठा था उसने झट से उठकर बैग को

उठाकर उनके बिस्तर पर रख दिया। फुच्चु मास्साब ने बैग से पॉलिथिन में बंधी हुई कच्ची हल्दी निकाली जो उनके बगीचे की थी और पन्द्रह-बीस नींबू।

"हड़बड़ी में कुछ ला नहीं पाए।" उनके चेहरे पर दुख था।

"जगनमा की बेटी को देखने लड़के वाले आनेवाले थे। रहना जरूरी था। अब इ तबीयते खराब हो गया। जल्दी ही जाना है।"

शेफाली एकबारगी जगन को पहचान नहीं पाई परन्तु उसने पूछा भी नहीं।

"केला का खानी ला नहीं पाए। पकने पर तो आ गया था। थोड़े दिनों बाद आते तो पका ही ले आते।"

अनुराग चुप बैठा था।

"अरे तो कोई बीमारी समय देखकर आती है।" शेफाली ने कहा।

"अभी कब तक तबीयत ठीक होगी पता भी है?" इस बार अनुराग ने सवाल की तरह कहा।

"ढेर टाभ भी आया है। अब उ भी पिरया गया था।" फुच्चू मास्साब ने अनुराग की बात को अनसुना कर दिया।

"होम्योपैथिक से दवा तो चला ही रहे थे। थोड़े दिनों में कंट्रोल हो ही जाता। जबरदस्ती इ बड़ा शहर का ज़िद है।" इस जवाब से यह तो लग गया कि फुच्चु मास्साब ने अनुराग के सवाल को सुना था और यह उसी का जबाव था।

"दादू बेर तो ले आते।" अविका ने दादू के पास जाकर कहा।

"अभी पका नहीं होगा बाबू।" शेफाली ने कहा

"'कुछ भी पका ही नहीं था क्या?"

"जल्दी में कुछ नहीं ला पाए।" फुच्चु मास्साब को बहुत दुख हुआ।

"तुम्हारे पापा तो आम के समय में ही लाएँगे तुम लोगों को। अबकी तो उस समय भी नहीं आए।" फुच्चु मास्साब ने ऐसा कहा तो सही लेकिन उनके मन में यह अफसोस रह गया कि बच्चों के लिए कुछ तो ले आते। लेकिन इतना होश कहाँ था।

अनुराग के पास घर जाने के लिए दो ही समय थे—एक, जून में गर्मियों की छुट्टी में और दूसरा, दिसम्बर में। लेकिन पिछले साल एक बार भी जा नहीं पाया। दिसम्बर में अनुराग को छुट्टी नहीं मिली और दिसम्बर में ही अद्वैत के स्कूल ने स्विमिंग क्लास रख दी। और वह भी इस हिदायत के साथ कि अगर वह स्विमिंग की एक्स्ट्रा क्लास नहीं करेगा तो फिर पीछे ही रह जाएगा। अद्वैत इससे पहले जिस स्कूल में था वहाँ स्विमिंग नहीं थी इसलिए वह सीख नहीं पाया। यहाँ आया तो

वह तीसरी क्लास में था और तब तक सारे बच्चे स्विमिंग सीख चुके थे, इसलिए एक्स्ट्रा क्लास की जरूरत पड़ गई।

आठ

यह सोसाइटी ऊँची-ऊँची बिल्डिंगों से घिरी हुई है। मेन गेट से घुसते ही अर्धचन्द्राकार रूप में मकानों की पूरी पंक्ति है। बीच में एक छोटा सा पार्क है जिसमें कुछ अशोक के और कुछ खजूर के पेड़ लगे हैं। बहुत ही गद्देदार घास बिछी हुई है। कुछ बेंचें वहाँ किनारे पर रखी हैं। पार्क में दो डस्टबिन रखे हैं जो बहुत ही सलीके से रखे हैं। इसी मेन गेट से घुसते ही दाएँ जाने पर एक बड़ा सा कमरा है जो जिम है। इस अर्धचन्द्राकार घर के पीछे ठीक इसी तरह की अर्धचन्द्राकार आकार की मकानों की एक और पंक्ति है। इस अर्धचन्द्राकार मकानों के बीच वाले दोनों टॉवरों के बीच में एक स्विमिंग पूल है। इस स्विमिंग पूल के किनारे किनारे भी इधर-उधर खजूर के पेड़ लगे हुए हैं।

बिल्डिंग के नीचे गाड़ियों को पार्क करने की जगह है। लेकिन पूरी सोसाइटी में चारों तरफ गाड़ियाँ लगी रहती हैं। या तो गाड़ियाँ उस पार्किंग से अधिक हैं या फिर लोग नीचे तहखाने में जाकर गाड़ियों को पार्क करने की ज़हमत कम ही उठाते हैं।

मेन गेट के ठीक दूसरी तरफ एक मार्केटिंग कॉम्प्लैक्स है जिसमें सामने शीशे की चमकदार दीवार है। इस सोसाइटी और उस मार्केटिंग कॉम्प्लैक्स के बीच बहुत ही व्यस्त सड़क है। इस कॉम्प्लैक्स में सिनेमाघर है। बाहर पानी के फव्वारे हैं। सिनेमा घर में गद्देदार कुर्सियाँ हैं और पॉपकॉर्न हैं। सोसाइटी में जो पार्क है वहाँ से ये फव्वारे दिखते हैं। इस सड़क की व्यस्तता भी दिखती है।

इस घर को खरीदे हुए अनुराग को अभी ज़्यादा वक्त नहीं हुआ है। लगभग डेढ़ साल। फुच्चु मास्साब यह तीसरी बार दिल्ली आए हैं। अनुराग को इस शहर में रहते हुए लगभग दस वर्ष हो गए। पहले अनुराग कई शहरों में पढ़ाई और फिर नौकरी के सिलसिले में घूमता रहा था। अब पिछले दस वर्षों से यहीं है। जब अनुराग यहाँ स्थिर होने लगा था तब उसकी ज़िद पर ही फुच्चु मास्साब कुछ ही अन्तराल में दो बार आए परन्तु उन्होंने यहाँ आने से साफ मना कर दिया। वे अक्सर कहते थे कि यह शहर डराता है।

अनुराग अपने गाँव जाता है और जब भी जाता है सपरिवार जाता है। वहाँ पहुँचने पर अनुराग और शेफाली दोनों उन पर यहाँ आने के लिए दबाव डालते रहते लेकिन फुच्चु मास्साब बिलकुल रुचि नहीं दिखलाते हैं। यह नया घर लिया तब अनुराग और शेफाली दोनों ने कहा कि "एक बार कम से कम घर तो देख आइए। लेकिन फुच्चु मास्साब कहते 'अरे तुम लोगों और बच्चों के चेहरे पर हँसी देख लेते हैं, वही तो असली घर और द्वार है।"

लेकिन अब आए तो इस हालत में।

नौ

फुच्चु मास्साब जब तक नौकरी में रहे उनकी पत्नी विद्योत्तमा उनकी फ़ुरसत का इन्तज़ार ही करती रहीं। लेकिन फुच्चु मास्साब की नौकरी के अतिरिक्त भी कई व्यस्तताएँ थीं।

नौकरी में कभी नागा उन्होंने किया नहीं। हमेशा समय पर जाना और बच्चों को बहुत ही मन से पढ़ाना उनकी आदत में शुमार था। उनकी सुबह होम्योपैथिक दवाओं के साथ गुजरती। लकड़ी का एक छोटा सा बक्सा और उसमें छोटे-छोटे कई खाने। उन खानों में कई छोटी-छोटी शीशियाँ। कलकत्ता से वे दवाइयाँ मँगवाते। दो मोटी-मोटी किताबें हमेशा उनके टेबुल पर होतीं। वे उन किताबों को पढ़ते और गाँव के लोगों का मुफ्त इलाज करते। गाँव के लोग दांत दर्द, सिर दर्द, बुखार, जुकाम-खांसी से लेकर ना जाने कितनी समस्याओं को लेकर आते। फुच्चु मास्साब स्कूल के लिए निकलने से पहले तक उनका इलाज करते रहते।

यह गाँव फुच्चु मास्साब को बहुत प्यार करता है। बहुत इज्जत है उनके मन में इनके लिए। इसलिए फुच्चु मास्साब के बिना गाँव वाले कोई ठोस निर्णय कहाँ ले पाते हैं। शाम को जब वे स्कूल से लौटते तो हर दिन सोचकर लौटते कि आज की शाम वे घर में रहेंगे परन्तु ऐसा होता कभी नहीं। रोज किसी न किसी का झगड़ा सुलझाने तो किसी के घर समझौता करवाने, कहीं लड़के वालों का स्वागत करने तो कहीं पूजा-पाठ, कीर्तन आदि में उन्हें जाना ही पड़ता। फुच्चु मास्साब रोज रात को घर लौटते तो पत्नी के डर से सहमे रहते। विद्योत्तमा रोज नकली डाँट लगातीं, "आप नहीं होंगे त इ गाँव थोड़े ही न चलेगा।" लेकिन विद्योत्तमा जानती थीं कि इस आदमी को लोगों से प्यार करने से रोका नहीं जा

सकता है। फुच्चु मास्साब अपने मन में ताउम्र अपने आप को समझाते रहे कि एक बार नौकरी से अवकाश प्राप्त कर लें तो बहुत सारा समय पत्नी विद्योत्तमा के लिए अवश्य है।

परन्तु किस्मत को कुछ और ही मंजूर था। इधर फुच्चु मास्साब रिटायर हुए और उधर विद्योत्तमा बीमार रहने लगीं और फिर ज़्यादा दिन बीमार भी कहाँ रह पाईं।

विद्योत्तमा के गुजर जाने के बाद फुच्चु मास्साब अकेले पड़ गए। और फिर जो समय अवकाश के बाद उन्होंने अपनी पत्नी के लिए बचाए रखा था उसे भी उन्होंने इस गाँव-समाज और प्रकृति के नाम कर दिया।

अवकाश के बाद, जो होम्योपैथी से इलाज करने का काम वे सिर्फ सुबह के वक्त किया करते थे, उन्होंने अब इसके लिए शाम के भी दो घंटे नियत कर दिए। बांध के इस तरफ अपनी ज़मीन पर गाँव वालों से चन्दा इकट्ठा कर एक मन्दिर बनवाया। इस मन्दिर का अहाता बहुत बड़ा था जिसमें आम, लीची और कटहल के पेड़ लगे हुए थे। बांध के उस तरफ की ज़मीन पर उन्होंने अपने आप को व्यस्त रखने के लिए प्रकृति की गोद में एक छोटा सा घर बनवाया।

नदी अब बांध से बहुत दूर जा चुकी थी इसलिए अब ज़मीन निकल आई थी। इस ज़मीन पर लोग खेती करते थे और खेतों में झोपड़ी डाल कर रहते थे। परन्तु फुच्चु मास्साब ने बांध के उस तरफ इस घर को तैयार किया था। यह घर कोई घर नहीं, प्रकृति की गोद में अपने आप को दुलराने की जगह थी। इसमें खपरैल का एक कमरा और एक बरामदा था। इस बरामदे में दो चौकियाँ रखी हुई थीं। इस आशियाने में इस कमरे और बरामदे के बाद एक बहुत बड़ी ज़मीन थी जो चारों तरफ से बाँस के घेरे से घिरी हुई थी। इसी अहाते में एक बड़ा सा पोखर बनाया गया था। पोखर के अलावा इसमें एक बहुत बड़ा बगीचा था। बगीचे में आम, कटहल, अमरूद, केले, बेर, टाभ और नींबू के पेड़ थे। बगीचे में छोटी सी खेती भी थी जिसमें ककड़ी और खीरा लगा हुआ था। यहाँ गाएँ भी थीं।

लेकिन इस जगह की जो सबसे ख़ूबसूरत चीज थी वह थी यह पोखर। जिसमें यूँ तो मछलियाँ थीं लेकिन इसकी ख़ूबसूरती वे चिड़ियाँ थीं जो झुंड बनाकर यहाँ आया करती थीं। फुच्चु मास्साब इस पोखर के चारों तरफ गोलाई में अन्न के दाने रखते थे चिडियों के खाने के लिए। चिड़ियाँ आती थीं और इस अन्न को खाती थीं और इस पोखर में पानी पीती थीं। यहाँ आनेवाली चिड़ियों के लिए यह घर जैसा था। वे दिन भर यहाँ-वहाँ आसमान में दौड़ती रहती थीं और जब मन होता यहाँ आ जातीं। दाना खाने, पानी पीने या फिर सुस्ताने। इन चिड़ियों की यहाँ की

हर चीज से दोस्ती थी। कभी वे पेड़ पर बैठतीं, कभी गाय की पीठ पर। वे उस पोखर से पानी पीतीं तो कभी उसी पोखर में डुबकी भी लगातीं। कभी वह फुच्चु मास्साब से बातें करतीं तो कभी वह मछलियों से बतियातीं। मछलियों से उनकी दोस्ती थी। वे पोखर में मछलियों के साथ अठखेलियाँ करतीं।

जब इस घर को फुच्चु मास्साब ने बनाया था तब सोचा था कि विद्योत्तमा रही नहीं, और सारे बच्चे बाहर हैं। बेटियाँ शादी करके चली गईं और अपना घर सँभाल रही हैं और बेटा महानगर में रह रहा है। तो उन्होंने सोचा था कि प्रकृति के बीच समय अच्छा कट जाएगा। पहले उनका विचार था कि वे यहाँ सिर्फ बगीचा और तालाब रखेंगे और सुबह-शाम सिर्फ देखने आया करेंगे। शुरू में हुआ भी ऐसा ही परन्तु धीरे-धीरे यहाँ इतना दिल लग गया कि वे रात भी यहीं रुकने लगे। अब यहीं से होम्योपैथी की डॉक्टरी भी करते। लोगों को भी फुच्चु मास्साब को ढूँढना होता तो वे भी यहीं आते।

फुच्चु मास्साब सुबह सूरज की कच्ची धूप को अपने शरीर पर लेते। सूर्य नमस्कार से दिन की शुरुआत होती। गाय से बतियाते, उन्हें खाना खिलाते। अपने पेड़-पौधों को देखते, उन्हें पानी देते। मछलियों को खाना देते। पोखर की सफाई करते। मछलियों से बतियाते। चिड़ियों से घंटों बतियाते। लोग दवाई लेने आते तो बहुत ध्यान से उनके रोग को समझने की कोशिश करते। दिन में जो कभी भी अपने काम के लिए उन्हें ढूँढने आ जाते वे उनके लिए हर वक्त तैयार रहते। शाम को रोज मन्दिर जाते। वहाँ की सुविधाओं का ध्यान रखते। और इन सभी कामों में बतहुआ साए की तरह उनके साथ रहता।

रात में जब सारी चिड़ियाँ चली जातीं और बतहुआ सो रहा होता तब फुच्चु मास्साब उस तालाब के किनारे लेट कर अपने हाथ को उस पोखर में डाल कर मछलियों को कहानियाँ सुनाते और फिर धीरे-धीरे जब सारी मछलियाँ सो जातीं तब वे भी अपने बिस्तर पर जाकर सो जाते।

दस

अस्पताल के बिस्तर पर लेटे हुए फुच्चु मास्साब छत में लगी लाइट को देख रहे थे। कमरे की छत के चारों कोनों में छत से चिपकी हुई लाइट लगी हुई थी जिसमे से बहुत ही ठंडी रोशनी आ रही थी। उसी छत में ठंडी हवा निकलने की भी जगह थी।

यह डॉक्टर का कमरा था। कमरे में एक खास तरह की ख़ुशबू थी। कमरे का साइज बहुत छोटा नहीं थी। डॉक्टर की कुर्सी जहाँ थी ठीक उसके पीछे की दीवार में पूरा शीशा लगा हुआ था जिस पर करीने से पर्दा टंगा हुआ था। पर्दे की फांक में से बाहर का नजारा दिख रहा था। शीशे के बाहर बगीचा था जिसमें ढेर सारे फूल थे। शीशे के इस तरफ कमरे में भी कुछ गमले रखे हुए थे जिनके पत्ते एकदम हरे थे। जिस कुर्सी पर डॉक्टर बासु बैठे थे वह बहुत ऊँची नहीं थी। अनुराग कुर्सी पर सामने बैठा था और फुच्चु मास्साब को अपने बिस्तर पर से यह सब कुछ दिख रहा था। फुच्चु मास्साब इस कमरे तक व्हील चेयर पर लाए गए थे और डॉक्टर बासु ने उन्हें इस बिस्तर पर लेटने के लिए कहा था।

फुच्चु मास्साब जब बिस्तर पर लेटने गए थे तब अनुराग और अस्पताल के एक कर्मचारी ने उनकी मदद की थी। उस बिस्तर पर काग़ज़ की चादर बिछी हुई थी जिसे पहले उस कर्मचारी ने रोल में से खींचकर नया कर दिया था। फुच्चु मास्साब ने महसूस किया कि बिस्तर नर्म है। डॉ. बासु ने सबसे पहले उठकर उनके पेट के निचले हिस्से को टटोला। फिर पेट के अन्य हिस्सों को।

'होम्योपैथ से ठीक नहीं होगा क्या?' फुच्चु मास्साब ने धीरे सै डॉ. बासु से कहा ताकि अनुराग ना सुन ले।

डॉ बासु ने फुच्चु मास्साब की तरफ देखा और मुस्करा भर दिया। और फिर वहीं दीवार पर लगे सेनेटाइजर से हाथ को साफ किया। फुच्चु मास्साब ने दीवार से चिपकी हुई सेनेटाइजर की बोतल को देखा पर वे उसे समझ नहीं पाए। डॉ. बासु फिर अपनी सीट पर बैठ गए और अपने कम्प्यूटर पर कुछ पढ़ने लगे।

डॉक्टर मकरन्द बासु के इस कमरे तक आने से पहले मास्साब का बीपी, हार्ट बीट, वजन सब चेक किया गया था। फिर एक जुनियर डॉक्टर के पास ले जाया गया था। जुनियर डॉक्टर ने उनसे ढेर सारे सवाल किये थे और फिर उसे अपने कम्प्यूटर में वह भरता चला गया था। ढेर सारे सवाल, यूरिन में कब से प्रॉब्लम है, पेट फूला हुआ कब से लग रहा है आदि-आदि।

फुच्चु मास्साब इतना तो नहीं समझ पाए कि डॉ. कहना क्या चाहता है क्योंकि जब अनुराग साथ में है तो वे निश्चिन्त हैं। हाँ डॉक्टर बासु के कमरे में घुसने से पहले उन्होंने जरूर पढ़ा था डॉक्टर मकरंद बासु—यूरो ऑन्को। परन्तु वे समझे नहीं। समझते तो शायद डर जाते।

डॉ. बासु ने उस कम्प्यूटर पर जूनियर डॉक्टर द्वारा भरी गई सारी जानकारियों को पढ़ा और फिर अनुराग से मुखातिब हुए। अनुराग अपने पिता की तबीयत को

देखकर इतना तो समझ रहा था कि कोई आसान सी स्थिति नहीं है, परन्तु डॉ. बासु के चेहरे ने थोड़ा और डराया।

"सोत्तर-पोचहत्तर के बाद का जीवन बहुत खराब हो जाता है।" डॉ. बासु के बंगाली एक्सेंट के साथ कहा गया यह वाक्य बहुत डरावना था।

"अभी तो आराम आ जाएगा पर प्रॉबलम के रूट में जाना पऽड़ेगा। अभी कितना डैमेज हुआ है उसे समझना पड़ेगा।"

"दीज टेस्ट्स आर नेसेसरी, ऑल रिपोर्ट्स मस्ट बी ऑन माय टेबुल बाय टुमारो।"

फुच्चु मास्साब चलने को हुए तो उन्होंने अनुराग को अपने पास बुलाकर सेनेटाइजर को दिखा कर धीरे से पूछा कि क्या यह साबुन है? अनुराग यह कहते हुए कि आइए बताते हैं, उन्हें बाहर ले आया।

यह अस्पताल और टेस्ट का पहला दिन था लेकिन यह एक अँधेरी गुफा की तरह साबित हुआ। एक बार घुसना क्या हुआ इसमें घुसते ही चले जाना पड़ा। और ज्यों-ज्यों इसके अन्दर घुसना हुआ अनुराग के चेहरे का तनाव बढ़ता ही चला गया।

यूरिन रुक गया तो किडनी प्रभावित हुई। कम नहीं, ठीक-ठाक। किडनी प्रभावित हुई तो नेफरोलॉजी डिपार्टमेंट। वहाँ भर्ती होकर डायलिसिस पर रहना पड़ा।

"नेगलिजेंस की भी हद है। तुम लोगों ने हेल्थ को मजाक बना रखा है।" ये नेफरोलॉजी में डॉ. गुलेरिया थे।

"डायलिसिस क्या झेल पाएँगे इस उम्र में?" अनुराग को डायलिसिस बहुत डरावना शब्द लग रहा था।

"डायलिसिस पर नहीं जाएँगे तो क्या बच जाएँगे?' डॉ. गुलेरिया ने डाँटते हुए भी आश्वस्त करने की कोशिश की थी।

लेकिन तब भी जब डायलिसिस पर पिता ले जाए गए तो अनुराग के हाथ-पाँव फूलने लगे। फुच्चु मास्साब स्ट्रेचर पर लेटे थे और शान्त थे। हॉस्पिटल के कपड़ों में अनुराग को पिता अजीब लग रहे थे।

"घबराने की कोई जरूरत नहीं है। मैं यहीं हूँ।" अनुराग ने ऐसा कहकर शायद अपनी घबराहट को छिपाया।

"काहे के लिए इतना परेशान हो रहे हो। होम्योपैथी से सब ठीक हो जाता।" फुच्चु मास्साब ने अनुराग की घबराहट को भांप लिया था। साथ में आज शेफाली भी थी।

"कोई बात नहीं, यहाँ से निकल कर होम्योपैथ डॉक्टर दिखा लेंगे।" शेफाली ने कहा।

"यहीं बाहर ही रहना, कहीं जाना नहीं। निकालकर फिर पता नहीं कहाँ ले जाएँगे। कहाँ ढूँढेंगे तुम लोगों को। अस्पताल तो बहुते बड़ा है ना।" फुच्चु मास्साब की असली चिन्ता तब भी शायद यह थी।

अनुराग अचानक बीमारी की घबराहट से बाहर निकला। तब तक डायलिसिस रूम में पिता लगभग ले जाए जा चुके थे। उसने जोर से कहा, "हम यहीं गेट पर खड़े हैं।"

यह इस बीमारी का पहला पड़ाव था जहाँ से डायलिसिस के बाद फुच्चु मास्साब दुरुस्त होकर लौटे। जितने दिन वे वार्ड में रहे बेचैन रहे।

वार्ड के इस कमरे में चिकित्सकीय सारी सुविधाओं से लैस वह बेड था जिस पर फुच्चु मास्साब लेटे थे। इस कमरे में एक और छोटा सा बिस्तर था जिस पर अनुराग रोज रात को सोता था। इस बेड के ठीक पीछे पूरी दीवार में शीशा था। उस शीशे पर पर्दा था। जब थोड़ा-बहुत चलन-फिरने लायक फुच्चु मास्साब हुए तब उन्होंने इस पर्दे को हटा कर देखा तो उन्हें अच्छा महसूस हुआ। उन्होंने आसमान को देखा तो उन्हें बहुत सुकून मिला। दो मिनट आसमान देखने के बाद जब उन्होंने अपनी निगाह नीचे की तो वे एकदम से घबरा गए।

अस्पताल की यह चौथी या पाँचवीं मंजिल अवश्य थी। उस शीशे के पार नीचे गाड़ियों का अम्बार था। पार्किंग में रुकी हुई ढेर सारी गाड़ियाँ और उसके बाद रोड पर दौड़ती हुई ढेर सारी गाड़ियाँ। शीशा लगा हुआ था इसलिए उस सड़क पर चल रही गाड़ियों का शोर यहाँ तक तो नहीं आ रहा था परन्तु पर्दे के उस पार गाड़ियों के जाल को देखकर अचानक फुच्चु मास्साब घबरा गए। उन्होंने दो मिनट तक तो उन गाड़ियों को देखा परन्तु फिर उन्हें एकबारगी लगा कि गाड़ियों का सारा शोर इस शीशे को चीरकर उनके कान में घुस रहा है। उन्होंने अपने दोनों हाथों से दोनों कानों को बन्द कर लिया और जल्दबाजी में पर्दा खींच दिया। फिर वे डरकर बिस्तर पर सिकुड़कर लेट गए। दोनों पैरों को अपने पेट में घुसा कर।

उनके मुँह से अनायास ही निकला, 'सारी गाड़ियाँ क्या समुंदर में डूबने जा रही हैं।'

अनुराग कहीं बाहर था। जब आया तब उसने पर्दे को हटाना चाहा लेकिन फुच्चु मास्साब ने इशारे से उसे ऐसा करने से मना कर दिया।

ग्यारह

अस्पताल से छुट्टी पाकर जब फुच्चु मास्साब घर लौटे तो शेफाली ने खास उनके लिए सेवईं की खीर बना रखी थी। सेवईं की खीर उन्हें बहुत पसन्द थी। फुच्चु मास्साब को घर पहुँचते ही बहुत सुकून मिला। दोनों बच्चों को गले लगाया तब गजब की संतुष्टि उनके चेहरे पर तारी हो गई।

फुच्चु मास्साब जिस कमरे में हैं उस कमरे में एक सिंगल बेड है, एक अल्मीरा है। अल्मीरा में किताबें रखी हुई हैं। ज़्यादातर किताबें मार्केटिंग और बिजनेस वर्ल्ड की हैं। एक-दो किताबें कहानियों की हैं जो कभी शेफाली ने खरीदी थीं। बच्चों की किताबों का भी एक रैक है। एक आराम कुर्सी है। अर्धचन्द्राकार इस अपार्टमेंट के बीच का यह फ्लैट है इसलिए इसके ठीक पीछे भी इसी तरह के अर्धचन्द्राकार फ्लैट्स हैं। दोनों रो के बीच में स्विमिंग पूल है जो बाल्कनी से दिखता है। इस कमरे से जुड़ी हुई एक बाल्कनी है जिसके लिए कमरे से निकलकर दाएँ मुड़ना पड़ता है। कमरे में एक बड़ी सी खिड़की है जिसमें शीशा लगा हुआ है। यह खिड़की कमरे की आधी दीवार से भी बड़ी है। इसी दीवार से सटा हुआ फुच्चु मास्साब का बिस्तर लगा हुआ है। रोशनी से बचने के लिए शीशे की इस खिड़की को पर्दे से ढका गया है। खिड़की पर काफी मोटा पर्दा है जिसे खींचते ही पूरे कमरे में अँधेरा फैल जाता है। परन्तु फुच्चु मास्साब को अँधेरा पसन्द नहीं है इसलिए वे पर्दे को हमेशा हटा कर ही रखते हैं।

फुच्चु मास्साब जब बिस्तर पर लेटते हैं तब उन्हें वहीं से लेटे-लेटे पीछे वाले घर की एक बाल्कनी दिखती है। जब वे बाल्कनी में आते हैं तब नीचे देखने पर उन्हें बहुत डर लगता है। नीचे स्विमिंग पूल में नहाते हुए लोग बहुत छोटे-छोटे दिखते हैं। और यहाँ से सामनेवाले खजूर के पेड़ की फुनगियाँ दिखती हैं।

डायलिसिस के बाद फुच्चु मास्साब जब घर लौटे तब उन्हें लगा जैसे समस्या टल गई। लेकिन वास्तव में यह पहला पड़ाव था। यहाँ से टेस्ट करवाने की अनवरत प्रकिया शुरू हुई। शुरुआत के पन्द्रह दिन तो थके हुए शरीर को डॉक्टर ने आराम करने की सलाह दी। फिर टेस्ट की प्रक्रिया। शुरू में फुच्चु मास्साब को लगा कि अब सब मामला लगभग ठीक है तब उन्होंने दो-तीन दिनों में ही अनुराग को कहना शुरू किया कि अब जाने दो। अनुराग मुस्कराया और अपने पिता को देखकर कहा, "अभी तो वक्त लगेगा।"

पन्द्रह दिनों के बाद टेस्ट की प्रक्रिया शुरू हुई। हर एक-दो दिन पर टेस्ट के लिए जाना पड़ता, रिपोर्ट लेने जाना पड़ता, डॉक्टर के यहाँ जाना पड़ता और फिर नए टेस्ट की तरफ।

अनुराग और शेफाली सुबह साढ़े पाँच बजे जगते। बच्चों को स्कूल के लिए तैयार करते, उनके लिए नाश्ता बनता। उन्हें स्कूल बस में चढ़ा कर आते और खुद तैयार होना शुरू कर देते। खाना बनानेवाली सहायिका आती और नाश्ता और खाना बनता रहता। आठ बजे तक अनुराग और शेफाली दोनों अपने-अपने ऑफिस के लिए निकल पड़ते। उनके जाने के बाद खाना बनानेवाली सहायिका भी चली जाती और फिर फुच्चु मास्साब के हिस्से आती एक लम्बी खामोशी। बच्चे स्कूल से सीधे क्रेच जाते। शाम को पाँच बजे शेफाली बच्चों को क्रेच से लेकर घर आती। कभी अनुराग भी शाम को बच्चों को क्रेच से लेकर घर पहुँचता। लेकिन ज़्यादातर शेफाली ही ऑफिस से जल्दी घर आती।

अनुराग और शेफाली दोनों को यह महसूस होता कि दिन भर फुच्चु मास्साब अकेले रहते हैं। इसलिए दोनों कोशिश करते कि जितना समय मिल पाए उसे वे उनके साथ अवश्य गुजारें। लेकिन यह दोनों की ही मजबूरी थी कि उनके पास समय काफी कम था। दोनों अपनी-अपनी नौकरी में व्यस्त थे। फिर दोनों बच्चों को देखना, उनका होमवर्क, उनकी एक्टिविटी आदि-आदि। शेफाली घर आती और सबसे पहले फुच्चु मास्साब के पास बैठती। उसे एहसास होता कि दिन भर का अकेलापन कितना अजीब है। शेफाली कई बार कोशिश करती कि आने के बाद उन्हें कम से कम नीचे पार्क में अवश्य ले चले। लेकिन उसके लिए भी उसके पास बहुत वक्त नहीं होता। शाम को कभी अविका की कथक क्लास तो कभी अद्वैत की पियानो क्लास। और फिर किसी तरह समय निकालकर उनका होमवर्क। दोनों बच्चे टीवी देखने की ज़िद करते। मुश्किल से आधा-एक घंटा टॉम एंड जैरी, छोटा भीम, सुपर भीम चलता। जब कभी अनुराग थोड़ा पहले आ जाता तब फुच्चु मास्साब को नीचे पार्क में अवश्य ले जाता।

अनुराग और शेफाली दोनों यह शिद्दत से चाहते थे कि फुच्चु मास्साब का अकेलापन कुछ कम हो। अनुराग ने कई बार कोशिश की कि पिता को वह टीवी चलाना सिखा दे। एक-दो बार टीवी के उलझाव को समझाने की कोशिश भी की लेकिन फुच्चु मास्साब ने हारकर रिमोट रख दिया। पहले तो अनुराग ने इस अति आधुनिक टेलीविजन के कई फीचर समझाने की कोशिश की लेकिन बाद में उसे लगा कि सामान्य रूप से टीवी चला लें इतना ही बहुत है। फिर कुछ टीवी चैनल्स

को उसने रिमोट के फेवरेट वाले बटन में सेट कर दिया ताकि बस एक-दो बटन से ही काम चल जाए।

यह घर अति आधुनिक साज-सज्जा वाला घर था जिसकी चमक, जिसकी रोशनी, सब बहुत ही उन्नत किस्म की थी। शेफाली को घर सज़ाने का बहुत शौक था। कलात्मक चीजों से उसने अपने घर को करीने से सज़ा रखा था। इस बड़े से शहर में कलात्मक चीजें कहाँ-कहाँ मिलती हैं शेफाली को सब पता था। और उसकी जब भी छुट्टी होती वह इन जगहों पर जाने की ज़िद करती। अनुराग को घर साफ रखना पसन्द था लेकिन इतना नहीं कि वह अपनी छुट्टियों को इन पर कुर्बान कर दे। पूरा परिवार कहीं घूमने जाते और कहीं कोई कलात्मक चीज दिख जाए तो अनुराग तो अनुराग, बच्चे तक अपनी मम्मी से मज़े लेते, "अब मम्मी को घूमने का मज़ा आया।"

फुच्चु मास्साब घर आए तो घर इन कलात्मक चीजों से सजा हुआ था। जब यह लग गया कि अब लम्बे समय तक उन्हें यहाँ रुकना पड़ेगा, तब शेफाली ने धीरे-धीरे इन कलात्मक चीजों को कम करना शुरू किया। शेफाली चाहती थी कि किसी तरह उन्हें यह घर बहुत आरामदेह लग सके। वह जानती थी कि यह सारी कलात्मकता इस घर को एक खास तरह की उत्कृष्टता दे रही थी, जिसके बीच फुच्चु मास्साब का सहज होना आसान नहीं था। लेकिन इस शहर की आबोहवा में ही सचमुच में ऐसा कुछ था कि फुच्चु मास्साब के लिए सहज होना आसान नहीं था।

डायलिसिस के बाद फुच्चु मास्साब जब लौटे थे तब उन्होंने सोचा था कि बस अब दो-चार दिन में छुट्टी मिल जाएगी लेकिन जब उन्हें यह लग गया कि यह लम्बी चलनेवाली प्रक्रिया है तब वे मन मसोस कर बैठ गए। शुरू के कुछ दिनों तक गाँव से अनुराग के फोन पर कई फोन आए कि उनका स्वास्थ्य कैसा है, कब तक लौट आएँगे आदि-आदि। शुरू में फुच्चु मास्साब ने भी कई बार अनुराग से फोन लगवाकर पता करवाया कि रमायण की बेटी को जो लड़का देखने आया था उसका क्या हुआ। उन्होंने यह भी कहा कि तिलक की तारीख तक वे लौट आएँगे। रामाश्रय के ज़मीन का विवाद वे सुलझा कर आए थे। उन्होंने यह भी जानना चाहा कि विलायती ने फिर से कोई बखेड़ा खड़ा तो नहीं किया। उन्होंने मन्दिर का हाल जानना चाहा। मन्दिर के पुजारी ने कहा कि चापाकल का वाशर खराब हो गया है। मन्दिर के आँगन में घास बहुत बडी़ हो गई है, उसे कटवाना जरूरी है। फुच्चु मास्साब ने अभी सब कुछ पुजारी को देखने के लिए कहा। साथ में यह भी कि मैं जल्द ही लौट आऊँगा। दुबारा बात हुई तब भी कहा कि जल्दी

ही लौट आऊँगा लेकिन साथ में इस बार यह भी कहा कि ज़्यादा लेट हुआ तो रामनिवास बाबू को कहना देख लेने के लिए।

फुच्चु बाबू ने कई बार बतहुआ को अनुराग से फोन करवाया। बतहुआ से अपने बगीचे के बारे में पूछा। गायों के बारे में पूछा। चिड़ियों के बारे में पूछा। मछलियों के बारे में पूछा। बतहुआ ने सबका जवाब दिया और फुच्चु बाबू फ़ोन के इस पार सारे जवाबों को समझते रहे। उन्होंने बतहुआ को कहा कि चिड़ियों को खाना कम नहीं पड़ना चाहिए। लेकिन वे यह सोचकर ही अजीब सी घबराहट में भर जाते थे कि सारी चिड़ियाँ उन्हें ढूँढती होंगी। रात में मछलियों को उनकी याद आती होगी।

वे रात में सोते और बिस्तर पर पट लेट कर अपने बाएँ हाथ को ज़मीन पर लटका लेते और ज़मीन पर वे उस हाथ को ऐसे घुमाते जैसे वे मछलियों के साथ खेल रहे हों। मछलियाँ उनके हाथ को सहलातीं और फुच्चु मास्साब धीरे-धीरे नींद के आगोश में चले जाते।

सुबह आठ-साढ़े आठ बजे तक जब सब घर से चले जाते तब शाम के पाँच-छह बजे तक फुच्चु मास्साब उस फ्लैट में अकेले रहते थे। जिस फ्लैट में ढेर सारी रोशनी थी, अत्याधुनिक तकनीक के सारे सामान थे—टीवी, फ्रिज, वॉशिंग मशीन, एसी, माइक्रोवेव आदि-आदि।

इस फ्लैट से बाहर भागने का सिर्फ एक रास्ता था— लिफ्ट। लिफ्ट के बगल में सीढ़ी थी लेकिन नौ मंजिल ऊँचे इस फ्लैट से नीचे उतरना उस सीढ़ी के सहारे फुच्चु मास्साब के लिए आसान नहीं था। उस लिफ्ट में अकेले डर लगता था फुच्चु मास्साब को। अनुराग कई बार अपने साथ ले जाकर समझाता रहा कि बहुत ही आसान है। कुछ करना ही नहीं है। अन्दर जाकर दरवाजा खुद ही बन्द हो जाता है। और फिर नीचे का बटन दबा दें। लेकिन दरवाजा बन्द होते ही अजीब सी घबराहट फुच्चु मास्साब के शरीर में दौड़ जाती। उन्हें बार-बार लगता कि अगर यह दरवाजा खुला ही नहीं तो किसे आवाज़ लगाएँगे? ऐसा सोचते ही उनके पैर में झुरझुरी दौड़ जाती थी।

"इन दरवाजों के बीच में पिसकर मर जाएँगे।" फुच्चु मास्साब ने अनुराग के सामने अपना डर जाहिर किया, "हमरा दम घुट जाएगा।"

फुच्चु मास्साब अकेले रहते हुए एक-दो बार ऐसी कोशिश कर चुके हैं। वे लिफ्ट के बाहर खड़े होकर हिम्मत करते रहे। कई बार उनके सामने लिफ्ट आकर रुकी लेकिन उन्हें हिम्मत नहीं हुई। दो बार ऐसा हुआ कि उसी फ्लोर से

कोई जानेवाला मिला तब फुच्चु मास्साब ने हिम्मत की। उधर से लौटने के लिए भी उन्होंने किसी और के आने का इन्तज़ार किया।

बारह

जब वे नीचे गए तो उन्हें वह पार्क बहुत अच्छा लगा। उस पार्क में बिछी हुई घास बहुत नरम और गद्देदार थी। नीचे उतरकर पहले वे मेन गेट की तरफ बढ़े, मेन गेट के बाहर गाड़ियों का अंबार था। गाड़ियों में अजीब सी फुर्ती थी। उन्होंने उस मेन गेट के पास आकर बाहर झाँककर देखा और घबराहट में अपने कदमों को पीछे हटा लिया। उन्हें लगा अगर उन्होंने इस मेन गेट से एक कदम भी बाहर निकाला तो गाड़ियों का यह तूफान उन्हें उड़ा कर ले जाएगा। मेन गेट के पीछे खड़े होकर उन्हें एक बार को लगा जैसे ये गाड़ियाँ चिड़ियों का झुंड हैं। सारी चिड़ियाँ जब एक बार उड़ती हैं तब जैसी फर्र-फर्र की आवाज़ आती है, फुच्चु मास्साब को यह आवाज़ ऐसी ही लगी। लगा, जैसे गाड़ियाँ फर्र-फर्र कर उड़ रही हैं। फुच्चु मास्साब ने अपने कुर्ते की जेब में हाथ डाला। उस जेब में बिस्कुट के कुछ टुकड़े थे। वे गेट तक गए और लोहे के उस आदमकद गेट को पकड़कर बिस्कुट के उन टुकड़ों को उन गाड़ियों की तरफ फेंक कर जोर से कहा, "आ आ आ।"

वहाँ गेट पर खड़े सिक्योरिटी गार्ड ने उन्हें ऐसा करते देखा और वे हँसे। वहाँ तीन सिक्योरिटी गार्ड थे। उन्होंने आपस में हँस कर कहा, "कोई बात नहीं, यहाँ आकर सब ऐसे हो ही जाते हैं।"

सिक्योरिटी गार्ड की इस आवाज़ ने फुच्चु मास्साब को इस मदहोशी से बाहर निकाला। उस मदहोशी से बाहर निकलते ही उनके कान में गाड़ियों की यह आवाज़ गई और वे अचानक वहाँ से भागकर उस पार्क की बेंच पर दुबक कर बैठ गए।

अगले दिन जब वे इसी तरह नीचे उतरे तब उन्होंने सोच लिया था कि वे मेन गेट की तरफ देखेंगे ही नहीं। वे सीधे पार्क में गए और बेंच पर बैठ गए। वहाँ फूल थे, पत्तियाँ थीं, नरम घास थी। धूप खिली हुई थी। अभी दिन में इतनी ठंड नहीं थी कि धूप बहुत अच्छी लगे। लेकिन धूप इतनी तेज भी नहीं थी कि वह बुरी लगे।

पार्क में लगभग सन्नाटा पसरा हुआ था। सिर्फ दो लड़के साथ में बैठे थे और मोबाइल में कुछ देख रहे थे। दोनों के कान में एक-एक लीड ठूँसी हुई थी। फुच्चु मास्साब ने बेंच पर बैठकर नरम घास को देखा। फिर अपने जूते को उतार

कर नरम घास को नंगे पाँव से महसूस किया। उनके शरीर में अजीब सी सिहरन आ गई। उन्होंने पीछे मुड़कर उन अपार्टमेंट्स की तरफ देखा तो उनका मन घबरा सा गया। उन्होंने मन में सोचा कि अब इस बिल्डिंग की ऊँचाई की तरफ वे नहीं देखेंगे। वे उठकर खड़े हुए और उस नरम घास पर चलने लगे। थोड़ी देर उस पर चलते रहना उन्हें बहुत अच्छा लगा, लेकिन थोड़ी देर में वे थक गए। वे वापस उसी बेंच के पास आए और बेंच के पास वहीं घास पर लेट गए।

फुच्चु मास्साब को उस नरम घास पर लेटकर बहुत सुकून मिला। उन्हें ठीक ऐसा लगा जैसे वे अपने तालाब के किनारे सो रहे हों और अपनी मछलियों को कहानियाँ सुना रहे हों। उस घास पर लेटते ही वे गहरी नींद में चले गए। उस नींद में मछलियाँ आईं और चिड़ियाँ भी।

सारी मछलियाँ पानी से निकलकर उनके शरीर पर चढ़ आई हैं और नाराज हैं।

"इतने दिनों तक हमारी याद नहीं आई?" मछलियों को शिकायत है।

"तुम लोगों के बिना मेरा जीवन कैसा कट रहा था मैं ही जानता हूँ।" फुच्चु मास्साब ने मछलियों को बाँहों में भर लेना चाहा, लेकिन मछलियाँ नाराज़ हैं।

"वहाँ ऊँची ऊँची बिल्डिंगें हैं, चमकदार सड़कें, इतनी रोशनी है तो हमारी याद भला क्यों आएगी।" इस बार चिड़ियों के झुंड ने अपनी नाराज़गी जाहिर की जिन्होंने चारों तरफ से फुच्चु मास्साब को घेर रखा था।

"अब फिर कभी गए तब हम इसी तालाब के तले में जाकर धँस जाएँगे।" मछलियों ने कहा।

"और हम आसमान में ऊँचा उड़कर गुम हो जाएँगे।" चिड़ियों ने कहा।

वहाँ के सारे पेड़-पौधों, पत्तों और फूलों ने भी उनकी बातों का समर्थन किया।

"ना रे अब कभी नहीं। और कभी जाना भी पड़ा तो तुम सबको साथ ले जाऊँगा।" ऐसा कहकर फुच्चु मास्साब उस स्विमिंग पूल के बारे में सोचने लगे, जिसमें इतनी सफाई रहती है कि उसका तला एकदम नीला-नीला दिखता है। उन्होंने मन में सोचा इन मछलियों को उस पानी में कैसे छुपा कर रख पाऊँगा? और इन चिड़ियों को वहाँ दाना कौन देगा?

"झूठ।" मछलियों ने कहा।

"झूठ।' चिड़ियों ने कहा।

"झूठ।" पेड़ों ने कहा।

फुच्चु मास्साब ने समझाना चाहा लेकिन अचानक सब गायब। सारी मछलियाँ पानी में कूद गईं और तालाब के तले में जाकर धँस गईं। सारी चिड़ियाँ आसमान

में बहुत ऊँचा उड़ गईं और गायब हो गईं। सारे पेड़, फूल, पत्ती अपनी अपनी जगह पर ज़मीन में धँस गए।

चारों तरफ एकदम सन्नाटा। फुच्चु मास्साब एकदम से बेचैन हो गए।

"आ जाओ मेरे बच्चो। लौट आओ। मुझे समझो, मेरी मजबूरियों को समझो।" फुच्चु मास्साब ने बहुत रुआंसा होकर ऐसा कहा और उनकी दोनों आँखों के कोरों से आँसू की धार बहने लगी।

फुच्चु मास्साब के आंसुओं ने सबको लौटने के लिए मजबूर कर दिया। सारी मछलियाँ तालाब से निकल आईं। सारी चिड़ियाँ आसमान से ज़मीन पर लौट आईं। सारे पेड़-पौधे, फूल-पत्तियाँ ज़मीन से बाहर आ गए। फुच्चु मास्साब ने लपककर उन्हें गले लगा लिया।

तभी लगा जैसे उन्हें कोई इस हसीन सपने से बाहर खींच रहा है।

"ऐ साहब।"

"ऐ साहब।"

"काहे हमरा नौकरी लेने पर तुले हैं।"

फुच्चु मास्साब ने आँख खोलीं तो एक सिक्योरिटी गार्ड उन्हें हिला कर जगा रहा था।

फुच्चु मास्साब अपनी नींद और अपने सपने से बाहर आए। उन्होंने आँखों को मलते हुए चारों तरफ देखा। वहाँ तालाब नहीं था, मछलियाँ नहीं थीं, चिड़ियाँ नहीं थीं, पेड़-पौधे नहीं थे।

"घर में जाकर सोइए ना साहब। हमारी नौकरी क्यों ले रहे हैं।" इस बार सिक्योरिटी गार्ड को ध्यान से देखा उन्होंने। यह गार्ड वही नहीं था जो कल गेट पर मिला था।

"घास बहुत नरम है।" फुच्चु मास्साब ने घास को बहुत कोमलता से छूते हुए कहा।

"घर में गद्दा भी तो नरम है साहब। हमारी नौकरी काहे ले रहे हैं।" फिर एक मिनट तक वह फुच्चु मास्साब की प्रतिक्रिया का इन्तज़ार करता रहा। लेकिन वहाँ से कोई भी प्रतिक्रिया नहीं मिलने पर उसने फिर कहा, "यहाँ सोना अलाउड नहीं है साहब। सोसाइटी का यह नियम है।"

"मतलब? यहाँ घास पर ही तो सोये हैं।"

"यही तो अलॉउड नहीं है साहब। सब इस घास पर सोने लगेगें तो इ सोसाइटी कितना गन्दा हो जाएगा।"

"गन्दा हो जाएगा मतलब?"

"मतलब हमको क्या पता साहब। लेकिन सोसाइटी का यह नियम है कि यहाँ कोई लेट नहीं सकता है। आप चाहें तो यहाँ घंटों बैठ सकते हैं।"

फुच्चु मास्साब बेंच पकड़कर उठने लगे तो उस गार्ड ने उन्हें सहारा दिया। फुच्चु मास्साब जाने लगे तो उस गार्ड ने कहा, "आप वही हैं ना साहब जो कल गाड़ियों को दाना खिला रहे थे।" ऐसा कहकर मुँह छुपा कर वह हँसने लगा। फुच्चु मास्साब ने उसकी तरफ देखा तो गार्ड 'ओह सॉरी सर' कहकर पीछे हट गया।

वह आखिरी दिन था। तब से फुच्चु मास्साब फिर अकेले उस बिल्डिंग से नीचे नहीं उतरे।

तेरह

बायोप्सी का मतलब नहीं जानते थे फुच्चु मास्साब लेकिन जब उसकी रिपोर्ट आई और उस रिपोर्ट में कैंसर की पुष्टि हो गई तब घर में मातम छा गया।

"मम्मा, दादू अब मर जाएँगे ना?" अद्वैत ने पूछा तब शेफाली ने कहा, "नहीं बेटा ऐसा नहीं कहते। सब अच्छा हो जाएगा।"

"दादू बहुत बीमार हैं लेकिन पापा ठीक करवा लाएँगे। हमारे पापा तो जादूगर हैं ना! है ना मम्मा?" अविका ने बहुत ही मासूमियत से अद्वैत को समझाते हुए मम्मी की तरफ देखा। शेफाली ने कहा कुछ नहीं बस सहमति में सिर हिलाया।

फुच्चु मास्साब के रोग का यह दूसरा पड़ाव था। कैंसर सुनकर सिर्फ घर में ही नहीं मातम छा गया बल्कि जिसने गाँव में भी सुना सबने अनुराग को फोन किया। और सारे फोन ने अनुराग को आश्वस्ति कम दी, उसे डराया ज़्यादा।

डरा हुआ अनुराग जब डॉ. बासु के सामने पहुँचा तब सीधे-सीधे सवाल पूछा, "कितने दिन का जीवन और बचा है।" डॉ. बासु ने अनुराग को प्यार से ही सही लेकिन झिड़क दिया। "देखो एतना इमोशनल बातें मेरे सामने मत करो। यह मैथेमेटिक्स का कोई फॉर्मूला नहीं है कि कितने दिन हैं, बता दूँ। आइ एम नॉट ए प्रीडिक्टर।" लेकिन अनुराग को बहुत दुखी देखा तो कहा, 'कैंसर सुनकर तुम लोग सीधे डेथ पर कैसे पंहोच जाते हो? अभी शोमोझना पड़ेगा कितना फैला हुआ है और यह भी कि हाव मच इट हैज़ डैमेजड द होल बॉडी। कैंसर का मोतलब डेथ नहीं होता है। यह एक डिजीज है, इसके साथ चोलना होगा। इससे फाइट कोरना

होगा। इससे हारना नहीं है। कैंसर हमको हारना नहीं फाइट कोरना सिखलाता है। यहाँ से तुम्हें ओंधेरा दिख रहा होगा लेकिन यहीं से हम लोग धीरे-धीरे आगे बोढ़ेंगे और रास्ता दिखता जाएगा। बहुत सारे टेस्ट होंगे और फिर सिचुएशन के अनुसार हम आगे बोढ़ते जाएँगे।"

डॉ. बासु ने अनुराग को बहुत आश्वस्त किया। अनुराग, जिसने इस रोग को सुनते ही जीवन की उम्मीद छोड़ दी थी उस उम्मीद को डॉ. बासु ने वापस ला दिया था। वह जब डॉ. बासु के पास बैठा तब वह बहुत हताश था लेकिन जब वह वहाँ से उठा तो उसके पास उम्मीद की एक किरण थी।

फुच्चु मास्साब ने अपने रोग के बारे में सुना तो एकदम सकते में आ गए। उन्होंने अपनी हथेली की तरफ बहुत आश्चर्य से ऐसे देखा जैसे कभी उन्होंने किसी भविष्य बतानेवाले को अपना हाथ दिखलाया हो और उसके अनुसार तो अभी जिन्दगी होनी चाहिए। हाथ कभी दिखलाया हो या ना दिखलाया हो लेकिन इस वक्त अचानक ना जाने क्यूँ फुच्चु मास्साब की निगाह हथेली में जीवन रेखा खोजने अवश्य लगी थी।

फुच्चु मास्साब अपने बिस्तर पर मौन लेट गए। फिर अनुराग को अपने पास बुलाकर कहा, "बाबू एक बार गाँव जाकर सब समेट आना। मछलियों और चिड़ियों को कहना बस अब नहीं।" ऐसा कहते हुए फुच्चु मास्साब का गला रुंध गया। फिर थोड़ी देर रुककर, थोड़ा सँभलकर बोले, "मन्दिर के पैसों को भी एक बार समझ लो।"

"ऐसा मत कहिए, ईश्वर ने चाहा तो सब ठीक हो जाएगा। क्या पता रोग अभी फैला ही ना हो। आप साथ दीजिए। सब ठीक हो जाएगा। बस इलाज लम्बा चलेगा। यहाँ आराम से रहिए।" अनुराग ने ढाँढस बँधाना चाहा।

"इलाज लम्बा चलेगा...।" फुच्चु मास्साब ने इस वाक्य को लम्बा खींचा और एक आह भरते हुए बिस्तर पर करवट बदल ली।

चौदह

अब चूँकि फुच्चु मास्साब नीचे नहीं उतरते इसलिए वे उस फ्लैट में दिन भर बन्द रहते। वे बन्द कमरे में यहाँ से वहाँ तक टहलते। कभी फ्रिज के ऊपर पत्थर की बनी उस कलाकृति को, जिसमें एक कलाकार अपनी ढोलक पर थाप दे रहा था,

को ध्यान से देखते। फिर उस बड़े से टीवी के पास आते और बन्द टीवी को ग़ौर से देखते। कभी छत को देखते तो कभी दीवार को। बाल्कनी में जाने की उनकी हिम्मत नहीं होती। वे माइक्रोवेव के पास जाते और फिर लौट आते। वे ड्राइंग हॉल में सोफे पर बैठते और फिर खड़े होकर चलने लगते। डायनिंग और ड्राइंग हॉल के बीच में जो जगह थी वहाँ छत से एक चेम्स लटका हुआ था। फुच्चु मास्साब हाथ को बढ़ाते और उसे छूते। उसे छूते ही उससे एक मधुर सी आवाज़ निकलती। लेकिन वह आवाज़ इस शान्ति को भंग करती थी। फुच्चु मास्साब फिर उस चेम्स को पकड़कर उसकी आवाज़ को दबा देते।

इस बाल्कनी, इस घर, इस माइक्रावेव, फ्रिज, टीवी और चैम्स से खीझकर फुच्चु मास्साब दरवाजा खोलकर बाहर निकलते। बाहर इस घर के दरवाजे के अलावा दो फ्लैट और थे इसलिए दो दरवाजे भी और थे। लिफ्ट का दरवाजा था। लिफ्ट के दरवाजे के ठीक सामने सीढ़ी थी। दोनों फ्लैट्स के दरवाजे सामान्यतया बन्द रहते थे। सीढ़ी से कोई उतरता-चढ़ता नहीं था। इन घरों से सामान्यत: कोई बाहर नहीं निकलता था। कभी कोई निकलता भी तो बस लिफ्ट तक आने के लिए। या फिर लिफ्ट से बाहर निकलकर अपने फ्लैट में जाने के लिए। उन फ्लैट्स के दरवाजे सिर्फ अन्दर से बाहर निकलने और बाहर से अन्दर जाने के लिए ही खुलते थे और फिर वे इस तरह बन्द हो जाते जैसे वे वर्षों से बन्द पड़े हों। फुच्चु मास्साब को अपना दरवाजा याद आता। कैसे वहाँ कभी भी, कोई भी आ सकता था और कैसे वे कभी भी, कहीं भी जा सकते थे। उन्हें अपने मन्दिर का चबूतरा याद आता जहाँ बैठकर लोग दुनिया जहाँ की बातें किया करते।

फुच्चु मास्साब को इस लिफ्ट को देखना अच्छा लगता था। वे लिफ्ट के सामने खड़े होकर उसकी स्क्रीन पर चलनेवाले नम्बर को देखते रहते। उस पर नम्बर को गिनना काफी रोमांचकारी था। यह उनके लिए एक खेल की तरह था कि अब लिफ्ट किस नम्बर के फ्लोर पर गई। और गई तो रुकी या नहीं। वे इस बीच फ्लैट्स के उन दरवाजों को भी देखते जो बन्द रहते थे। और उनके भीतर से भी कोई शोर नहीं निकलता था। वे बहुत तटस्थ होकर उन दरवाजों को और लिफ्ट के ऊपर-नीचे होने को देखने में डूब जाते थे।

उनकी यह मदहोशी तब टूटती जब इस लिफ्ट का दरवाजा अचानक कभी इस फ्लोर पर खुल जाता। या फिर इन दोनों फ्लैट्स के दरवाजे कभी अचानक खुल जाते। तब फुच्चु मास्साब सकपका जाते। लिफ्ट से बच्चे स्कूल बैग लिए हुए निकलते और सामने फुच्चु मास्साब को देखकर 'हाय अंकल' कहते और चले

जाते। कभी बच्चे ट्यूशन जाने के लिए घर से बाहर निकलते। वे लिफ्ट के बाहर इन्तज़ार करते। फुच्चु मास्साब का मन करता कि वे उनसे बतिया लें लेकिन वे हिचक जाते। एकाध बार उन्होंने ऐसी कोशिश भी की परन्तु बच्चों ने इसमें कोई रुचि नहीं दिखलाई।

अन्त में वे अपने कमरे में अपने बिस्तर पर आते और लेट जाते। अपने बिस्तर पर से उन्हें सामने के अपार्टमेंट के घर की एक बाल्कनी दिखती।

उनके अपने बिस्तर पर से जो बाल्कनी दिखती थी वह एक खामोश बाल्कनी थी। ऐसा लगता था जैसे इस बाल्कनी को किसी ने अचानक बन्द कर दिया हो। ऐसे, जैसे सब कुछ सामान्य चलते हुए ऐसा कुछ अचानक घटा हो कि उसे जस का तस बन्द कर दिया गया हो।

वह बाल्कनी एक ऐसी बाल्कनी थी जिसे बहुत नज़ाकत से रखा गया था। बाल्कनी से बाहर की तरफ लोहे का जाल बनाकर पंक्ति में गमले रखे हुए थे। बाल्कनी के दोनों तरफ के गमलों में ऐसे पौधे लगे थे जिसमें लताएँ थीं और जो दोनों तरफ से ऊपर की तरफ बढ़ी हुई थी। उसी जाल को बीच में दो जगह आगे की तरफ निकाला गया था जिसमें दो बर्तन रखे हुए थे। फुच्चु मास्साब ने समझ लिया था कि वे बर्तन पक्षियों के पानी पीने के लिए रखे गए थे। उस बाल्कनी में रस्सी बंधी हुई थी और रस्सी पर कपड़े टंगे हुए थे। उन कपड़ों में कुछ महिलाओं के कपड़े थे और कुछ बच्चों के। बच्चों के कपड़ों में स्कूल के कुछ यूनिफॉर्म भी थे। वहाँ एक झूला था जो खामोश पड़ा हुआ था। दीवार में चिपकी हुई एक लाइट थी जो अनवरत जल रही थी।

फुच्चु मास्साब ने जब उस बाल्कनी को देखा तब तक उन्हें ऐसा लगा था जैसे उस बाल्कनी को बन्द हुए अभी पाँच-सात दिन ही हुए हैं। वहाँ गमलों के पौधे अभी जीवित थे। उस झूले के पास बेंत का एक मूढ़ा पड़ा हुआ था और झूले के पास दरवाजे की तरफ बढ़ते हुए एक थाली गिरी हुई थी। उस थाली में आधा खाया हुआ खाना रखा था। ऐसे, जैसे उस मूढ़े पर बैठकर माँ झूले पर बैठे अपने बच्चे को खाना खिला रही हों और अचानक कुछ ऐसा हुआ हो कि माँ उस थाली को फेंककर दौड़कर भागी हो। और यह बात जरूर रात की रही होगी तभी यह लाइट जली रह गई।

अपनी दिनचर्या में अपने बिस्तर पर से इस बाल्कनी को देखना फुच्चु मास्साब के लिए अभी सबसे महत्त्वपूर्ण काम था। नीचे वे उतर नहीं सकते थे, बाल्कनी में जाकर नीचे देखने में उन्हें डर लगता था। टीवी देखना उन्हें पसन्द नहीं था। वे

अपने बिस्तर पर लेटते और इस ठहरी हुई बाल्कनी को देखते। वे उसे देखते और अपने मन में इस ठहरी हुई बाल्कनी को समझने की कोशिश करते कि आखिर हुआ क्या होगा, क्यों यह बाल्कनी यूँ अचानक बन्द कर दी गई होगी?

पन्द्रह

यह रुटीन जैसा हो गया था कि हर दो-चार दिन में अनुराग फुच्चु मास्साब को टेस्ट करवाने ले जाता। लिटाकर फुच्चु मास्साब को बड़ी-बड़ी मशीनों के भीतर डाल दिया जाता। उनके हाथ में एक बटन पकड़ा दिया जाता। मशीन के पास जो असिस्ट करनेवाला लड़का होता वह समझाता कोई भी दिक्कत हो तो इस बटन को दबा देंगे आप। फुच्चु मास्साब अनुराग की तरफ बहुत दयनीय भाव से देखते परन्तु अनुराग को भी इस कमरे से निकाल दिया जाता। फुच्चु मास्साब जब लेट करके उस मशीन के भीतर घुसते तो देखते चारों तरफ से दीवार ने उन्हें जकड़ लिया है। साँस लेने तक की जगह नहीं है लेकिन वे धैर्य रखते। लेकिन फिर शुरू होता कानों को फाड़ देनेवाला कर्कश शोर। पींऽऽऽ, पींऽऽऽ, पींऽऽऽ, पोंऽऽऽ, पोंऽऽऽ, पोंऽऽऽ।

उस दिन फुच्चु मास्साब ने लड़के से पहले ही पूछ लिया था कि घबराहट में चिल्ला तो सकते हैं। लड़के ने कहा आपकी चिल्लाहट कोई नहीं सुनेगा। आपको यह बटन दबाना ही होगा। फुच्चु मास्साब ने बटन को कसकर पकड़ लिया था। लेकिन वे सोचते, इस घबराहट में अगर हाथ ने काम करना बन्द कर दिया तो? अगर उँगलियों ने अपना काम सही ढंग से नहीं किया तो? अगर यह घंटी बजी ही नहीं तो? फुच्चु मास्साब ने सोचा तब इन्हीं दीवारों के बीच दम घुट कर मरना होगा।

लेकिन इस एक घंटे की लम्बी प्रक्रिया में फुच्चु मास्साब धैर्य रखकर दोनों हाथों की मुट्ठियों को कसकर बन्द कर अपने गाँव के सुनहरे दृश्य को याद करते रहते और वह कठिन समय भी कट जाता। उस कानफोड़ू आवाज़ के बीच भी वे खो से जाते। गाँव की पगडंडियाँ, बांध की ठंडी हवा, मन्दिर के चबूतरे तब उन्हें बचाते। हमेशा बचाया तो उन्हें उन आवाज़ों ने भी जो उन्हें ढूँढने आती थीं। फुच्चु मास्साब आज थोड़ा ब्लॉक चलना है, फुच्चु मास्साब आज अमीन से थोड़ा नापी करवाने चलना है आपको। फुच्चु मास्साब! फुच्चु मास्साब! की आवाज़ तब इस कर्कश आवाज़ को भी दबा देती।

अनुराग के साथ जब फुच्चु मास्साब डॉ. बासु के सामने पहुँचते तो डॉ. बासु लगातार गम्भीर ही दिखते। फुच्चु मास्साब उनके चेहरे को पढ़ने की कोशिश करते। वे समझ नहीं पाते कि डॉ. बासु हमेशा ऐसे ही गम्भीर रहते हैं या फिर वे इस रिपोर्ट को देखकर गम्भीर हो जाते हैं। वे इस इन्तज़ार में रहते कि कभी डॉ. बासु की गम्भीरता थोड़ी कम हो तो वे अपना सवाल पूछें। शुरू में एक-दो बार तो इसी इन्तज़ार में फुच्चु मास्साब चुप रहे लेकिन बाद के दिनों में उन्होंने सीधे डॉ. बासु से पूछा, "अब गाँव लौट जाएँगे ना?" डॉ. बासु उन्हें देखते और मुस्कुरा देते। लेकिन फुच्चु मास्साब हर बार यही पूछते। डॉ. बासु जवाब नहीं देते थे लेकिन खीझते कभी भी नहीं थे। वे अक्सर चुप रहते और कभी कह भी देते, "अभी तो कुछ पता नहीं। क्या पता भविष्य में कुछ ज़्यादा अच्छा जरूर हो।" और फिर फुच्चु मास्साब का मुँह लटक जाता।

सोलह

फुच्चु मास्साब अपने रोग के साथ-साथ बढ़ रहे थे। जब रोग के बारे में उन्हें पता चला था तब वे बहुत घबराए हुए थे फिर जब उन्हें यह लगा कि वे इस रोग से दुरुस्त होकर घर भी जा सकते हैं तब वे थोड़े सुकून में आ गए थे। लेकिन वे इस रोग को बस एक सामान्य रोग की तरह समझ रहे थे। ऐसे, जैसे डॉक्टर अभी दवा देंगे और वे दुरुस्त हो जाएँगे। लेकिन धीरे-धीरे जब यह इन्तज़ार लम्बा खिंचता चला जा रहा था तब फुच्चु मास्साब मुरझाते चले जा रहे थे। वही ऊँची बिल्डिंग, वही गाड़ियों की कतार, वही बन्द कमरा और बन्द कमरे से बाहर वह खामोश बाल्कनी।

फुच्चु मास्साब के पास उस बाल्कनी को लेकर अलग-अलग कहानियाँ थीं। लेकिन सारी कहानियों में आशंकाएँ अवश्य थीं। उस आशंका में वह आधा खाना खाई हुई थाली थी और दिन-रात जलती दीवार से चिपकी हुई वह लाइट थी। कभी वे सोचते कि झूला झूलते हुए बच्चे को माँ खाना खिला रही होगी और अचानक बच्चे की तबीयत बिगड़ गई होगी और वह उसे लेकर हॉस्पिटल दौड़ी होगी और अब पता नहीं वह कैसा होगा?

कभी सोचते कोई बुरी ख़बर बाहर से आई होगी और वह बच्चे को लेकर दौड़ गई होगी। बुरी ख़बर कुछ भी हो सकती है—किसी के मर जाने की या

किसी के गायब हो जाने की। वह मरने या गायब होनेवाला उस बच्चे का पिता भी हो सकता है।

कभी वे सोचते कि हो ना हो माँ-बेटे घर में अकेले हों और कोई अनजान घर में घुस आया हो और उस माँ-बेटे को खींचकर कमरे के भीतर लाकर उन्हें मार दिया हो और कमरे में उनकी लाश अभी भी पड़ी हो। और फिर वह बाहर से ताला लगाकर चला गया हो।

फुच्चु मास्साब उस कमरे की खिड़की पर चिपककर खड़े हो जाते और घंटों उस बाल्कनी को देखते रहते। उस बाल्कनी को देखते और उनके मन में अजीब-अजीब तरह की बातें आतीं। और वे घोर निराशा के गर्त में चलते चले जाते। वे जब भी यह सोचना चाहते कि क्या पता कुछ अच्छा भी हुआ हो लेकिन ऐसा सोचने से उन्हें वह दिन-रात जलती लाइट और वह अधखाई हुई थाली रोक देती।

एक दिन फुच्चु मास्साब ने अपने को काफी रोकते हुए भी अनुराग से पूछ ही दिया कि उस घर के लोगों के साथ क्या हुआ है जिनकी बाल्कनी बन्द है। अनुराग ने एकदम से चौंककर पूछा, "क्या कोई बाल्कनी बन्द भी है? मुझे क्या पता कौन सी बाल्कनी बन्द है या फिर उसके पीछे क्या कहानी है?" अनुराग ने ऐसा कहते हुए यह दिखाया कि यहाँ किसी और के बारे में जानकारी रखना कोई अच्छी बात नहीं है। उसने पिता से कहा, "यह गाँव नहीं है यहाँ कोई किसी के बारे में जानकारी नहीं रखता। इतनी फुरसत किसके पास है। आप तो उस टावर के घर के बारे में पूछ रहे हैं। हमसे मेरे फ्लोर के घरों के बारे में पूछिये, कहाँ पता है?" फुच्चु मास्साब यह सोचकर चुप हो गए कि हाँ इतनी फुरसत है भी कहाँ।

फुच्चु मास्साब के देखते-देखते उस बाल्कनी के सारे गमलों के फूल मुरझा गए थे। उन लताओं में अभी कुछ जान बाकी थी। लेकिन उनकी पत्तियाँ भी बहुत ही मरी हुई ही दिख रही थीं। उन लताओं में गिलहरियाँ थीं। वे गिलहरियाँ ऊपर-नीचे करती थीं और फुच्चु मास्साब यहाँ खड़े-खड़े उन्हें दौड़ते-भागते देखते थे। और सिर्फ देखते ही नहीं थे, बल्कि यहीं से उनसे बतियाते भी थे। वे घंटों उन गिलहरियों का इन्तज़ार करते। और जब गिलहरियाँ आ जातीं तब वे कहते, "आ गए बाबूसाहब।"

लेकिन फुच्चु मास्साब सबसे ज़्यादा दुखी होते उन चिड़ियों के प्यासे वापस लौटने से, जो यहाँ पानी की उम्मीद में आती तो थीं लेकिन पानी यहाँ मिलता

नहीं था। उस बाल्कनी में जो दो बर्तन इन चिड़ियों के पानी पीने के लिए रखे गए थे वे अब पूरी तरह से सूख चुके थे। चिड़ियों की लम्बे समय से यहाँ आने की आदत बनी हुई थी, इसलिए चिड़ियाँ यहाँ अपनी आदत के अनुसार आती थीं और उदास लौट जाती थीं। वे उन चिड़ियों को देखते और उन्हें अपना तालाब याद आता, तालाब की मछलियाँ याद आतीं, वहाँ किनारे उड़ कर आनेवाली चिड़ियाँ याद आतीं। लेकिन उनका दुख तब और बढ़ जाता जब वे इस खिड़की पर खड़े होकर उस बाल्कनी को देख रहे होते जहाँ से चिड़ियाँ बिना पानी के उदास लौट रही होतीं और दूसरी तरफ वहीं ठीक नीचे स्विमिंग पूल में पानी की नीले रंग के चादर बिछी हुई थी।

सत्रह

समय बीतता रहा और फुच्चु मास्साब का स्वास्थ्य इसी तरह ऊपर-नीचे होता रहा। अकेलेपन से परेशान फुच्चु मास्साब पागलपन की तरफ बढ़ते रहे। वे घंटों उस खिड़की से चमगादड़ की तरह चिपके रहते।

समय बीतता रहा। अनुराग-शेफाली की व्यस्तता यूँ ही बनी रही। अस्पताल, टेस्ट सेंटर, डॉक्टर, रिपोर्ट सब यूँ ही चलता रहा। फुच्चु मास्साब यूँ ही अकेलेपन से निराशा के गर्त में जाते रहे। फुच्चु मास्साब को अपने गाँव, वहाँ की पगडंडियों की याद भी वैसी ही बनी रही। उनकी यादों में मछलियाँ, चिड़ियाँ और पेड़-पौधे भी वैसे ही बने रहे।

सर्दियाँ आकर चली गईं। अब फिर धूप थोड़ी कम अच्छी लगने लगी थी। इन सर्दियों में भी फुच्चु मास्साब मोटे कपड़ों और कम्बलों में लिपटकर सिकुड़कर वहीं बैठे रहे। अनुराग ने बहुत कहा कि नीचे पार्क में जाकर बैठ जाया कीजिए लेकिन फुच्चु मास्साब वहाँ नहीं गए। जब कभी अनुराग घर होता तब वह अपने साथ पार्क में पिता को अवश्य ले जाता। लेकिन वहाँ जाकर भी फुच्चु मास्साब को बहुत सुकून नहीं मिलता। वे वहाँ जाते और गुमसुम बैठे रहते। वे इधर-उधर नहीं देखते। बस नीचे ज़मीन को देखते रहते और चुप रहते।

पूरी सर्दी में वे अपने कमरे से निकलकर बाल्कनी की तरफ जाते और शीशे वाले दरवाजे को सरकाकर वहीं ज़मीन पर बैठ जाते। धूप में अपने हाथ को निकाल कर धूप को सेंकने की कोशिश करते। बाल्कनी में बहुत अच्छी धूप

होती लेकिन वे बहुत आगे नहीं जाते। आगे धूप अच्छी होती लेकिन नीचे देखने पर उन्हें घबराहट हो जाती।

इन महीनों में अनुराग और शेफाली ने बहुत कोशिश की कि उनका यहाँ मन लग जाए। वे उन्हें घुमाने ले जाते। एक दिन वे उन्हें मॉल ले गए। लेकिन वहाँ भी फुच्चु मास्साब सकुचाए-सकुचाए ही घूमते रहे। वे धोती-कुर्ता पहनकर मॉल में गए और उन्हें लगा जैसे सारे लोग उनको ही देख रहे हैं। न चाहते हुए भी अनुराग और शेफाली को भी यह अजीब ही लगा। एक-दो बार के प्रयास के बाद फुच्चु मास्साब फिर से उसी घर में आकर बन्द हो गए। जहाँ खामोशी थी, अकेलापन था और जहाँ सामने खामोश पड़ी हुई बाल्कनी थी।

उस बाल्कनी में अब जाले लग चुके थे। सारे पौधे सूख चुके थे। निराश होकर सारी चिड़ियों ने वहाँ आना छोड़ दिया था। गिलहरी भी अब वहाँ नहीं आती थी। लाइट को शायद अब कहीं मेन स्विच से बन्द कर दिया गया था, इसलिए अब वह नहीं जल रही थी।

फुच्चु मास्साब अब एकदम शान्त हो गए थे। उनकी बीमारी अच्छे-बुरे के बीच में यूँ ही अब भी फँसी हुई थी। हाँ बस अब उन्होंने डॉ. बासु से यह पूछना छोड़ दिया था कि 'वे अपने गाँव कब लौट पाएँगे।' वह बस दिन भर अपने बिस्तर पर या तो लेटे-लेटे उस सामनेवाली बाल्कनी को देखते रहते या फिर अपने कमरे की खिड़की से चिपककर उस बाल्कनी को और नीचे स्विमिंग पूल में छपाक-छपाक लोगों को नहाते हुए देखते रहते। अब दिन में धूप तेज होने लगी थी इसलिए लोग स्विमिंग पूल का आनन्द लेने लगे थे।

अठारह

यह उस दिन की बात है जब अनुराग का अपॉइंटमेंट डॉ. बासु से 12:50 का था। अनुराग ऑफिस से आज जल्दी निकलकर हॉस्पिटल पहुँचा और पहले टेस्ट की रिपोर्ट ली। धूप बहुत तेज थी लेकिन वह आज घर जल्दी जाकर थोड़ी देर अपने पिता के साथ समय बिताना चाह रहा था। डॉ. बासु के केबिन के बाहर लॉबी में लम्बी पंक्ति थी लेकिन अनुराग को अपने अपॉइंटमेंट के समय से मात्र 15 मिनट बाद ही अन्दर जाने का मौका मिल गया। डॉ. बासु ओ.टी. के कपड़ों में थे। हरे रंग की ड्रेस और सर पर हरे रंग की कैप। डॉ. बासु अब अनुराग को पहचान गए

थे। अनुराग के बैठते ही पूछा 'हाउ इज़ योर फादर यंग मैंन?' फिर इसका जवाब उन्होंने खुद ही दिया 'हाव वुड यू नो।' लेकिन उनके जवाब को अनसुना करते हुए अनुराग ने कहा 'ही सीम्स फाइन बट आई गेस यू नो बेटर।' अनुराग ने रिपोर्ट वाली फाइल को उनके सामने रख दिया। डॉ. बासु ने पहले रिमोट उठाकर एसी के टेम्प्रेचर को थोड़ा संतुलित किया। तब शायद अनुराग ने भी महसूस किया कि कमरा काफी ठंडा हो चुका था। फिर वे उठकर कमरे में अटैच बाथरूम की तरफ 'वन मिनट प्लीज' कहते हुए चले गए। बाथरूम से जब डॉ. बासु लौटे तो काफी फ्रेश लग रहे थे। उन्हें देखकर ऐसा लगा जैसे वे पूरी तरह तैयार होकर इस रिपोर्ट को देखना चाह रहे थे।

अब कमरे का टेम्प्रेचर थोड़ा सामान्य हो गया था। अनुराग डॉ. बासु के सामने शान्त बैठा हुआ था। डॉ. बासु काफी देर तक उन रिपोर्ट्स को देखते रहे फिर उन्होंने अनुराग की तरफ देखा। डॉ. बासु के चेहरे पर अभी भी सख़्ती बनी हुई थी। या शायद यह सख़्ती उनके चेहरे का स्थायी भाव था ।

डॉ बासु ने सबसे पहले कहा, "आज तुम अपने फादर को लेकर नहीं आए।" अनुराग को लगा यह सवाल डॉ. बासु ने थोड़ी देर से पूछा है। अनुराग चुप रहा। लेकिन फिर डॉ. बासु कुछ कहते उससे पहले ही अनुराग ने पूछ लिया 'क्या अब वे कभी अपने गाँव लौट पाएँगे?' डॉ. बासु ने फिर कहा, 'आई नो द अफैक्शन ऑफ नेटिव प्लेस, लैंग्वेज, हवा, पानी सोब कुछ। आई हैव प्रोमिस्ड हिम आलसो कि जब भी थोड़ी स्टेबिलिटी मिलेगी मैं गाँव जाने का परमिशन उनको दूँगा। मैं जानता हूँ वे अपने गाँव जाने के लिए बहुत ही ज़्यादा डेस्पेरेट हैं।' फिर थोड़ा गैप देकर उन्होंने एक लम्बी सी आह भरकर कहा, "अपना देश कौन लौटना नहीं चाहता। अपना बोली, अपना परिवेश, अपना हवा हमको भी बहुत याद आता है।" फिर कहा, "जाने में क्या है, जाने को तो आज चले जाओ लेकिन हम उन्हें बचाना चाहते हैं। और अभी हम रिस्क फैक्टर से बाहर नहीं आ पाए हैं। बिलीव मी, ज्यों ही हम एक स्टेबल स्थिति में होंगे जरूर उन्हें भेजेंगे। बट दिस इज़ नॉट द राइट टाइम।"

अनुराग जब वहाँ से उठा तब बहुत बुझे मन से उठा। उठते हुए अचानक उसकी आँखों के सामने फुच्चु मास्साब का उदास चेहरा झलक आया। उसे याद आया कि अनुराग के यह बताने पर कि कल वह डॉ. बासु से मिलने जाएगा फुच्चु मास्साब कैसे चहक गए थे और पूछ लिया था, "अब तो हम ठीक हो गए होंगे ना?" अनुराग इस बात को समझ रहा था कि यह कोई सवाल नहीं था

बल्कि अपने मन को दी जानेवाली तसल्ली थी। फिर धीरे से कहा, "अब तो सारी मछलियों ने हमको भुला भी दिया होगा।" फिर खुद ही कहा, "नहीं-नहीं, वो तो मुझे भुला ही नहीं सकतीं।"

उन्नीस

फुच्चु मास्साब के मन में लगभग यह बैठ गया था कि अब वे यहाँ से लौट नहीं पाएँगे। पिछले कई महीनों से उन्हें ऐसा कोई नहीं मिला था जिससे वे खुलकर अपनी भाषा में बात कर पाएँ। वे रोग से ज़्यादा अपने अकेलेपन से अन्दर ही अन्दर घुलते जा रहे थे। वे दिन-दिन भर अपने कमरे में अकेले बैठे रहते और घंटों उस सामनेवाली बाल्कनी को देखते रहते। या फिर कई घंटों तक लिफ्ट के सामने बैठकर चुपचाप उस लाल रंग में बदलते अंकों को देखते रहते।

रात में भी उन्हें नहीं के बराबर ही नींद आती। अगर कभी नींद आ भी जाती तो उनके सपने में वे मछलियाँ, चिड़ियाँ, पेड़-पौधे और बतहुआ आ जाते। उनके सपने में बतहुआ अक्सर कहीं न कहीं फँसा हुआ रहता और बहुत ही निरीह की तरह उनकी तरफ बचा लेने के लिए मनुहार कर रहा होता। सपने में कभी वह कीचड़ में धँसता चला जा रहा होता, तो कभी एक बड़ा सा साँप उसे निगल रहा होता, तो कभी वह तूफान में उड़ा चला जा रहा होता। हर बार उसे बचाने की कोशिश में फुच्चु मास्साब असफल होते और हर बार वे नींद से चौंककर जग जाते। उनका शरीर पसीना-पसीना हो जाता और धड़कन बहुत तेज हो जाती।

पिछले कुछ दिनों से, जब से अनुराग और शेफाली उन्हें अपने साथ मॉल घुमाने ले गए थे, वे और ज़्यादा गुमसुम हो गए थे। रास्ते में गाड़ियों का काफिला, भयंकर जाम और मॉल में चुंधिया देनेवाली रोशनी ने फुच्चु मास्साब को बहुत शान्त कर दिया था। वे ऊपर से बहुत शान्त थे लेकिन उनके भीतर एक गजब की हलचल थी।

बीस

फुच्चु मास्साब के लिए यह दिन कुछ खास था। अनुराग की मुलाकात आज डॉ. बासु से थी और उन्हें पूरी उम्मीद थी कि उन्हें अब अपने गाँव लौट जाने की अनुमति मिल जाएगी। फुच्चु मास्साब बहुत बेसब्री से शाम का इन्तज़ार कर रहे थे।

नरम घास, चिड़िया और नींद में मछलियाँ

उस दिन जब सब अपने-अपने काम पर चले गए, घर में अकेले बचे फुच्चु मास्साब बिस्तर पर लेटे-लेटे बहुत देर तक पंखे को देखते रहे। लेटे-लेटे फिर वे बाल्कनी की तरफ देखने लगे। बाल्कनी पूरी तरह उजाड़ हो चुकी थी। उसमें हरियाली नाम की कोई चीज नहीं बची थी। गमलों में सिर्फ सूखी टहनियाँ बची हुई थीं। दोनों तरफ की लताएँ पूरी तरह सूख चुकी थीं। झूले की रस्सी में जाले पड़ गए थे। फुच्चु मास्साब और दिन की तरह आज भी घंटों एकटक उस बाल्कनी को देखते रहे थे। अब उस बाल्कनी में चिड़ियों ने आना छोड़ दिया था। चिड़ियों के पानी पीने के लिए रखे गए बर्तन अब भी वहीं थे, एकदम सूखे हुए।

आज बहुत दिनों बाद फुच्चु मास्साब अपने कमरे से निकल कर दाएँ घूमकर बाल्कनी में गए। उन्होंने बाल्कनी की रेलिंग को पकड़कर नीचे देखा। नीचे बायीं और दायीं तरफ दोनों टावरों के बीच ढेर सारी गाड़ियाँ खड़ी थीं। इस नवीं मंजिल से वे गाड़ियाँ बहुत और एक-दूसरे पर चढ़ी हुई लग रही थीं। फुच्चु मास्साब के पैर में झुरझुरी हुई, उन्होंने कसकर लोहे की रेलिंग को पकड़ लिया। वे कुछ देर तक ऐसे ही खड़े होकर नीचे देखते रहे। बाहर मौसम बहुत गर्म था और लोहे की रेलिंग तप रही थी। लेकिन तब भी उन्होंने उसे पकड़ रखा था। नीचे स्विमिंग पूल में कुछ लोग नहा रहे थे। फुच्चु मास्साब ने आज पहली बार हिम्मत करके उस बाल्कनी से सिर उठाकर ऊपर की ओर देखा। सामनेवाले टावरों का आखिरी सिरा देखने की कोशिश उन्होंने की। वे टावर बहुत ऊँचे थे और वहाँ से देखने पर ऐसा लगा जैसे वे तिरछे होकर उनके ऊपर गिरे जा रहे हैं। फुच्चु मास्साब डर गए और अन्दर की तरफ चले आए।

वे बिस्तर पर लेटे और फिर वहाँ से उठकर दरवाजे के पीछे खूंटी पर टंगे अपने कुर्ते की ऊपरी जेब में से एक छोटी डायरी निकाल लाए और उसमें होम्योपैथ की उन दवाइयों के नाम लिखने लगे जो उन्हें घर पहुँचते ही कलकत्ते से मँगवानी थीं। फिर उन्होंने पिछले सात-आठ महीने का मोटा-मोटी अन्दाज से मन्दिर का हिसाब लिखा। और फिर डायरी बगल में रखकर लेट गए। उन्होंने अपने मन में अपने मन्दिर, गाँव और अपनी ज़मीन को याद किया। बांध पर खड़े रहकर आनेवाली ठंडी हवा को याद किया। और उनके चेहरे पर मुस्कान तैर गई। उन्होंने लेट कर छत को देखा और उस छत में उनका वह पोखर, वे पेड़-पौधे सब उग आए। वे उस छत पर ड्राइंग की तरह अपनी पूरी ज़मीन को उकेरना चाह रहे थे। उस पर वे सब कुछ बनाने लगे। कहाँ पर कौन सा पेड़ है, कहाँ पर चिड़िया है, कहाँ

पर गाएँ बंधी हैं और कहाँ वह अल्मीरा है जिसमें चिड़ियों के खाने के दाने रखे हैं। सब कुछ बनाया उन्होंने। कहीं कुछ छूट न जाए। फिर उन्हें झपकी लग गई।

उनको झपकी लगी और उस झपकी में उन्होंने एक परती पड़ी हुई ज़मीन देखी। एकदम उजाड़ । ऐसे, जैसे बहुत दिनों से किसी ने उसकी देखभाल नहीं की हो। एक गड्ढा जिसमें पानी का नामोनिशान नहीं। उस गड्ढे के किनारे पानी के लिए तड़प रहे पक्षी। ढेर सारे बडे-बड़े, घने-घने पेड़। उन पेड़ों की शाखाओं में लटके हुए कई झूले। लेकिन वे झूले क्षत-विक्षत। किसी की एक रस्सी टूटी हुई तो किसी में बैठने की कोई जगह नहीं। वहाँ दूर जीर्ण-शीर्ण हालत में एक मन्दिर। मन्दिर में बाहर लटका हुआ एक बड़ा सा घंटा। उस घंटे में बंधी हुई एक रस्सी। एक आदमी जिसके बाल बढ़े हुए हैं, वह सिर झुकाए जोर-जोर से उस रस्सी को खींचकर घंटा बजा रहा है। वह घंटा बजा रहा है और बाहर निकलकर आसमान की ओर देख रहा है ऐसे, जैसे आसमान में कोई हलचल होनेवाली है। बढ़े हुए बालों के कारण उस घंटा बजानेवाले आदमी को पहचानना मुश्किल हो रहा है लेकिन फुच्चु मास्साब उसे पहचान लेते हैं। वह और कोई नहीं अपना बतहुआ है। बतहुआ घंटा बजाए जा रहा है, जोर-जोर से बजाय जा रहा है। बहुत जोरों की आवाज़ चारों ओर फैल रही है। फुच्चु मास्साब उसे रोकने जाएँ तभी उस सपने में अचानक डॉ. बासु आ जाते हैं एकदम गुस्से में। वे उस घंटे को उखाड़ कर फेंक देते हैं और अंग्रेज़ी में कुछ बड़बड़ाने लगते हैं। और फुच्चु मास्साब झटके से झपकी से बाहर आ जाते हैं।

उनकी साँसें तेज हो जाती हैं। वे रसोई में जाकर पानी पीते हैं और बाहर निकल आते हैं। बाहर लिफ्ट सातवें माले पर रुकी हुई है। कोई हलचल वहाँ नहीं है। फुच्चु मास्साब लिफ्ट के साइड में लगी स्क्रीन में लाल रंग में सात लिखा देखते हैं और बहुत देर तक देखते रहते हैं। वे बहुत देर तक उसे देखते रहे फिर उन्होंने उस लिफ्ट बुलानेवाले बटन को प्रेस कर दिया। तुरन्त लिफ्ट उनके मुँह के सामने आकर खुल गई। दरवाजा खुला, फुच्चु मास्साब ने उसके अन्दर झाँका और फिर लिफ्ट का दरवाजा बन्द हो गया। अब उस स्क्रीन पर नौ लिखा हुआ था। फुच्चु मास्साब को मालूम था कि लिफ्ट उनके सामने ही रुकी हुई है। बहुत देर तक वे उस स्क्रीन को देखते रहे। उनके अन्दर एक अजीब सी खीझ भर गई। वे चाहते थे कि कोई उस लिफ्ट को ऊपर या नीचे बुला ले। वे यहाँ से ऐसा कर नहीं सकते थे। उन्हें अफसोस हो रहा था कि उन्होंने इसे क्यों अपने फ्लोर पर बुला लिया।

बाहर बहुत गर्मी थी और चारों तरफ अजीब सा सन्नाटा पसरा हुआ था। स्कूल की छुट्टी अभी नहीं हुई थी। फुच्चु मास्साब अभी तक में बहुत खीझ चुके थे। उन्होंने एक-दो बार गुस्से में फिर से बटन को प्रेस कर दिया और हर बार लिफ्ट का दरवाजा उनके मुँह पर खुलकर बन्द हो गया। वे खीझ कर रुक गए तभी उस लिफ्ट की बुलाहट नीचे ग्राउंड फ्लोर पर हुई और उनके भीतर एक अजीब तरह का सुकून भर गया।

लिफ्ट नीचे गई और फिर ऊपर आने लगी। एक, दो, तीन, चार, पाँच, छह, सात, आठ और नौ। नौ पर लिफ्ट का दरवाजा खुला और अनुराग निकला।

इक्कीस

पूरे रास्ते अनुराग यह सोचता आ रहा था कि पिता बहुत ही बेसब्री से इस सवाल के उत्तर का इन्तज़ार कर रहे होंगे कि डॉ. बासु ने उनके घर जाने के सवाल का जवाब क्या दिया। वह यह सोच रहा था कि वह पिता के सवाल का जवाब यह कैसे देगा कि डॉ. बासु ने अभी यह नहीं माना कि स्थिति कंट्रोल में है।

अनुराग जबाव क्या देगा यह उलझाव भले ही उसके मन में था लेकिन वह घर जल्दी पहुँचना चाहता था। बाहर चिलचिलाती हुई गर्मी थी और दोपहर के दो बजे भी सड़क पर बहुत ट्रैफिक था। वह घर पहुँचते-पहुँचते बहुत थक चुका था।

फुच्चु मास्साब को यह तो मालूम था कि आज डॉ. बासु से अनुराग की मुलाकात है परन्तु यह मुलाकात कितने बजे की है यह नहीं मालूम था। रोज अनुराग छह-सात बजे से पहले नहीं आता था इसलिए उन्होंने सोचा ही नहीं था कि ढाई-तीन बजे के करीब भी वह आ सकता है।

इसलिए जब लिफ्ट का दरवाजा खुला तो दोनों एक-दूसरे को आमने-सामने पाकर घबरा गए। फुच्चु मास्साब को अचानक लगा कि अनुराग ने उनकी इस चोरी को पकड़ लिया कि उन्हें लिफ्ट की इस जादूगरी को देखने में मजा आता है। वहीं अनुराग अचानक पिता को सामने पाकर यह समझ ही नहीं पाया कि वह तुरन्त जवाब क्या दे। लिफ्ट से बाहर आकर सँभलने में दो मिनट का समय लिया अनुराग ने। तब तक में फुच्चु मास्साब ने अनुराग के चेहरे को पढ़ लिया और उनका दिल धक्क से बैठ गया।

"कहीं जा रहे हैं?" शुरुआत अनुराग ने की।

"क्या बोले डॉ. साहब?" फुच्चु मास्साब सीधे मुद्दे पर आ गए।

"सुधार है," अनुराग ने कहा फिर उसमें धीमे आवाज़ में जोड़ा, "पर धीमी रफ्तार से।"

"वह तुमसे पैसा ठग रहा है बाबू। होम्योपैथिक में सब इलाज हो जाता।"

अनुराग ने कुछ नहीं कहा। वह अपने घर की ओर जाने लगा।

"देखो मैं स्वस्थ नहीं हूँ! देखो कितना बढ़िया से चल-फिर तो पा रहा हूँ।"

और ऐसा कहकर फुच्चु मास्साब ने वहीं पर चलकर अनुराग को दिखलाना शुरू कर दिया।

"अन्दर आ जाइए।" अनुराग ने वहाँ से जाते-जाते कहा।

बाहर बहुत गर्मी थी। अनुराग पसीने से भीगा हुआ था। वह सीधे घर के अन्दर चला आया। वह बाथरूम जाकर थोड़ा नहा लेना चाहता था। इसी बहाने उसे पिता से आँख मिलाने के लिए खुद को तैयार भी करना था।

लेकिन फुच्चु मास्साब वहीं खड़े रहे। उन्हें अचानक लगा जैसे वे लिफ्ट के भीतर हैं और लिफ्ट का दरवाजा बन्द हो गया है। उसके सारे बटन बेकार हो गए हैं। उन्होंने लिफ्ट की तरफ देखा। अब लिफ्ट के उपयोग में फुर्ती आ गई थी। दो, चार, आठ, ग्यारह, बारह, चौदह फिर जीरो फिर चार, सात, आठ, दस। अब आठ पर रुक गई। रुकी हुई है लिफ्ट। फिर जीरो, फिर छह, सात, आठ, बारह, चौदह।

फुच्चु मास्साब उस लाल रंग में लगातार बदलते जा रहे अक्षरों को देखकर बुरी तरह खीझ गए। उनके दिमाग में जैसे लाल रंग में ये अंक चलने लगे। ढेर सारे अंक। सब एक-दूसरे पर चढ़ते हुए, एक-दूसरे को काटते हुए। एक-दूसरे से गुत्थमगुत्था होते हुए। सब गड्डमड्ड। दो,चार आठ, बारह, जीरो फिर चार, छह आठ, दस फिर जीरो। फुच्चु मास्साब को लगा जैसे उनका दिमाग फट जाएगा। वे वहाँ से लगभग दौड़ते हुए अपने कमरे की तरफ भागे।

बाइस

लिफ्ट के पास से लगभग भागते हुए आकर फुच्चु मास्साब अपने बिस्तर पर लेट गए। उन्होंने अपने मन को शान्त करना चाहा लेकिन शान्ति मिल नहीं रही थी। बार-बार अभी थोड़ी देर पहले का देखा सपना सामने आ जाता था। सूखी पड़ती ज़मीन। मरती हुई चिड़िया। घंटा बजाता हुआ बतहुआ। और अन्त में घंटे को तोड़ देते हुए डॉ. बासु। अंग्रेज़ी में बुदबुदाते हुए डॉ. बासु।

उन्हें फिर से लग रहा था कि वे लिफ्ट में बन्द हैं या फिर किसी जंजीर से उन्हें कस दिया गया है। उन्होंने मन को शांत करने के लिए सामने की बाल्कनी पर अपनी निगाहें जमा दीं।

बाहर अभी भी धूप तेज थी। फुच्चु मास्साब ने उस बाल्कनी को देखा और उस बाल्कनी को देखते हुए वह ऊँची बिल्डिंग दिखी। उन्हें याद आया कैसे वह पूरी बिल्डिंग उनके ऊपर तिरछी होकर गिरती जा रही थी। उन्होंने उस बाल्कनी को देखा। वह बाल्कनी अब पूरी तरह सूखी हुई बाल्कनी थी। वहाँ कोई चिड़िया अब कभी आती नहीं थी लेकिन पता नहीं आज अचानक दो चिड़ियाँ वहाँ कैसे आ गईं। फुच्चु मास्साब एकटक जब उस बाल्कनी को देख रहे थे तब इन दोनों चिड़ियों ने अचानक से उनके दृश्य में खलल डाल दिया। दोनों चिड़िया उस बर्तन के पास बैठकर बहुत हताश सी उस बर्तन को देख रही थीं। ऐसा देखकर फुच्चु मास्साब अपने बिस्तर पर से अचानक से उतरकर उस खिड़की से चिपक गए। उन्हें लगा जैसे इन चिड़ियों को या तो पता नहीं है कि उस बर्तन में पानी नहीं है या फिर उन्हें यह उम्मीद थी कि बर्तन है तो पानी अवश्य रखा जाएगा।

फुच्चु मास्साब खिड़की पर खड़े होकर जोर से चिल्लाकर उन्हें यह बतलाना चाह रहे थे कि उसमें पानी नहीं है और पानी रखा भी नहीं जाएगा। उन्होंने चिल्लाकर कहा, "फुर्र-फुर्र, आ-आ, भाग-भाग।" फिर जोर से 'भाग जा मेरी बच्ची कोई तुम्हारी प्यास को समझनेवाला नहीं है यहाँ, किसी के पास फुरसत नहीं है। तुम भाग जाओ।' और फिर से बहुत देर तक ऐसा कहते रहे 'भाग भाग।'

उनकी आवाज़ को वहाँ तक नहीं पहुँचना था सो नहीं पहुँची। फुच्चु मास्साब बहुत देर तक चिल्लाते रहे पर दोनों चिड़ियाँ वहीं बैठी रहीं। हाँ ऐसा करते हुए उनकी निगाह उस स्विमिंग पूल पर गई। नीले तले वाला पानी बहुत आकर्षक लग रहा था। धूप बहुत तेज थी इसलिए उसमें नहानेवाले लोग अभी कम थे। उनकी निगाह जब उस पूल पर पड़ी तब एक परिवार उसमें नहा रहा था। दो बच्चों के साथ पति-पत्नी। उस पानी को देखकर अचानक फुच्चु मास्साब का दिमाग भन्ना सा गया। उन्होंने एक बार अपने सिर को ऊपर उठाकर पंखे की तरफ देखा। फिर अपने सिर को बहुत जोर से दबाया। फिर उन्होंने खिड़की की छड़ को बहुत कसकर पकड़ा और दांतों को भींच लिया। और फिर उन्होंने चिड़ियों को देखा। चिड़ियाँ वहीं बैठी थीं। अचानक फुच्चु मास्साब वहाँ से चल दिये। वे लिफ्ट के पास पहुँचे और बिना झिझक लिफ्ट से नीचे उतर गए।

फुच्चु मास्साब लिफ्ट के पास पहुँचने और लिफ्ट लेकर नीचे उतरने तक तेज आवाज़ में चिल्लाते रहे। लिफ्ट ग्यारहवें माले से उन तक आई और वह खाली थी।

"इतना सारा पानी यहाँ बर्बाद हो रहा है और उ वहाँ प्यासी मर रही हैं। कुछ तो शर्म करो।"

"सब क्या यहाँ अपने-अपने दिल को मार चुके हो?"

"इनसान और हैवान में अब फर्क ही क्या रह गया है?"

"तुम सब इनसान हो नहीं और हम यहाँ इन हैवानों के बीच फँस गए हैं।"

वे लिफ्ट से निकलकर स्विमिंग पूल के किनारे पहुँचे और झुककर अपने दोनों हाथों को जोड़कर उसमे पानी भर कर उस बाल्कनी की तरफ फेंकने लगे जहाँ वे चिड़ियाँ बैठी थीं। उनके मुँह से घूं-घूं की अजीब सी आवाज़ निकल रही थी। वे दो-तीन बार ऐसा करते रहे फिर उस परिवार की तरफ देखा जो अब स्तब्ध सा इनको ही देख रहा था। अपनी तरफ देखते हुए इस परिवार को देखकर फुच्चु मास्साब ने जोर से हुड़का, "हप्प भाग यहाँ से।" वह परिवार पानी से बाहर निकलकर कपड़े पहनने लगा। फुच्चु मास्साब लगातार उस स्विमिंग पूल से अपने हाथ के घेरे में पानी लेकर उस बाल्कनी की तरफ फेंकते जा रहे थे। पानी फेंकते और फिर पानी लेने के लिए पूल की तरफ दौड़ते।

वे बार-बार फेंकते हुए चिल्ला रहे थे, "यहाँ चारों तरफ मौत है लेकिन मैं तुम्हें मरने नहीं दूँगा मेरी बच्ची। तुम बचोगी। तुम बचोगी तभी तो हम बचेंगे।" यह अलग बात है कि नीचे से फुच्चु मास्साब को न तो वह बाल्कनी ही दिख रही थी और न ही वहाँ बैठी हुई चिड़िया।

धूप बहुत तेज थी इसलिए ऐसा करते हुए वे पसीने से बिलकुल तरबतर हो गए थे। लेकिन वे रुकने का नाम नहीं ले रहे थे। उनके मुँह से आवाज़ भी आ रही थी। वे चिल्ला-चिल्लाकर बोल भी रहे थे और दौड़-दौड़कर पानी भी ला रहे थे।

तेइस

फ्रेश होकर अनुराग बाहर आया और सीधे पिता के कमरे में पिता को ढूँढता हुआ पहुँचा। लेकिन फुच्चु मास्साब वहाँ नहीं थे। सबसे पहले तो उसने यही सोचा कि अरे अभी तक लिफ्ट के पास से लौटे क्यों नहीं? लेकिन यह विश्वास वह कर नहीं पा रहा था कि इतनी देर तक पिता वहाँ से लौटे नहीं होंगे। अनुराग ने उनके

कमरे को ग़ौर से देखा, सब कुछ सामान्य था। फुच्चु मास्साब वहाँ नहीं थे लेकिन उनकी चप्पल उनके बिस्तर के पास पड़ी हुई थी। फुच्चु मास्साब ने जल्दबाजी में भागते हुए चप्पल नहीं पहनी थी। अनुराग को यह थोड़ा अजीब लगा। वह घर में यहाँ-वहाँ उन्हें ढूँढता या बाहर निकलकर उन्हें देखता, उससे पहले पता नहीं क्यों उसका मन किया कि वह उस खिड़की के पास आकर उस बाल्कनी की तरफ देख ले। उस खिड़की की तरफ आते ही नीचे स्विमिंग पूल के पास पूरी भीड़ दिखी और फुच्चु मास्साब भी। अनुराग को आज के जवाब के बाद कुछ आशंका तो थी लेकिन उसने ऐसा उल्टा कुछ सोचा नहीं था। उसके शरीर में अजीब तरह की सिहरन दौड़ गई।

अनुराग ने वहाँ से चलते-चलते उस बाल्कनी को सरसरी निगाह से फिर देखा। वह एक उजाड़ पड़ी हुई बाल्कनी थी और वहाँ कोई चिड़िया भी नहीं बैठी हुई थी।

अनुराग नीचे पहुँचा तब भीड़ ने चारों तरफ से फुच्चु मास्साब को घेर रखा था। और भीड़ के बीच यह फुसफसाहट थी 'कौन है यह बुड्ढा?' 'क्या हुआ है इसको?' 'क्या यह कोई पागल है?' 'इसके परिवार के और लोग कहाँ हैं?' 'कोई पुलिस को फोन क्यों नहीं करता?' अनुराग ने जब देखा तब तक फुच्चु मास्साब लस्त-पस्त हो चुके थे। उनका चेहरा गुस्से और गर्मी से तमतमा रहा था। पसीना उनके शरीर से चू रहा था। उस भीड़ ने उन्हें घेर रखा था लेकिन उस भीड़ में से कोई न तो उन्हें रोकने की ही कोशिश कर रहा था और न ही कोई उनके पास जा रहा था। पूरी भीड़ बस तमाशा देख रही थी। पूरी भीड़ उनको ऐसा करते हुए देख रही थी लेकिन चूँकि फुच्चु मास्साब के द्वारा फेंके गए पानी की ऊँचाई नहीं थी इसलिए लोग इस घटना को उस बन्द पड़ी बाल्कनी से जोड़कर देख नहीं पा रहे थे।

फिर भीड़ से किसी ने जोर से कहा, "अरे सिक्योरिटी गार्ड कहाँ है भाई? व्हाट द हैल इज़ दिस?"

अनुराग आया उसने अपने पिता को बेचैन होकर स्विमिंग पूल से अपने हाथों में पानी भरकर उस बाल्कनी की तरफ फेंकते हुए देखा। लेकिन अभी वह कुछ समझ पाता कि यह क्या हो रहा है, लस्त-पस्त फुच्चु मास्साब उस धूप से चकराकर वहीं धम्म से गिर गए। अनुराग ने दौड़कर उनको पकड़ा। साँसें अभी चल रही थीं। भीड़ ने अब करीब आकर उन्हें घेर लिया था ऐसे, जैसे कोई पागल हाथी अब गिर कर काबू में आ गया हो। किसी ने कहा, "पानी लाओ पानी लाओ। पानी मारो मुँह पर। तब तक कुछ सिक्योरिटी गार्ड आ चुके थे। उनमें से एक पानी लेने के लिए दौड़ा।

भीड़ में से किसी ने कहा, "क्या हुआ है इनको?" अचानक अनुराग के मुँह से निकला, "कैंसर है।"

तब तक सिक्योरिटी गार्ड पानी लेकर आ चुका था। उसने कहा, "लेकिन बाबूजी, इ तो कैंसर से भी ज़्यादा बड़ी बीमारी से ग्रस्त हैं। कैंसर से तो बच भी जाएँ इससे कहाँ बचेंगे।"

अनुराग ने फुच्चु मास्साब के मुँह पर पानी मारा और उन्होंने आँखें खोल दीं। भीड़ बिखरने लगी। उसमें से किसी लड़के ने कहा, "चलो तमाशा खतम हो गया।"

फुच्चु मास्साब ने कहा, "सारी मछलियाँ मर गईं।"

और गोद में लेटे फुच्चु मास्साब का हाथ धम्म से ज़मीन पर निढाल हो गया।

✪✪✪